2024
法律硕士联考

一本全

➢ 法理学

杜洪波/编著
华研法硕/组编

图书在版编目（CIP）数据

2024法律硕士联考一本全. 法理学 / 杜洪波编著. -- 北京：北京航空航天大学出版社，2023.1
ISBN 978-7-5124-4032-6

Ⅰ. ①2… Ⅱ. ①杜… Ⅲ. ①法理学－硕士生入学考试－自学参考资料 Ⅳ. ①D920.4

中国国家版本馆CIP数据核字(2023)第021429号

版权所有，侵权必究。

2024法律硕士联考一本全·法理学
杜洪波 编著
华研法硕 组编
策划编辑 杨国龙　责任编辑 周美佳

*

北京航空航天大学出版社出版发行

北京市海淀区学院路37号（邮编100191）　http://www.buaapress.com.cn
发行部电话：(010)82317024　传真：(010)82328026
读者信箱：qdpress@buaacm.com.cn　邮购电话：(010)82316936
北京雅图新世纪印刷科技有限公司印装　各地书店经销

*

开本：787×1 092　1/16　印张：14.5　字数：362千字
2023年2月第1版　2023年6月第4次印刷
ISBN 978-7-5124-4032-6　　定价：43.00元

若本书有倒页、脱页、缺页等印装质量问题，请与本社发行部联系调换　联系电话：(010)82317024

目 录
Contents

导论　法理学学科思维导图 　　　　　　　　　　　　　　　/ 1

第一章　法学和法理学概论　　　　　　　　　　　　　　　/ 3
　　第一节　法　学　　　　　　　　　　　　　　　　　　/ 3
　　第二节　法理学　　　　　　　　　　　　　　　　　　/ 12

第二章　法的本质与特征　　　　　　　　　　　　　　　　/ 16
　　第一节　法、法律的含义　　　　　　　　　　　　　　/ 16
　　第二节　法的本质　　　　　　　　　　　　　　　　　/ 17
　　第三节　法的基本特征　　　　　　　　　　　　　　　/ 21

第三章　法的起源与演进　　　　　　　　　　　　　　　　/ 27
　　第一节　法的起源　　　　　　　　　　　　　　　　　/ 27
　　第二节　法的演进　　　　　　　　　　　　　　　　　/ 29
　　第三节　法律移植与继承　　　　　　　　　　　　　　/ 36
　　第四节　法律全球化　　　　　　　　　　　　　　　　/ 38

第四章　法的作用与法的价值　　　　　　　　　　　　　　/ 40
　　第一节　法的作用　　　　　　　　　　　　　　　　　/ 40
　　第二节　法的价值　　　　　　　　　　　　　　　　　/ 48

第五章　法律渊源、效力与分类　　　　　　　　　　　　　/ 59
　　第一节　法律渊源　　　　　　　　　　　　　　　　　/ 59
　　第二节　法的效力　　　　　　　　　　　　　　　　　/ 66
　　第三节　法的分类　　　　　　　　　　　　　　　　　/ 71

第六章　法律要素　　　　　　　　　　　　　　　　　　　/ 75
　　第一节　法律规则　　　　　　　　　　　　　　　　　/ 75
　　第二节　法律原则　　　　　　　　　　　　　　　　　/ 83
　　第三节　法律概念　　　　　　　　　　　　　　　　　/ 86

第七章　法律体系　/ 88
- 第一节　法律部门　/ 88
- 第二节　法律体系　/ 92

第八章　法律制定　/ 98
- 第一节　法律制定概述　/ 98
- 第二节　法律制定的原则　/ 103
- 第三节　法律制定的程序　/ 105

第九章　法律实施　/ 108
- 第一节　法律实施与法律实现　/ 108
- 第二节　执　法　/ 111
- 第三节　司　法　/ 116
- 第四节　守　法　/ 125
- 第五节　法律监督　/ 129

第十章　法律职业与法律方法　/ 136
- 第一节　法律职业　/ 136
- 第二节　法律职业伦理　/ 139
- 第三节　法律解释　/ 141
- 第四节　法律推理　/ 150
- 第五节　法律论证　/ 154

第十一章　法律关系　/ 157
- 第一节　法律关系的含义与分类　/ 157
- 第二节　法律关系的构成要素　/ 163
- 第三节　法律关系的产生、变更与消灭　/ 169

第十二章　法律责任与法律制裁　/ 172
- 第一节　法律责任　/ 172
- 第二节　法律制裁　/ 178

第十三章　法　治　/ 181
- 第一节　法治的含义　/ 181
- 第二节　法治与民主　/ 183
- 第三节　法治基本原则　/ 185
- 第四节　社会主义法治　/ 187
- 第五节　习近平法治思想与全面依法治国　/ 188
- 第六节　全面依法治国的基本格局　/ 193

第七节 全面依法治国的基本途径 / 195

第十四章 法与社会 / 200
第一节 法与社会的一般关系 / 200
第二节 法与经济 / 206
第三节 法与政治 / 210
第四节 法与文化 / 213

导论 法理学学科思维导图

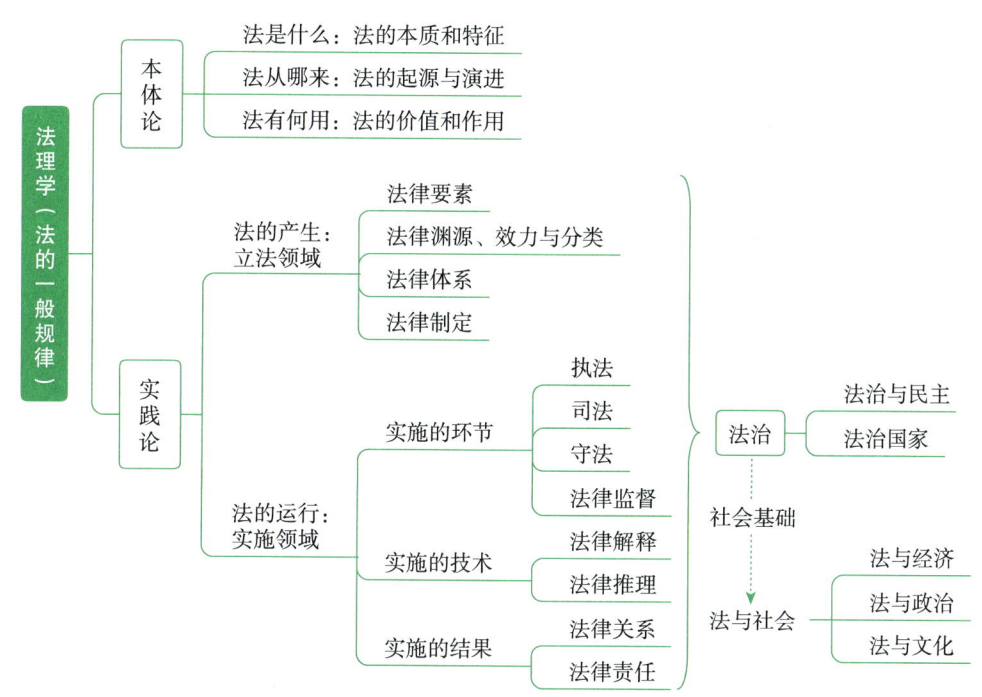

01 第一章 法学和法理学概论

第一节 法　学

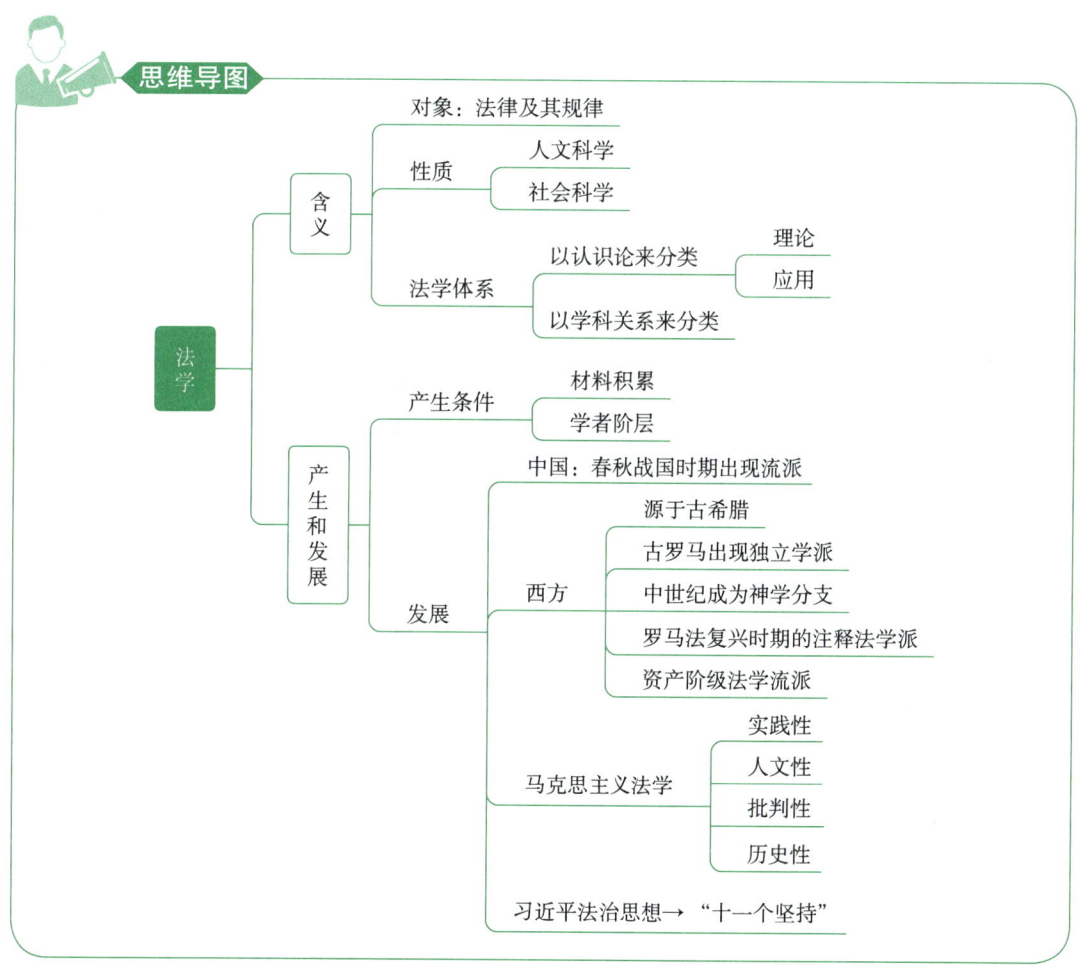

一、法学的含义

（一）法学的概念及性质

法学又称法律科学，是以法（或法律）及其规律为研究对象的人文社会科学。

1. 法学研究对象的层次性
1）以法律规则为核心的法的制定、实施的方法和技术。
2）在法律规则基础上研究法律原则和法律原理。
3）最深层次的是研究法的规律性。

> **命题提示**
> 这是了解型考点，考生需要了解如何判断研究对象的深浅：越抽象的就越深；越具体的就越浅。

2. 法学的性质
在性质上，法学属于人文社会科学。
1）法学具有社会科学的性质。法学以法律现象为研究对象，考察法的产生、发展及其规律，研究各种法律规范、法律制度的性质、特点及其相互关系，研究法的内部联系和调整机制，研究法与其他社会现象的联系、区别及相互作用，因此具有社会科学的性质。
2）法学具有人文科学的性质。法律是人们生活意义的规则的体现，法学要解决不同民族、不同国度的人们所面临的问题，要为人们在规则下生活提供精神导向，具有人文科学的性质。

> **命题提示**
> 这是了解型考点，考生需要了解法学具有"客观属性"和"主观属性"，即法学的研究对象既有客观的内容，也包含研究者的主观价值判断。

（二）法学体系

法学体系是由互不相同但互相又有联系的分支学科构成的知识系统。
法学分支学科有多种划分标准。
1）从法律制定到法律实施的角度划分，法学可以分为立法学、司法学、法律解释学和法律社会学等。
2）从认识论角度划分，法学可以分为理论法学和应用法学。
注意：理论法学与应用法学的分类在考试中经常考查，判断的标准是：有实际法条对应的学科就属于应用法学。
3）从法学和其他学科的关系这一角度划分，法学可以分为法学本科和法学边缘学科（交叉学科）。
4）从法律部门的角度划分，法学可以分为民法学、刑法学、宪法学和行政法学等。

> **命题提示**
> 这是了解型考点，在2016年之前考得较多，这几年考查较少，已经不是考试重点。考生需要了解法学体系的分类，尤其是应用法学与理论法学的分类。

> **判断题**
>
> 1. 国际经济法学、刑事诉讼法学、刑法学、法经济学等学科，都属于应用法学。（ ）
> 2. 法学是社会科学，不具有人文科学的性质。（ ）
> 3. 法学的研究对象存在不同层次，最深的层次是创造和适用法的方法。（ ）

二、法学的产生和发展

（一）法学的产生条件

法学是在法律发展到一定阶段后产生的。法学的产生至少需要具备两个条件：
1) 关于法律现象的材料的积累。
2) 专门从事研究法律现象的学者阶层的出现。

示例：恩格斯在《论住宅问题》中谈到法学的产生时指出，随着立法发展为复杂和广泛的整体，出现了新的社会分工的必要性，形成了一个职业法学者阶层，同时也就产生了法学。

> **命题提示**
>
> 这是重要考点，考生需要掌握：法学比法律以及国家的产生要晚。法学，作为一个学科，至少得有"材料"，还得有"学者阶层"。因此，法学不是"伴随着国家和阶级的出现而出现的"。

（二）法学的历史发展

1. 中国的法学发展

1) 法学在春秋战国时期就有发展，出现了法家、儒家等直接或间接探讨法律问题的学派。
2) 西汉中期以后，儒家的法律思想一直占统治地位，法学衰微。
3) 鸦片战争以后，法学领域开始传入西方资产阶级的法律思想。

> **命题提示**
>
> 这是了解型考点，考生需要了解：中国古代没有出现过"专门的法学流派"，即便是法家，也不是"专门法学流派"。

2. 西方古代的法学发展

1) 法学最早源于古希腊，到古罗马共和国时期，法学成为独立学科，出现了法学派别，学者编写了法学著作。
2) 中世纪的欧洲，法学成为神学的分支。
3) 12~16世纪是罗马法复兴时期，出现了以研究和恢复罗马法为核心的法学流派——意大利的注释法学派。

> **命题提示**
>
> 这是了解型考点，2016年之前考得多，现在考生需要了解：①古罗马时期法学才成为"独立学科"，即法学开山立派了；②旨在恢复罗马法的学派是注释法学派（不是评论法学派，也不是分析法学派）。

3. 西方近现代的法学发展

资产阶级革命时期出现大量法学流派，影响较大、占统治地位的三大法学流派是：自然法学派、分析法学派和社会法学派。

（1）自然法学派

自然法学派历史悠久，尤以17~18世纪的古典自然法学影响最大，充分体现了自然法、自然权利与社会契约等人本主义法律观，崇尚自由平等，主张天赋人权。

自然法学派的主要观点是：主张法是人的理性，强调自然法普遍永恒，且高于人定法，人定法符合自然法时才是真正的法律。

近代自然法学派的代表人物有洛克、孟德斯鸠和卢梭；现代的新自然法学派代表人物则有富勒、罗尔斯和德沃金。

> **命题提示**
>
> 这是重要考点，考生需要掌握：自然法学派认为"恶法非法"，即人们制定的法律如果违反了"自然理性"（又称"正义""道德"），则这种规定就不是"法律"，人们就没有义务遵守。

（2）分析法学派

分析法学派是19世纪的学派，以实证主义哲学为基础，反对形而上学的思辨方式和寻求终极原理的做法，反对超越现行法律制度的任何企图，主张"恶法亦法"。

分析法学派试图将价值考虑排除在法理学学科研究的范围之外，并把法理学的任务限定在分析和剖析实在法律制度的范围内。

早期分析法学派代表人物有边沁、奥斯丁，20世纪分析法学派代表人物则有凯尔森、哈特等。

> **命题提示**
>
> 这是重要考点，考生需要掌握：分析法学派认为"法律就是法律""恶法亦法"——不管某种"法律规定"是否违反道德，它都是法律，不能以道德、正义等标准来否定法律的效力。

（3）社会法学派

社会法学派起源于19世纪后半期的欧洲，盛于20世纪西方各国。该学派的主要代表人物是奥地利的艾尔利希，系统地在美国阐述这一学派观点的是霍姆斯和庞德。

社会法学派强调研究"现实的法"，研究法律现实的各个方面，反对分析法学派仅仅对法律进行形式逻辑上的研究。他们对于法律的来源、性质和作用的论述，着重于宣扬法的社会性。

法国狄骥的社会连带主义法学也是属于社会法学派的重要一支,强调从社会连带关系的角度研究法律相关问题。

> **命题提示**
>
> 这是重要考点,考生需要掌握:社会法学派之所以称为"社会"法学派,原因在于,该学派认为,只要在社会中有"实际效果"的规定,就叫作法律,例如"社会习惯"——我国只是把"社会习惯"作为非正式的法律渊源,但社会法学派认为社会习惯是法律。

(4) 其他法学派

在其他法学流派中,影响较大的有 19 世纪的历史法学派、哲理法学派;20 世纪的经济分析法学派、女权主义法学派等。到 20 世纪末,还出现了以批判法学、法与文学运动为代表的后现代法学思潮。

> **命题提示**
>
> 这是重要考点,考生需要补充掌握:历史法学派认为法律是民族精神的体现;经济分析法学派认为法律应提高效率;批判法学派则否定了法律的确定性、法律的中立性和法律的普遍性。

扫雷大练习

关于各法学流派及其观点,正确的是( )。① (2020 年单选)

A. 自然法学派主张在法学研究中不必考虑价值因素
B. 自然法学派反对任何超越现行法律文本的解释
C. 分析法学派强调法体现人的理性,自然法高于人定法
D. 历史法学派认为法律就像一个民族的风俗、语言一样是民族精神的体现

4. 马克思主义法学

(1) 马克思主义法学的产生与发展

马克思主义法学产生于 19 世纪 40 年代,是以马克思主义为指导来研究法律现象的学科的总称。

第一,理性主义时期。马克思法学思想最初的出发点是康德法学和黑格尔派的理性主义法学。当时马克思认为,法的内容决定法的形式,而内容来自事物本身的理性。例如,马克思提出"法典是人民自由的圣经"。

第二,唯物主义初期。在这个时期,马克思初步产生了唯物主义法律观:①他在 1843 年的《黑格尔法哲学批判》中指出:"法的关系正像国家的形式一样,既不能从它们本身来理解,也不能从所谓人类精神的一般发展来理解,相反地,它们根源于物质的生活关系。"②他在 1846 年的《德意志意识形态》中指出:"法律是作为国家权力基础的其他关系的一种标志和表现。"

---

① 答案:D。

第三，唯物主义成熟期。在这个时期，马克思的唯物主义法律观得到发展：①《共产党宣言》是历史唯物主义法学的纲领文件。马克思指出，资产阶级的法不过是被奉为法律的资产阶级意志，而这种意志的内容是由资产阶级的物质生活条件决定的。②《资本论》中全面分析了构成法的关系的基础的经济关系，认为法的关系是一种反映经济关系的意志关系。

第四，恩格斯和列宁时期。马克思逝世后，恩格斯和列宁推进了马克思主义法学的新发展。列宁指出："对政治法律形式的说明要到物质生活关系中寻找，人民的利益是最高的法律。"

> **命题提示**
> 这是重要的客观题考点，考生需要掌握：①马克思主义法学最根本的立场是辩证唯物主义和历史唯物主义；②马克思主义法学的主要观点在于：法是国家意志/统治阶级意志的体现；这种意志归根到底由社会物质生活条件决定。

(2) 马克思主义法学的特征

马克思主义法学具有实践性、人文性、批判性和历史性特征。

第一，实践性。马克思主义法学创立了实践本体论的法律观，将法律的基础从概念天国拉回到人类生活，从社会意识拉回到社会实践。也就是说，法律的产生和发展离不开实践，法律是人类实践的产物。

第二，人文性。马克思主义法学是西方人文主义法律思想的继承者，人的解放问题是马克思主义法学关注的中心问题。马克思主义法学关注的不是抽象的人，而是现实的具体的人。在马克思的学说中，法律也是实现人的解放的一种方式，人的解放的实现离不开法律。

第三，批判性。马克思主义法学是在批判资本主义法律制度的过程中产生的。马克思主义法学运用阶级分析方法揭示了资本主义法律的实质。

第四，历史性。马克思主义法学强调法律和权利的时间性和空间性。法律和权利不是超历史的抽象存在物，而是与一定的历史阶段和经济发展水平联系在一起的具体存在物。

> **命题提示**
> 这是2023年大纲新增内容，是2024年考试的重要考点，考生需要掌握：①马克思主义法学认为不存在"超阶级的法"，法律不是"社会公共意志"；②马克思主义法学借鉴了自然法学派中的人文主义思想，但不能与其等同。

(3) 坚持用马克思主义的立场、观点、方法研究法学

第一，坚持以马克思主义为指导，是当代中国法学区别于其他法学的根本标志，必须旗帜鲜明加以坚持。

第二，马克思主义深刻揭示了自然界、人类社会、人类思维发展的普遍规律，为人类社会发展进步指明了方向。就法学而言，马克思主义揭示了法律发展的普遍规律，为法学和法治发展指明了方向。

第三，马克思主义坚持实现人民解放、维护人民利益的立场，以实现人的自由而全面的发展和全人类解放为己任，反映了人类对理想社会的美好憧憬。马克思主义认为，实现人的

解放是法律的价值追求,法律致力于实现人的自由、平等、独立和尊严。

第四,马克思主义揭示了事物的本质、内在联系及发展规律,是"伟大的认识工具",是人们观察世界、分析问题的有力思想武器。马克思主义提出的历史唯物主义和辩证唯物主义是法学研究最根本的方法论。

第五,马克思主义具有鲜明的实践品格,不仅致力于科学"解释世界",而且致力于积极"改变世界"。法学是一门经世致用之学,马克思主义的实践观是研究法学实践性问题的重要认识论。

> **命题提示**
>
> 这是2019年大纲新增内容,属于了解型考点,考生将其作为多选题考点准备即可。

(4)马克思主义法学中国化的历史进程

20世纪,马克思主义在中国获得广泛传播和深入发展。中国共产党把马克思主义的普遍原理与中国实际相结合,形成了毛泽东思想、邓小平理论、"三个代表"重要思想、科学发展观、习近平新时代中国特色社会主义思想。这些思想都包含着丰富而深刻的法治理论,尤其是习近平法治思想实现了马克思主义法治思想新的历史性飞跃和中国特色社会主义法治理论的系统性创新发展。

具体的发展过程,见表1-1所列。

表1-1 马克思主义法学中国化的历史进程

发展阶段		要　点
毛泽东思想中的法治理论	国体思想	①国家学说散见于《新民主主义论》《论政策》《论人民民主专政》《关于中华人民共和国宪法草案》等论著中; ②毛泽东在《论人民民主专政》一文中指出:"总结我们的经验,集中到一点,就是工人阶级(经过共产党)领导的以工农联盟为基础的人民民主专政。"
	政体思想	毛泽东指出:"所谓'政体'问题,那是指的政权构成的形式问题,指的一定的社会阶级取何种形式去组织那反对敌人保护自己的政权机关。"国体决定政体,政体体现国体。我国的政体是人民代表大会制度,它是我国的根本政治制度
	社会主义法制思想	①特别强调要从新民主主义革命的实际出发建设新民主主义法制,强调革命的法律应体现阶级性和人民性的统一; ②提出一系列重要的法律思想、法律原则和法律制度,其中有:坚持原则性和灵活性相结合的立法思想;坚持有法可依、有法必依的法制原则,强调"依法办事是进一步加强法制的中心环节";坚持"公民在法律面前人人平等"原则;坚持以事实为根据、以法律为准绳的诉讼原则等

续表 1—1

发展阶段		要 点
邓小平理论、"三个代表"重要思想、科学发展观中的法治理论	以党的十一届三中全会为标志，中国进入改革开放的新时期，开辟了中国特色社会主义道路，形成了中国特色社会主义理论	①邓小平理论创立了中国特色社会主义法治理论；"三个代表"重要思想、科学发展观丰富和发展了中国特色社会主义法治理论，初步形成了中国特色社会主义法治理论体系；②重要的理论观点包括：一是要发展社会主义民主，就必须加强社会主义法制；二是坚持党的领导、人民当家作主、依法治国有机统一；三是坚持科学执政、民主执政、依法执政；四是扩大人民民主，保证人民当家作主；五是坚持以人为本，尊重和保障人权；六是坚持中国特色社会主义政治发展道路
习近平法治思想对中国特色社会主义法治理论的新发展	发展进程	①自党的十一届三中全会确定"发展社会主义民主、加强社会主义法制"之后，特别是党的十五大确定"依法治国、建设社会主义法治国家"的基本法治方针之后，中国特色社会主义法治理论与实践均有了长足的发展；②自党的十八大以来，以习近平同志为核心的党中央总结既有的理论与实践经验，创造性地提出了一系列治国理政的新思想、新战略、新理念。对此，2020 年 11 月召开的中央全面依法治国工作会议明确提出了"习近平法治思想"
	基本精神与核心要义	①坚持党对全面依法治国的领导；②坚持以人民为中心；③坚持中国特色社会主义法治道路；④坚持依宪治国、依宪执政；⑤坚持在法治轨道上推进国家治理体系和治理能力现代化；⑥坚持建设中国特色社会主义法治体系；⑦坚持依法治国、依法执政、依法行政共同推进，法治国家、法治政府、法治社会一体建设；⑧坚持全面推进科学立法、严格执法、公正司法、全民守法；⑨坚持统筹推进国内法治和涉外法治；⑩坚持建设德才兼备的高素质法治工作队伍；⑪坚持抓住领导干部这个"关键少数"
	伟大意义	①习近平法治思想是顺应中华民族伟大复兴要求而产生的重大理论创新成果，是马克思主义法治理论中国化最新成果，是习近平新时代中国特色社会主义思想的重要组成部分，是新时代全面依法治国的根本遵循和行动指南；②习近平法治思想中的"十一个坚持"，深刻回答了新时代为什么实行全面依法治国和如何推进全面依法治国的重大理论和实践问题，阐明了全面依法治国的政治方向、重要地位、工作布局、重点任务、重大关系、重要保障等，具有科学的理论形态和鲜明的理论风格。习近平法治思想是当代中国马克思主义法治理论，开辟了 21 世纪马克思主义法治理论的新境界

第一章 法学和法理学概论

> **命题提示**
>
> 这是2022年大纲新增内容，考生注意背诵"十一个坚持"的内容和意义，将其作为论述题考点备考。

判断题

1. 按照马克思基本观点，法学是伴随着国家的产生而产生的。（　）
2. 法学在西方发源于古希腊，到古罗马共和国时期已经发展成为一门独立的学科。（　）
3. 我国早在春秋战国时期就出现了法家、儒家等许多专门研究法律问题的法学派别。（　）
4. 法学在资产阶级革命胜利后成为一门独立的学科。（　）
5. 分析法学派、历史法学派、自然法学派、经济分析法学派等，都是产生于19世纪的法学派。（　）
6. 社会法学派主张法学主要对法律进行形式上的逻辑研究。（　）
7. 自然法学派主张恶法非法，而分析法学派主张恶法亦法。（　）
8. 马克思主义法学认为，"法学是公共意志的体现"。（　）

扫雷大练习

1. 不同学派对于法的性质有着不同的理解。对此，下列说法正确的是（　）。①（2018年法学单选1、2018年单选6）

   A. 经济分析法学派认为，法律不外乎主权者的命令

   B. 批判法学派认为，衡量法律优劣最主要的标准是实施效果

   C. 自然法学派认为，法律应与社会主要道德和人性的正义准则保持一致

   D. 历史法学派认为，一国的自然环境和政治制度决定着法的内容和性质

2. 英国法理学家哈特在其《实证主义和法律与道德的分离》一文中，提出了一系列法律实证主义的主要观点：法律是人类的命令；法律与道德之间不存在必然的联系；法律体系是一个"封闭的逻辑系统"，可以通过单纯的逻辑手段从既定的法律规则中推导出正确的判决。

   请结合上述材料，运用法理学相关知识，阐释法律实证主义的基本观点并对其作出评价。（2019年法学分析论述）

---

① 答案：C。

第二节　法理学

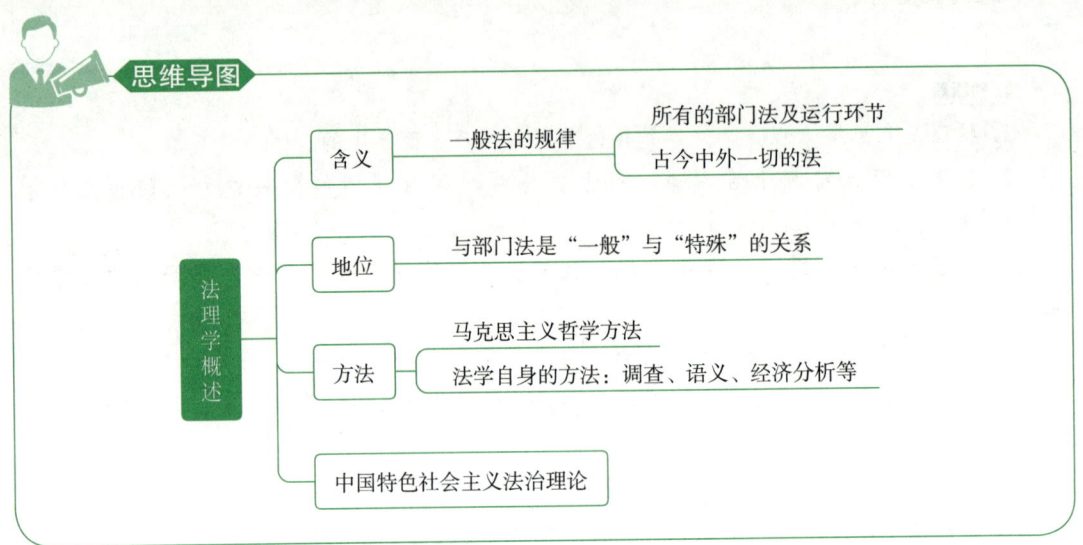

一、法理学的研究对象

法理学的研究对象是一般法，即法和全部法律现象及其规律性。一般法包括三个含义：

第一，法的整个领域或整个法律现实，包括所有部门法在内的整个法律领域，以及现行法从制定到实施的全部过程。

第二，古今中外一切的法。法理学要对古今中外一切类型的法律制度及其各个发展阶段的情况进行综合研究，研究结论应能解释法的一切现象。

第三，各个部门法及其运行的共同规律、共同特征、共同范畴，从而为部门法学提供指南，为法治建设提供理论服务。

需要说明的是，法理学研究具有国别性，我国法理学的起点、重心和归宿都是建设有中国特色的社会主义法治国家。

命题提示

这是了解型考点，考生需要了解：法理学研究对象的广泛性——一般法，以及法理学在研究对象上具有国别性、阶级性的特征。

二、法理学在法学体系中的地位

法理学在法学体系中占有特殊的地位，它是法学的一般理论、基础理论和方法论。

第一，法理学与部门法学之间是"一般"与"特殊"的关系，为部门法的研究提供了立场、观点和方法。

第二，法理学与法制史学、法律思想史学的关系是"论"与"史"的关系。

第三，法理学同理论法学中的其他学科的联系更为密切。法理学把对法律现象的哲学的研究、社会学的研究和专门法律的研究方法结合起来。

> **命题提示**
>
> 这不是重要考点，考生仅需了解法理学与部门法的关系。

判断题

1. 法理学与部门法学的关系是整体与部分的关系。（ ）
2. 法理学为部门法学的研究提供了立场、观点和方法。（ ）

三、法理学的研究方法及意义

第一，马克思主义的哲学方法，即辩证唯物主义和历史唯物主义的方法是法学研究的核心和基础。马克思主义哲学对法学具有普遍的指导意义。

第二，不能以马克思主义哲学代替法学自身的方法论。日常使用的法学方法论主要有社会调查的方法、历史调查的方法、价值分析的方法、阶级分析的方法、分析和比较的方法、词义分析的方法、社会效益和经济效益的分析方法等。

学习和研究法理学，有助于树立马克思主义法律观，提高社会主义法律意识、法律文化水平，增强社会主义法治观念，同时有助于为学习其他部门法学乃至整个法律科学奠定必要的专业理论基础。

> **命题提示**
>
> 这不是重要考点，考生仅需了解马克思主义哲学的普遍性和法学自身方法的特殊性。

四、中国特色社会主义法治理论

（一）中国特色社会主义法治理论的意义

中国特色社会主义法治理论是对马克思主义法学基本原理进行创造性转换和创造性发展的科学理论，是马克思主义法学当代化、现实化和中国化的产物，是将普遍性的法治理论同中国具体的法治实践紧密结合起来的结果，是法治中国建设的理论内涵和实践规律的科学总结。

（二）中国特色社会主义法治理论的主要内涵

1. 社会主义民主制度化、法律化和程序化理论

这是邓小平提出的理论。必须从制度上、法律上保障和发展人民民主，实现社会主义民主政治的制度化、规范化和程序化。

2. 依法治国、建设社会主义法治国家理论

建设法治中国，必须坚持依法治国、依法执政、依法行政共同推进，坚持法治国家、法治政府、法治社会一体建设。

3. 中国特色社会主义法治的核心价值理论

法治的诸多价值目标与全面推进依法治国的中国特色法治建设相结合，主要体现为"人民主体地位"和"公正是法治的生命线"。

1）人民是依法治国的主体和力量源泉，坚持人民主体地位，既是全面推进依法治国的基本原则，也是社会主义法治的根本价值。法治建设以保障人民根本权益为出发点和落脚点，保证人民依法享有广泛的权利和自由、承担应尽的义务。

2）坚持公正是法治的生命线。当代中国法治的基本价值体系主要包括：保障和促进社会公平正义、维护社会和谐稳定、确保国家长治久安，等等。

4. 党的领导、人民当家作主和依法治国的有机统一理论

1）党的领导是关键，人民当家作主是目的，依法治国是途径。

2）人民代表大会制度是坚持党的领导、人民当家作主、依法治国有机统一的根本制度安排。

3）"三统一"的法治理论是对马克思主义法学思想和中国特色社会主义法治理论的重大发展。

5. 依法治国和以德治国相结合理论

依法治国属于政治文明，以德治国属于精神文明，依法治国与以德治国并非彼此对立，而是相互补充、相互促进。

1）法律是成文的道德，道德是内心的法律，法律和道德都具有规范社会行为、维护社会秩序的作用。

2）治理国家、治理社会必须一手抓法治、一手抓德治，既重视发挥法律的规范作用，又重视发挥道德的教化作用，实现法律和道德相辅相成、法治和德治相得益彰。

6. 推进法治中国建设，促进国家治理体系和治理能力现代化理论发展

1）"法治中国"是中国法治建设的升级版，是对"以法治国"和"依法治国"的超越，是"法治国家""法治政府"和"法治社会"的综合体。

2）推进国家治理体系和治理能力现代化，就是要实现党、国家、社会各项事务治理制度化、规范化、程序化，就是要提高党科学执政、民主执政、依法执政水平。其中，法治体系是国家治理体系的重要依托和制度载体。

7. 中国特色社会主义法治体系理论

中国特色社会主义法治体系包括宪法实施监督体系、法律法规体系、法治实施体系、法治监督体系、法治保障体系等理论。

8. 良法善治理论

"法律是治国之重器，良法是善治之前提。"前一句话是形式法治的思想，后一句话是实质法治的思想。

"良法"应当符合以下标准：①反映人民的意志和根本利益；②反映公平、正义等价值追求；③符合社会发展规律；④反映国情、社情、民情；⑤具备科学合理的体系，形式合理，并且立法、执法和司法符合法定程序，具有程序正当性。

"善治"应包括以下几个方面的内容：①善治是民主治理；②善治是依法治理；③善治

是贤能治理；④善治是社会共治；⑤善治是法德合治。

良法善治理论超越了工具主义法治和形式主义法治的局限，是现代法治理论的重大创新。

9. 依法治国与改革开放的关系理论

依法治国与改革开放是辩证统一关系：全面推进依法治国本身就是全面深化改革的有机组成部分，法治又是改革的牵引力、推动力和保障力。

> **命题提示**
>
> 这是重要考点，考生需要记忆大体框架，将其作为主观题考点准备。另外，考生要重点掌握"良法的标准""法治与改革的关系""国家治理体系和治理能力现代化的含义"。

第二章 法的本质与特征

第一节　法、法律的含义

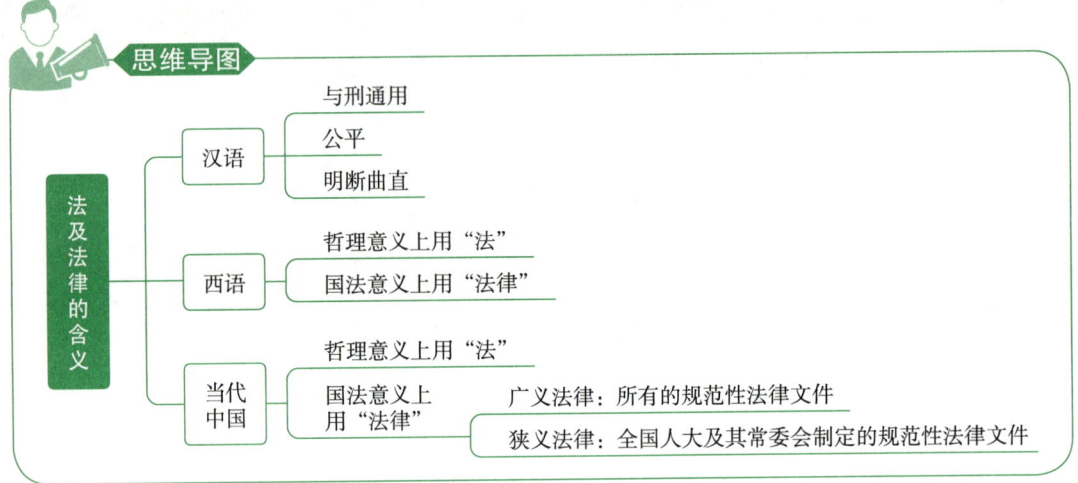

一、"法"与"法律"的词义

(一) 汉语中"法"与"法律"的词义

在语义上，汉语的"法"有三层含义：①"法"与"刑"通用；②平之如水，有"公平"之义；③有"明断曲直"之义。

在使用习惯上，一方面，汉语中的"法"在哲理意义上与"理"通用，指"道理""天理"；另一方面，汉语中的"法"又在典章制度意义上使用，与"律""法律""法制"等相通用。

> **命题提示**
>
> 这是了解型考点，考生要了解汉语中"法"的三种含义。

(二) 西语中"法"与"法律"的含义

在大部分西语中，"法"主要是在哲理意义上使用的，有"客观法"（法律规则）与"主观法"（法律权利）的分类。在国法意义上使用的"法"（法律）主要是指国家机关制定和颁布的具体法律规则，即实在法。

> 命题提示
>
> 这不是重要考点,并且大纲并没有严格区分"法"与"法律"。

二、当代中国"法"与"法律"的使用

当代中国,法与法律有时通用,有时法则作为比法律更广泛的概念。我们一般从哲理意义上来理解法,从国家法意义上来理解法律。在国家法意义上,法律有广义与狭义之分。狭义的法律仅指由全国人民代表大会及其常务委员会制定的规范性法律文件,广义的法(法律)是指包括宪法、法律(狭义)、行政法规、地方性法规等在内的一切规范性法律文件。

> 命题提示
>
> 这是重要考点,考生要区分广义的法(法律)以及狭义的法律。本部分原理在"法律渊源"一节将详细展开讲解。

第二节 法的本质

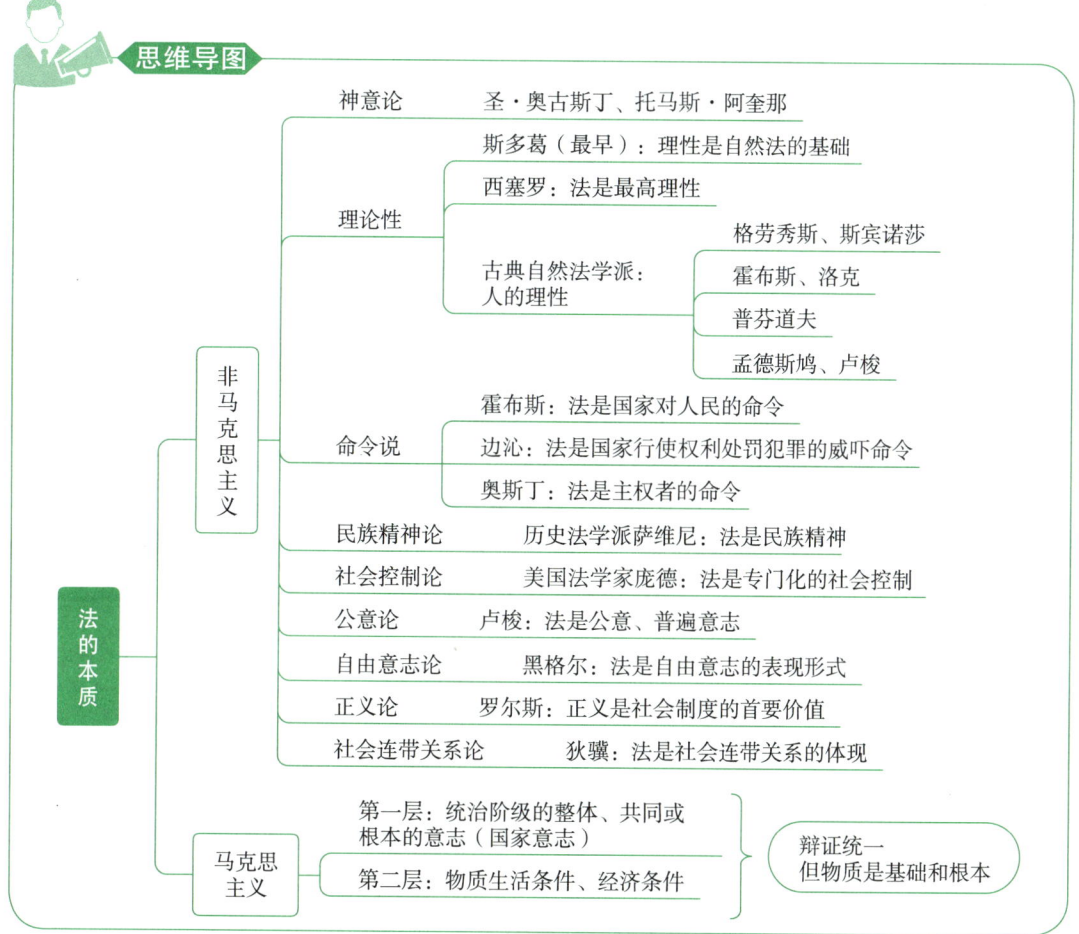

一、非马克思主义法学关于法的本质的学说

（一）神意论

该观点将法的本质归结为神的意志，主要代表人物是西罗马帝国后期的圣·奥古斯丁和13世纪哲学家托马斯·阿奎那。

其中，阿奎那在《神学大全》中认为，神的智慧是一切法律的渊源，神的智慧本身具有法律性质。

> **命题提示**
> 这是重要考点，考生要识记代表人物及其观点。

（二）理性论

该观点将法的本质解释为理性、人性。具体而言：

第一，古希腊斯多葛学派将法的本质归结为理性，他们认为整个宇宙由理性构成，自然与理性是等同的，理性是永恒不变的、普遍的自然法的基础。

第二，古罗马思想家西塞罗指出：法是最高的理性；理性在人类理智中稳定而充分发展之时，就是法律。

第三，17~18世纪，古典自然法学派的一些学者将法的本质归结为人的理性和本性，主要代表人物有荷兰的格劳秀斯、斯宾诺莎，英国的霍布斯、洛克，德国的普芬道夫，法国的孟德斯鸠、卢梭等。

> **命题提示**
> 这是重要考点，考生要识记代表人物及其观点。

（三）命令说

1) 英国的霍布斯认为，法是国家对人民的命令，是用口头说明，或用书面文字，或用其他方法所表示的规则或意志，用以辨别是非、指示从违。

2) 英国的功利主义鼻祖边沁认为，法是国家行使权力处罚犯罪的威吓性命令。

3) 命令说的代表人物是19世纪英国法哲学家、分析法学派的创始人奥斯丁。他认为，法律是主权者的命令，是对其臣民应当如何行为所发布的以制裁为后盾的命令。法律的显著特点之一在于它是一种命令，每一个法律和规则都是命令，严格意义上的法律和规则是命令的总和。

> **命题提示**
> 这是重要考点，考生需要识记人物及其观点。需要注意：霍布斯的观点有双重性，一方面认为法是"人的理性"，另一方面又认为法是"国家命令"。

（四）民族精神论

德国历史法学派代表人物萨维尼在《论立法与法学的当代使命》中指出，法就像语言、

风俗、政治一样，是民族精神、民族特性和民族共同意识的体现。法随着民族的成长而成长，随着民族精神的加强而加强，最后随着民族个性的消亡而消亡。

> **命题提示**
>
> 这是重要考点，考生需要掌握人物及其观点。需要注意：按照这种观点，法律既然是"民族精神"，那么，不同的民族就有不同的精神，因此无须制定统一的民法典。

（五）社会控制论

美国法学家罗斯科·庞德在《通过法律的社会控制》中指出，法是社会控制的手段，是政治上组织起来的社会高度专门化的社会控制形式，是一种通过有系统有秩序地适用社会强力的社会控制。

> **命题提示**
>
> 这是重要考点，考生需要掌握：这是社会法学派的典型观点，暗含"对社会控制有用的"那些手段就是法律。

（六）公意论

自然法学派的代表人物之一卢梭在《社会契约论》中指出，法是公意的体现，公意即人们的共同意志、普遍意志。

> **命题提示**
>
> 这是重要考点，考生需要掌握：卢梭的观点有两面性——既认为法是"人的理性"，又认为法是"公共意志"（对比：马克思认为法是"统治阶级"的意志）。

（七）自由意志论

哲理法学派代表黑格尔在《法哲学原理》中强调，法是自由意志的外在表现形式，自由意志是法的内核。

> **命题提示**
>
> 这是重要考点，考生需要掌握：黑格尔是唯心主义代表，因此认为法的本质是"自由的意志"。

（八）正义论

自然法学派代表人物之一罗尔斯在《正义论》中指出，正义是至高无上的，正义是社会制度的首要价值，如同真理是思想体系的首要价值一样。

> **命题提示**
>
> 这是重要考点，考生需要掌握：罗尔斯认为法的本质是"正义"——因此，为了"社会正义"，就可以对自由进行限制——自由不再是"神圣的"。

（九）社会连带关系论

社会法学派代表人物之一狄骥认为，法律是社会连带关系的体现。

> **命题提示**
>
> 这是重要考点，考生需要理解：连带关系其实就是指"社会合作关系"。

> **总命题提示**
>
> 这是每年必考的考点，考生应将该考点作为选择题备考，考生需要准确记忆相关学派及代表人物的观点。

判断题

1. 在法的本质问题上，神意论的主要代表人物有托马斯·阿奎那和托马斯·霍布斯。（ ）
2. 在法的概念问题上，古典自然法学派认为法是自由意志的外在表现形式。（ ）
3. 黑格尔把法律比作语言和风俗，主张法是民族精神之体现。（ ）
4. 萨维尼首次把法界定为高度发达的社会控制手段。（ ）
5. 分析法学派的创始人之一是奥古斯丁。（ ）
6. 西塞罗、霍布斯、洛克、普芬道夫、卢梭等法学家都主张法律理性论。（ ）

二、马克思主义法学关于法的本质的学说

（一）法是统治阶级意志的体现

法的第一层次本质是国家意志的体现。法是统治阶级意志的表现，即：统治阶级掌握国家政权后，往往将本阶级意志上升为国家意志，并体现为国家法律的形式。这又称为"法的阶级意志性"。

注意：1. 法所体现的统治阶级意志不是个别意志，也不是简单相加，而是统治阶级的整体意志、共同意志或根本意志。

2. 法的第一层次本质是意志，但不意味着法是以意志为基础的，更不意味着意志创造了社会经济关系。

（二）法所体现的意志由一定的物质生活条件所决定

法的第二层次本质体现在统治阶级意志是由统治阶级所处的社会物质生活条件所决定的。① 从根本上说，法由一定的经济关系（经济基础）决定。法的产生、变更和消灭都取决于一定的经济关系（经济基础）的产生、变更和消灭。这也意味着，法不是统治阶级任性和专横的表现，它不应当违背客观历史条件，不应当违背客观规律。这又称为"法的物质制约性"。

注意：法的物质制约性和法的阶级意志性是法的不同层次的本质。这两个方面是矛盾统一体，是辩证统一的。若片面强调法的阶级意志性，则可能导致法律的"唯意志论"；若片

---

① "社会物质生活条件"是指人类社会所包括的地理环境、人口、物质资料的生产方式诸方面，其中主要指统治阶级赖以建立其政治统治的经济关系。

面强调法的物质制约性，甚至以物质制约性否定阶级意志性，则将导致法律的"宿命论"。只有全面理解它们之间的矛盾关系，才能正确理解法的本质。

（三）统治阶级的意志还受到经济以外的其他社会因素的影响

经济以外的各种因素的范围是很广泛的，主要包括政治、思想、道德、文化、历史传统、民族、宗教、习惯等。在分析法的本质时，不应忽略这些因素，法和这些因素归根结底在经济因素起决定作用的条件下相互作用。

命题提示

在这个考点中，考生需要理解：①"阶级意志"是统治阶级的"整体意志"，但不等于"公共意志"；②物质制约性与阶级意志性具有辩证统一的关系；③其他社会因素对法律也有重要影响，因此，"物质生活条件相同的国家，法律的形式也不一定完全相同"。

判断题

1. 法律体现的统治阶级意志是整体意志，是社会公共意志。（　）
2. 法律与原始社会习惯的主要区别在于原始社会习惯不是用文字来表述的。（　）
3. 法律的产生、变更、消灭从根本上讲总是取决于一定的物质生活条件，因此，物质生活条件相同的国家就有相同的法。（　）

第三节　法的基本特征

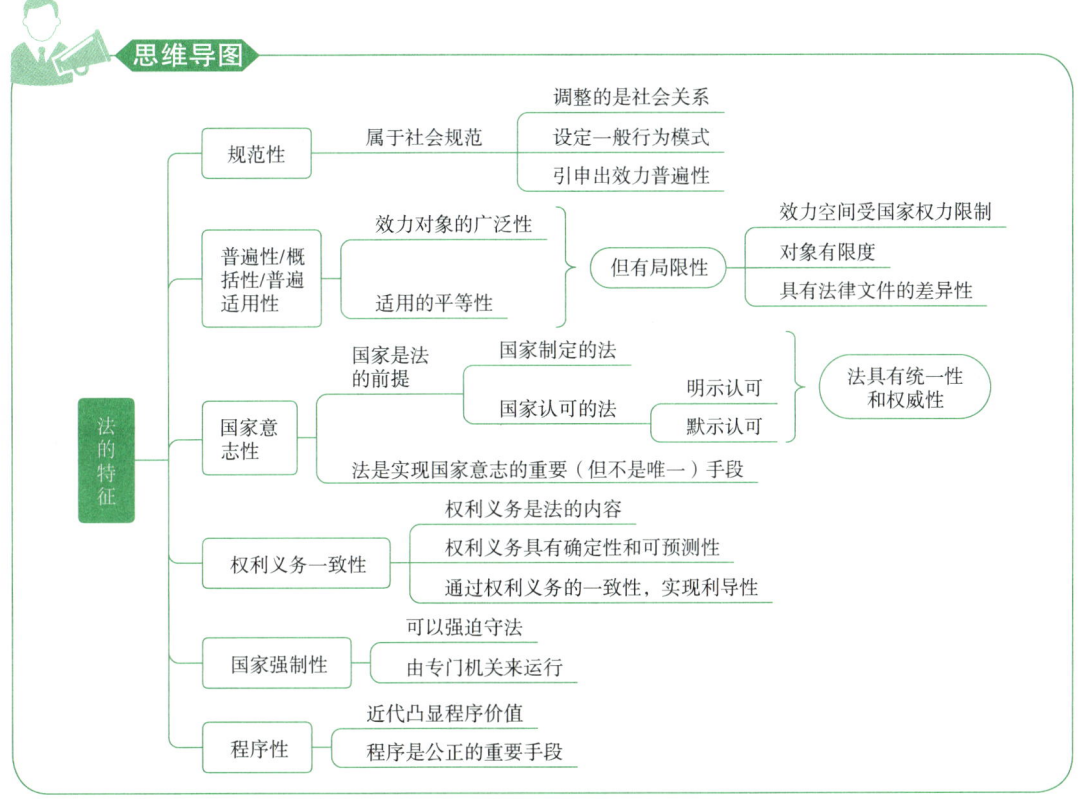

一、法是调整人们行为的规范，具有规范性

（一）法是社会规范

法不是一般的规范，而是社会规范，其特点在于它所调整的是人们之间的相互关系（社会关系）或交互行为。

需要指出的是，社会规范与思维规范、语言规范、技术规范在调整对象上是不同的。例如，技术规范的调整对象是人与自然（自然客体）的关系，并不必然涉及人们的交互行为，因此技术规范不属于社会规范。

注意：不能绝对割裂社会规范与其他规范的关系。例如，如果不遵守技术规范，则可能引起违法后果，此时就可能将技术规范上升为法律规范。这种由技术规范转化而来的法律法规，统称为"技术法规"（"技术规范"不等于"技术法规"）。

（二）法的规范性表现

法的规范性是指法律所具有的规定人们行为模式、指导人们行为的性质。具体表现在：明确规定了人们的一般行为模式，为人们的交互行为提供了模型、标准或方向。

行为模式一般包括：①人们可以怎样行为（可为模式）；②人们不得怎样行为（勿为模式）；③人们应当或必须怎样行为（应为模式）。

从效力范围上看，法的规范性至少有三个特点：①它针对的对象是不特定的大多数人；②它只对规范制定生效后发生的行为有效；③在有效期内，针对同样的情况反复适用。

注意：是否具有"规范性"，是区分规范性法律文件（法律）和非规范性法律文件的标准（而不是区分道德、宗教与法律的标准）。规范性法律文件（传统而言的"法律"）具有规范性，具有普遍的效力；而非规范性法律文件，如判决书、公证书、委任书、结婚证书等，其内容不是规定一般行为模式和标准，不具有规范性，也不具有普遍效力，仅对特定的人有效。

判断题

1. 并不是所有的技术法规都是社会规范，并不是所有的技术法规都具有国家强制性。（　）

2. 法律规定了人们的一般行为模式，从而为人们的交互行为提供了一个模型、标准或方向，这称为"法律的普遍性"。（　）

3. 法律规范与道德规范的区别之一，在于法律规范可以反复适用，而道德规范不能反复适用。（　）

4. 行政处罚决定书、购销合同等，都属于规范性法律文件。（　）

二、法具有普遍性

法的普遍性也称"法的普遍适用性""法的概括性"，是指法所具有的普遍约束力。它通常包括两重含义：①在一国主权范围内，法具有普遍效力，所有人都要遵守；②法律对同样的事和人同样适用，即法律面前人人平等。

由此看出，法的普遍性与规范性密切相关：正因为法具有规范性，它同时也就具有普遍性；法的规范性是其普遍性的前提和基础，而法的普遍性则是其规范性的发展与延伸。

> **命题提示**
>
> 法的普遍性并不等于法的绝对性和无限性，法的效力有局限性：
>
> 1）法的效力空间范围，一般情况下以国家权力管辖范围为界，但特殊情况下对域外行为也有效力（例如保护管辖）。
>
> 2）法调整的对象是有限度的。即使在国家权力管辖范围内，法也只调整人们之间的一定的社会关系或社会关系的某些方面，并不是也不可能规范人们的一切行为。
>
> 3）法虽然整体上有普遍性，但就具体法律而言，会呈现出不同的情况。有些法律是在全国范围内生效的（如宪法、民法、刑法），有些则是在部分地区或仅对特定主体生效（如地方性法规、军事法规）。而经国家认可的习惯法，其适用范围则可能更为有限。

> **判断题**
>
> 1. 法的普遍性是指在法律面前人人平等。（ ）
> 2. 法的普遍性是规范性的前提和基础。（ ）
> 3. 法具有普遍性，因此，所有法律的效力范围都是一致的。（ ）

三、法具有国家意志性和权威性

法是由国家制定或认可的，体现的是"国家意志"，这是法律与宗教和道德规范的主要区别之一。

（一）法由国家制定或认可，具有国家意志性

1）法的制定，是指国家立法机关按照法定程序创制规范性文件的活动。这是立法的主要方式，此类法律又称为"成文法或制定法"。

2）法的认可，是指国家通过一定的方式承认其他社会规范（道德、宗教、风俗、习惯等）具有法律效力的活动，这也属于立法的方式。

例如：我国《民法典》规定，父母对子女有抚养教育的义务；子女对父母有赡养扶助的义务。这一规定不过是"养老抚幼"的道德在法律上的明示认可。

> **命题提示**
>
> 明示认可，实际上就属于"法的制定"了。考试中无须区分明示认可和法的制定。

（二）国家意志性派生出法律的统一性和权威性

1）国家具有统一性和权威性，因此，体现国家意志的法也具有统一性和权威性。

2）法的权威性不仅表现为人们必须遵守或服从它，还表现为当它与道德、宗教、政策等发生冲突时，它作为国家意志的体现具有更大的权威性。

因此，列宁指出，意志如果是国家的，就应该表现为政权机关所制定的法律，否则"意

志"这两个字只是毫无意义的空气震动而已。

> **命题提示1**
>
> 法具有国家意志性，但法并不等同于国家意志：国家意志可以表现为法律，也可以在政治（国家政策）、伦理等领域得以体现。因此反映国家意志的一些口号、声明、决定、照会等，其本身不能视为国家的法律。

> **命题提示2**
>
> 法律具有统一性，但并不意味着不允许有合理的差别对待：无论是中国这种单一制国家还是美国这种联邦制国家，法在整体上具有统一性，但都允许地方的立法作出合理的区别性规定。

> **判断题**
>
> 1. 法律具有统一性和普遍性，因此一国法律体系内部的各种法律规范之间不存在矛盾。（ ）
> 2. 法律之所以由国家强制力来保证实施，主要是因为法律只有依靠惩罚才能发挥作用。（ ）

四、法具有权利和义务的一致性

一方面，法律的内容主要表现为权利和义务。法律上的权利义务具有确定性和可预测性的特点，明确告诉人们该怎样行为、不该怎样行为以及必须怎样行为。

另一方面，法律上的"权利与义务"具有一致性，法律只要规定了权利，就必须规定或意味着相应的义务，可见权利义务具有一致性。这是法律与其他社会规范的重要区别之一。

补充说明：2023年大纲删除了法律权利义务的"利导性""双向性"特点，但之前的真题有所考查，因此下附相关内容，仅供了解：①利导性：法律通过分配权利和义务，进而来分配利益，影响人们的行为和社会关系，这表明法具有利导性；②双向性：权利表征利益，义务表征负担，权利是主动的，义务是被动的，它们互为排斥的对立面。

> **命题提示**
>
> 不能认为其他社会规范不规定权利义务。有的社会规范，如道德、政策、习惯等，往往也规定权利和义务，因此也有利导性、双向性。只不过法律更加强调权利义务的"一致性"。

> **判断题**
>
> 1. 法律与道德的主要区别在于：道德不具有利导性，法律具有利导性。（ ）
> 2. 法律与党的政策的主要区别在于：党的政策不规定权利义务，法律主要规定权利义务。（ ）

五、法由国家强制力保证实施，具有国家强制性

1）一切社会规范都具有强制性，都有保证其实施的社会力量。（2023年论述题）

2）法律的强制性具有特殊性——国家强制性：以国家强制力为后盾，由国家强制力保证实施。这是法律与其他规范的重要区别之一。

3）法律要由国家强制力保证实施，取决于下面两个原因：①法律不一定能始终被人们自愿地遵守，需要通过国家强制力强迫遵守；②法律不能自行实施，需要国家专门机关予以运用。

> **命题提示**
>
> ①"强制力"不是法律与其他规范的区别；②国家强制力只是法律的"最后"保障手段，也是最重要的保障手段，但不是唯一手段，例如"政策"也可以保障法律；③法律的真正权威不是源于"国家强制力"，而是"人们的拥护和信仰"。

判断题

1. 法律与道德的主要区别在于道德没有强制性。（ ）
2. 法律的强制力本质上属于自然力。（ ）
3. 国家强制力是法律区别于其他规范的重要特征。（ ）

六、法具有程序性

无论立法、执法还是司法，都有相应的法律程序。法律程序是保证法律公正的重要手段。

> **命题提示**
>
> 法的六大特征每年必考，考生务必掌握。在宏观上，考生最好能将其作为简答题考点准备；在微观上，考生尤其要掌握对规范性、国家意志性、国家强制性、普遍性的具体理解，从而应对选择题。

> **总命题提示**
>
> 任何社会规范都有"规范性""强制性""权利义务为内容"的特征；法律独有但其他社会规范没有的特性在于：普遍性、国家意志性和权威性、权利义务一致性、国家强制性和程序性。

扫雷 大练习

1. 关于法律的特征，下列说法正确的是（　　）。① （2018年法学单选2、2018年单选7）

A. 以义务为本位是法律的本质特征

B. 法律由立法机关制定或认可，体现了国家意志

C. 法律具有国家强制性，只能通过司法予以实施和实现

D. 法律的普遍性意味着在一国之内，所有人都应享有相同的法律权利

2. 下列选项中，属于法的基本特征的是（　　）。② （2013年单选1）

A. 社会公益性　　　　B. 技术规范性

C. 国家强制性　　　　D. 国家引导性

3. 下列选项中，属于法的基本特征的是（　　）。③ （2012年单选2）

A. 法是由国家制定或认可的，具有人民性

B. 法是由社会强制力保证实施的，具有强制性

C. 法是由原始社会习惯演变而来的，具有习惯性

D. 法是以权利和义务为内容的，具有权利与义务的一致性

4. 简述法的基本特征。（2011年法学简答、2019年非法学简答）

---

① 答案：B。

② 答案：C。

③ 答案：D。

第三章 法的起源与演进

第一节 法的起源

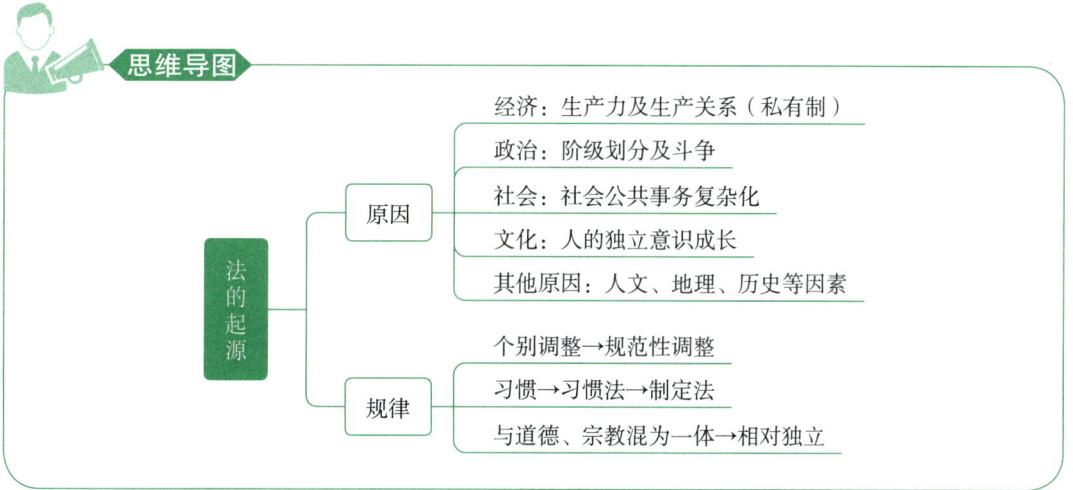

一、法起源的主要原因

（一）法起源的经济原因

马克思主义法学认为，法的产生和发展是多种社会因素相互作用的产物，但这些因素又是在经济因素最终起决定作用的条件下相互作用的。

例如：恩格斯说，在社会发展的某个很早的阶段，产生了这样一种需要：把每天重复着的产品生产、分配和交换用一个共同的规则约束起来，借以使个人服从生产和交换的一般条件。这个规则首先表现为习惯，不久便成了法。

> **命题提示**
>
> 按照马克思主义的观点，法并不是从来就有的，而是社会发展到一定阶段的产物（私有制阶段的产物）。

（二）法起源的政治原因

法的产生也是阶级划分和阶级斗争的结果。随着社会生产力的发展，社会分工及生产与交换发展的同时，社会也出现了私有制和阶级的分化，形成了两个对抗性的社会利益集团——奴隶主和奴隶。作为统治阶级的奴隶主，开始利用国家和法来维护自己的统治。

（三）法起源的社会原因

社会公共事务比原始社会更加复杂，导致原始社会中的简单习惯已无法处理这些事务，这就需要法律这种高级行为规则。

另外，随着社会发展，在文化方面人的独立意识的成长也促进了法的产生。

除了经济、政治、社会、文化原因外，还有其他人文、地理、历史等因素的影响。

> **命题提示**
>
> 从以上内容可以看出，法律起源的因素是多元的，既包括经济的、政治的、社会的、文化的，还有地理的，等等，只不过上述因素要在经济因素的根本决定下发挥作用。

> **判断题**
>
> 1. 社会公共事务的简化和人的独立意识的成长，是法律产生和发展的根本原因。（　）
> 2. 马克思主义法学认为，法的产生和发展是多种社会因素相互作用的产物，但这些因素又是在政治因素最终起决定作用的条件下相互作用的。（　）

二、法起源的一般规律

（一）由个别调整逐步发展为规范性调整

由个别到一般、由自发到自觉，是法起源和发展的规律。

从法起源来看，先出现对特定人、特定事的调整，然后才发展为对一般人、一般事的调整。

> **命题提示**
>
> ①个别调整是指"没有一般性根据"，凭借个人权威来调整；②法治社会并不能完全排除个别调整，例如，民间的和解，也可能属于个别调整领域。

（二）由习惯发展为习惯法再发展为制定法

法的形态总是先表现为不成文的形式，即习惯和习惯法，然后才发展为成文法（制定法）形式。

在这一过程中，文化因素起着相当大的作用。

> **命题提示**
>
> ①习惯不是法，习惯法才是法——习惯仅仅是法的雏形而已；②习惯法→"制定法"，不是"判例法"。

（三）由与道德规范、宗教规范混为一体发展到相对独立

法脱胎于氏族习惯，而氏族习惯融合了原始的道德、宗教等多种社会规范，它们之间没

有明确的界限。

法律规则的专门化、独立化是社会规范分化的结果，法的形成过程实际上是法日益脱离宗教、道德规范而成为独立的、专门的社会规范的过程。

命题提示

法律专门化、独立化是法的发展趋势，但这种专门化、独立化仅是相对的，不可能完全独立于宗教、道德等规范。

总命题提示

记忆法起源的一般规律，考点多以选择题出现，但也不排除会出简答题。

判断题

1. 法律的形成过程是法律日益脱离宗教、道德规范而成为独立的、专门的社会规范的过程。（ ）
2. 由无强制性规范的调整发展为有强制性规范的调整，是法起源的一般规律。（ ）
3. 由原始社会的习惯发展为习惯法再发展为判例法，是法起源的一般规律。（ ）
4. 法起源时就有别于道德、宗教等规范。（ ）

第二节　法的演进

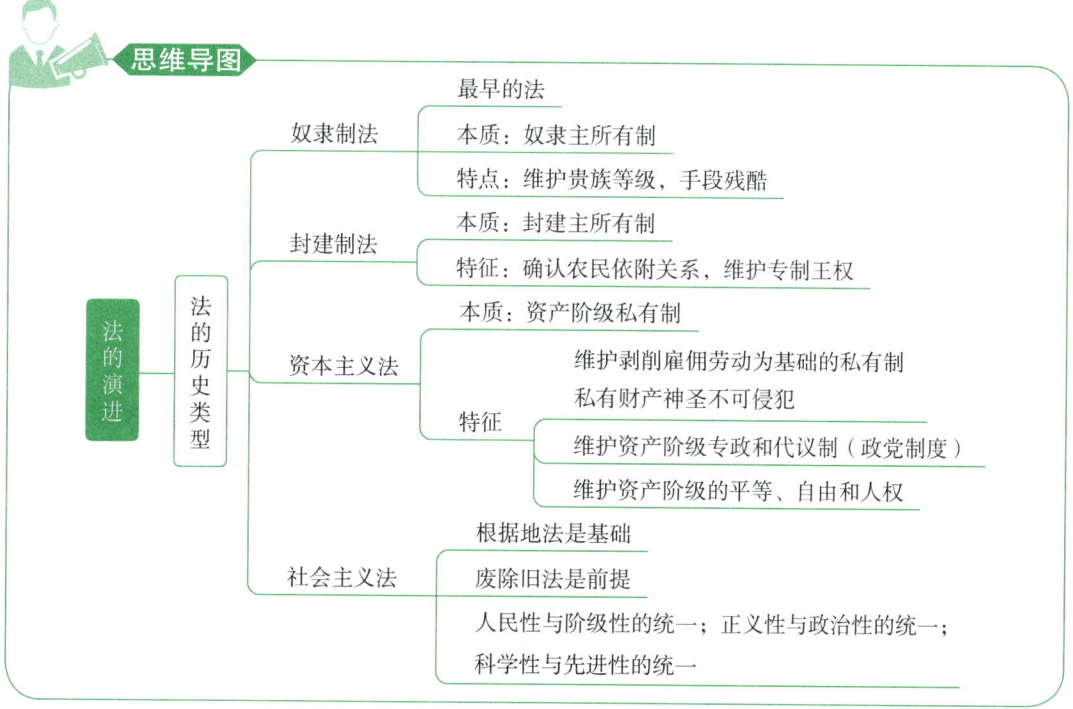

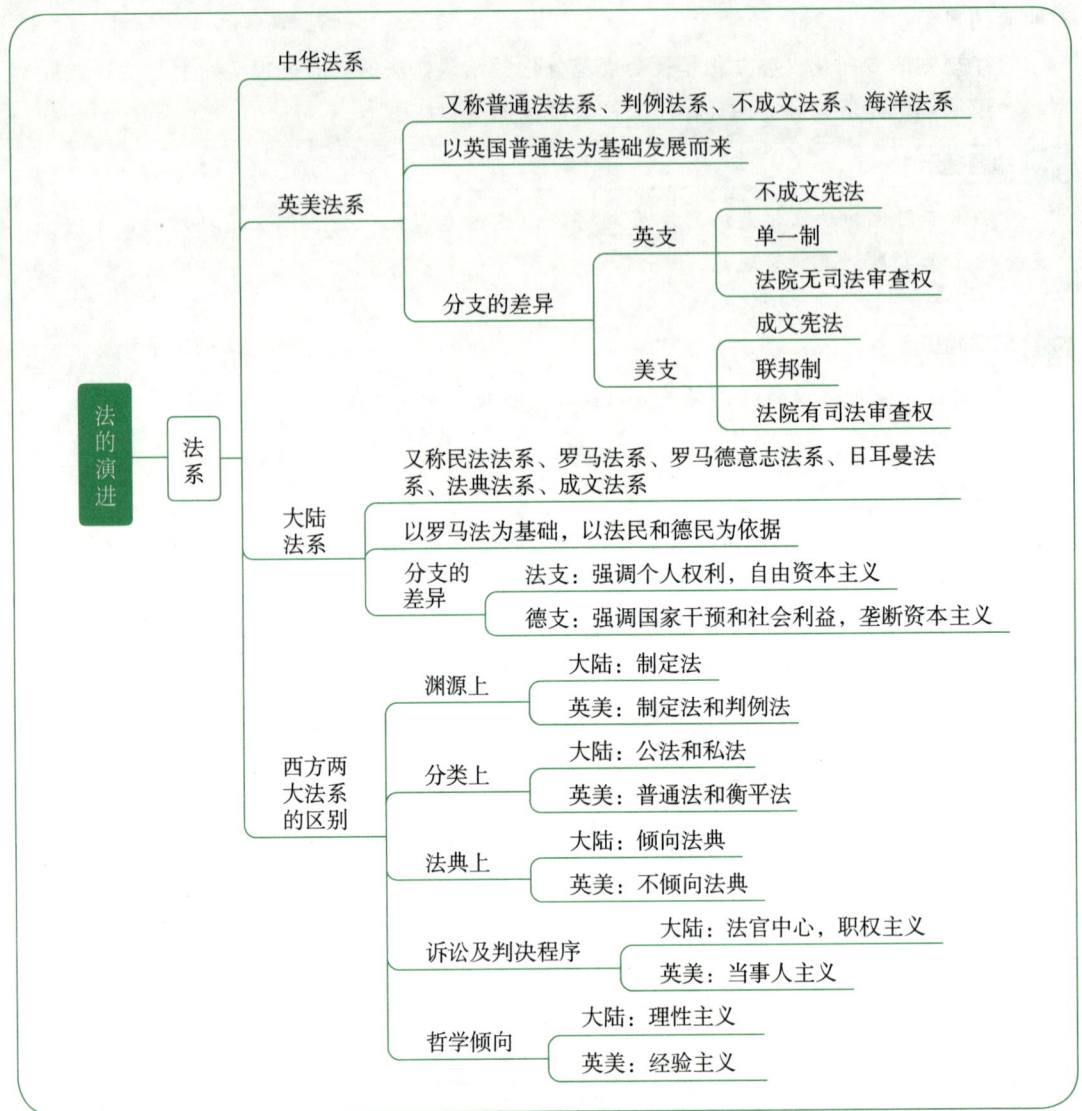

一、法的历史类型

法的历史类型是按照法的经济基础和阶级意志进行的分类，主要包括奴隶制法、封建制法、资本主义法和社会主义法。

（一）奴隶制法

奴隶制法是人类历史上最早的法，也是最早的私有制的法。奴隶制法的本质和特征是由奴隶制社会的经济基础所决定的。从总体上而言，奴隶制法具有一些共同特征：

1）严格保护奴隶主所有制，这是奴隶制法的核心。
2）公开反映和维护奴隶主贵族的等级特权。
3）刑罚手段极其残酷，长期保留着原始社会的某些行为规范残余。

《汉谟拉比法典》《十二铜表法》等是奴隶制法典的代表。

(二) 封建制法

封建制法赖以建立和存在的经济基础是地主或领主占有土地和部分占有农民或农奴。封建制法是地主阶级意志的体现，确认农民对封建地主的依附关系、维护专制王权是封建制法的特征。

> **命题提示**
>
> 奴隶制法和封建制法都是属于特权社会（又称"身份社会"）的法，而把"法律面前人人平等、权利义务一致性"等作为法律基本原则，是近代社会（即资本主义社会）才出现的现象。

(三) 资本主义法

1. 资本主义法的本质

在资本主义社会中，占统治地位的是以资本家占有生产资料并剥削雇佣劳动为基础的私有制经济。资本主义法律所代表的是作为整体的资产阶级的意志和利益。

注意：按照马克思主义法学观点，资本主义社会的法律不是"超阶级"的，资本主义法律也不是公共意志的体现。

2. 资本主义法的特征

资本主义社会的法律具有三个方面的特征。

(1) 维护以剥削雇佣劳动为基础的资本主义私有制

这是资本主义法律的核心特征。无论在自由资本主义时期还是垄断资本主义时期，无论在民法法系国家还是在普通法系国家，无论在资本主义法律的任何一部部门法中，都始终如此。

私有财产神圣不可侵犯是所有资产阶级宪法的一项基本原则，该原则是私有制的应有之义。

(2) 维护资产阶级专政和代议制政府

资产阶级进行政治统治的基本方式和主要形式是建立"代议制"政府，实行资产阶级专政。资本主义法维护资产阶级专政的作用主要体现在公法上。

资产阶级与封建主专政的一个重要区别在于，资产阶级是通过自己的政党来执掌政权的，政党制是资本主义政治制度中一项重要的制度。

(3) 维护资产阶级自由、平等和人权

在形式上，人人都处于平等地位，都平等地享有各种自由，这种平等和自由统称为"人权"。资产阶级的自由、平等、人权都属于资本主义民主的范畴，资本主义法对平等、自由和人权的保障具有巨大的作用（但它是资产阶级占有生产资料基础上的人权，是不彻底的）。

> **命题提示**
>
> 这不是重要考点，考生需要了解资本主义法的特征，该考点以前虽然考过简答题，但今年考生应以应对选择题为主。

（四）社会主义法

革命根据地的法是我国社会主义法的基础。中国社会主义类型的法的出现，是以革命根据地时期的法律为基础的，是对革命根据地法的继承和发展。

废除旧法是社会主义法产生的前提。

借鉴人类法治文明成果是我国社会主义法产生的重要条件。

我国社会主义法具有以下本质特征。

1. 人民性与阶级性的统一

我国社会主义法的本质，是工人阶级领导下的全国人民共同意志的体现。我国社会主义所体现的意志既体现了鲜明的阶级性，又体现了广泛的人民性。

2. 正义性与政治性的统一

我国社会主义法还体现出代表社会发展进步方向的正义性，同时，社会主义法所体现的社会发展理念与人民意志不是自发形成的，而是在中国共产党的领导下逐步形成的。

3. 科学性与先进性的统一

我国社会主义法坚持从中国实际出发，吸收借鉴古今中外优秀的法律文化与制度经验，又与时俱进，不断发展与完善自身制度与实践。

> 📡 **命题提示**
>
> 这不是重要考点，考生了解根据地法和废除旧法即可。

> **判断题**
> 1. 封建制法是最早建立和维护代议制民主制的法。（　）
> 2. 资本主义法律是全体社会成员共同意志的体现。（　）
> 3. 《汉谟拉比法典》是封建制法典的典型代表。（　）

二、法　系

法系是西方法学家首先使用的概念，是指具有某种共性或共同历史传统的法律的总称。

需要指出的是，虽然法系主要是依法律历史传统划分的，但是影响法系形成的因素很多。按一些比较法学家的观点，世界上存在并发挥过重要影响的五大法系是中华法系、伊斯兰法系、印度法系、英美法系和大陆法系。其中，英美法系和大陆法系对资本主义法律影响最大。

> 📡 **命题提示**
>
> 这是重要考点，考生要掌握法系的概念。

（一）中华法系

中华法系形成于秦朝，到隋唐时期成熟。其代表性的法典就是永徽律及律疏，又称《唐律疏议》，这是中华法系发展完备的标志。唐朝以后，宋元明清各朝都以此为蓝本创制自己朝代的法律制度。

中华法系的主要特点有：①法律以君主意志为主；②礼法结合是法律的重要原则；③刑法发达，民法薄弱；④行政司法合一。

（二）英美法系

英美法系又称普通法法系、判例法系、不成文法系、海洋法系等，是以英国中世纪的法律，特别是普通法为基础而发展起来的法律的总称。

普通法法系的分布范围包括英国本土（苏格兰除外）及美国（路易斯安那州除外）、爱尔兰、加拿大（魁北克省除外）、澳大利亚、新西兰等这些历史上曾是英国的殖民地、附属国的许多国家和地区。

英美法系包括两个支系：英国支系和美国支系。英国法和美国法是普通法法系中的两个重要的分支，因此普通法法系也可以称为英美法系。但二者也有较大差别：

1) 英国法采取不成文宪法制和单一制，法院没有司法审查权。
2) 美国法采用成文宪法制和联邦制，法院有通过具体案件确定是否符合宪法的司法审查权，公民权利主要通过宪法规定。

命题提示

这是重要考点，考生要注意：①普通法是多义词，这里特指公元11世纪诺曼人入侵英国后逐步形成的以判例形式出现的一种法律，往往与"衡平法"对应，不同于与"根本法"相对的"普通法"；②英国和美国虽然属于同一法系，但二者有所不同，尤其在宪法问题上存在诸多不同点。

（三）大陆法系

大陆法系又称民法法系、罗马法系、罗马德意志法系、日耳曼法系、法典法系、成文法法系等，是以罗马法为基础而发展起来的法律的总称。具体而言是指在罗马法基础上，以1804年《法国民法典》和1896年《德国民法典》为代表的法律，以及在其法律传统影响下而形成和发展起来的各国法律的总称。总之，大陆法系以罗马法为历史渊源，以民法为典型，以法典化的成文法为主要形式。

欧洲大陆大多数国家、前欧洲国家的殖民地、拉丁美洲等许多国家和地区的法律都属于大陆法系。此外，日本、土耳其、美国的路易斯安那州、加拿大的魁北克省、中国的澳门等地区的法律也基本上属于大陆法系。

大陆法系包括法国法系和德国法系两个支系：①法国法系是以1804年《法国民法典》为蓝本建立起来的，它以强调个人权利为主导思想，反映了自由资本主义的特点；②德国法系是以1896年《德国民法典》为基础建立起来的，强调国家干预和社会利益，是垄断资本主义法的典型。

命题提示

这是重要考点，考生要注意：①基础是"罗马法"；②不是只有"民法典"；③法国法系与德国法系也并非完全相同。

（四）西方两大法系的区别

普通法法系和大陆法系在赖以存在的经济基础、阶级本质、总的指导思想和基本原则等方面都是一致的。两大法系的区别主要体现在以下几个方面。

1. 法律的渊源不同

①在大陆法系国家，正式的法的渊源主要是制定法，法院判例不是正式法律渊源；②在普通法法系国家，制定法和判例法都是正式的法的渊源，判例法占重要地位。

2. 法律的分类不同

①大陆法系国家法的基本分类是公法和私法，进入20世纪后又出现了经济法、劳动法等兼有公法和私法两种成分的法；②普通法法系国家无公法和私法之分，法的基本分类是普通法和衡平法。

3. 法典的编纂不同

①大陆法系国家承袭古代罗马法的传统，基本法律一般采用系统的法典形式；②普通法法系国家一般不倾向于法典形式，它的制定法往往是单行的法律、法规。即使后来英美法系国家逐步采用法典形式，也主要是判例法的规范化。

> **命题提示**
>
> 不能笼统地说"英美法系国家都没有法典"，例如，美国的宪法就是法典。

4. 诉讼程序和判决程式不同

①大陆法系的诉讼程序以法官为重心，奉行职权主义，具有纠问程序的特点，法官审理案件除了案件事实外，首先考虑制定法是如何规定的，随后按照有关规定来判决案件；②普通法法系的诉讼程序奉行当事人主义，法官充当消极的、中立的角色，法官首先考虑以前类似案件的判例，将本案的事实与以前案件事实加以比较，然后从以前的判例中概括出可以适用于本案的法律规则。

5. 哲学倾向不同

一般来说，大陆法系倾向于理性主义，而普通法法系则倾向于经验主义。

进入20世纪后，两大法系之间的差异已逐渐缩小，融合也正在发生，但由于传统的不同，差异还将长期存在。

> **命题提示**
>
> 法系的概念、两大法系的别称、两大法系的区别等考点，几乎每年必考，考生务必掌握。

判断题

1. 法系是以法律赖以存在的经济基础为划分标准的。（　）
2. 英美法系源于罗马法，又可以称为法典法系。（　）
3. 我国澳门特别行政区的法律属于英美法系。（　）
4. 英国威尔士和加拿大魁北克省的法律属于大陆法系。（　）
5. 英美法系国家中，有些国家实行不成文宪法制。（　）
6. 大陆法系和英美法系在法律渊源、法律本质、诉讼程序以及法律结构等方面存在较大区别。（　）

扫雷大练习

1. 下列关于法系的说法，正确的是（　）。① （2020年单选6）
A. 法律赖以产生的经济基础是划分法系的核心标准
B. 大陆法系是在继承罗马法的基础上逐渐形成的
C. 通过法律移植实现区域法律高度统一，是形成法系的必要条件
D. 在法律全球化时代，大陆法系与英美法系的区分已没有现实意义

2. 下列关于大陆法系与英美法系区别的表述，不正确的是（　）。② （2018年法学单选7、2018年单选12）
A. 大陆法系的正式渊源主要是制定法，而英美法系是判例法和制定法
B. 大陆法系的基本分类是公法和私法，而英美法系更多采用普通法和衡平法
C. 大陆法系的诉讼模式采用当事人主义，而英美法系采用法官中心主义
D. 大陆法系注重法典编撰，而英美法系注重判例

3. 下列关于法系的表述，正确的是（　）。③ （2017年法学单选1）
A. 中华法系体现礼法结合的精神
B. 大陆法系是在德国民法典的基础上产生的
C. 英美法系是以美国法为基础，以英国法为主导发展而来
D. 法系划分的主要依据是各国法律的外在形式和本质特征

4. 关于两大法系的表述，正确的是（　）。④ （2022年单选）
A. 判例法系又称罗马日耳曼法系
B. 现代印度法律制度属于大陆法系
C. 加拿大魁北克地区的法律制度属于英美法系
D. 大陆法系是承袭古罗马法的传统，以法国民法典和德国民法典为代表的各国法律制度的总称

---

① 答案：B。
② 答案：C。
③ 答案：A。
④ 答案：D。

第三节　法律移植与继承

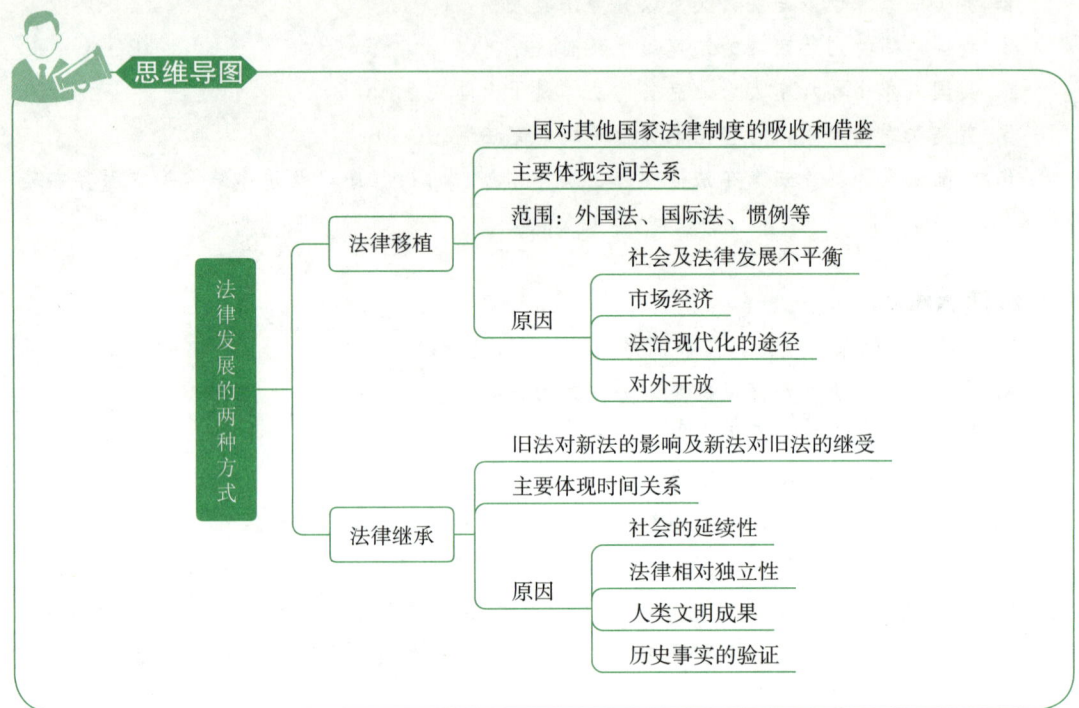

一、法律移植

法律移植是指在鉴别、认同、调适、整合的基础上，引进、吸收、采纳、摄取、同化外国法，使之成为本国法律体系中的有机组成部分，为本国所用。法律移植反映了一国对其他国家法律制度的吸收和借鉴。

命题提示

法律移植主要体现空间关系；移植的对象不限于外国的法律，还包括国际法律和惯例。

法律移植有其必然性和必要性：①社会和法律发展的不平衡性决定了法律移植的必然性；②市场经济的客观规律和根本特征决定了法律移植的必要性；③法治现代化既是社会现代化的基本内容，也是社会现代化的动力，法律移植则是法治现代化的一个过程和途径；④法律移植是对外开放的应有内容。

法律移植需要进行充分的准备：①认真研究供体的法律制度及法律文化；②认真研究受体的法律传统及社会现实；③法律本土化加工。

第三章 法的起源与演进

> **命题提示**
>
> 这不是重要考点。法律移植的必然性和必要性虽然考过论述题，但并不是今年的考试重点，考生了解即可。

判断题

1. 法律移植是法系形成过程中的捷径之一。（ ）
2. 法律移植体现的是空间关系，并没有体现时间关系。（ ）
3. 法律移植的对象仅限外国法。（ ）

二、法律继承

法律继承是不同历史类型或不同时代的法律制度之间的延续和继受，一般表现为旧法对新法的影响和新法对旧法的承接和继受。

注意：①"不同时代"是2023年大纲新增内容，这就意味着：同一历史类型内部的不同"政权"之间的法律借鉴也可称为"继承"，例如宋朝对唐朝的继承；②法律继承主要体现时间关系，法律继承的前提是"政权灭亡"，因此，国内法对国际条约只能是"移植"，而不是"继承"。

法律继承的根据和理由主要表现在：①社会生活条件的历史延续性决定了法律的继承性；②法律的相对独立性决定了法的发展过程的延续性和继承性；③法作为人类文明成果决定了法律继承的必要性；④法律演进的历史事实验证了法律的继承性。

判断题

1. 在同一国家或地区，不同历史类型之间新法对旧法的借鉴和吸收，在法学理论上称为法律移植。（ ）
2. 国内法可以继承国际法。（ ）
3. 社会生活条件具有历史延续性，这决定了法律的移植。（ ）
4. 不同物质生活条件或者不同阶级意志的法律之间不能进行法律移植。（ ）
5. 法律继承是法系形成的必要条件。（ ）

> **扫雷 大练习**

《修订法律大臣沈家本等奏进呈刑律分则草案折》载："是编修订大旨折衷各国大同之良规，兼采近世最新之学说，而仍不戾乎我国历世相沿之礼教民情。"清末修律处理外来法与本国固有法之间关系的原则，对于当代中国的法律移植有哪些启示？（2018年论述58）

第四节 法律全球化

一、法律全球化的概念与趋势

法律全球化是指法律跨越国家的疆界，在世界范围传播、流动，其趋势表现在：

1) 法律的"非国家化"。越来越多的法律由各种经济联合体、知识产权组织、环境保护组织、新闻媒介联合体等"非国家"的机构制定。

注意：这并不意味着"法律是国家制定或认可"的特征已经过时；原因在于，即便是非国家机构制定，也需要"国家"认可。

示例：《国际贸易术语解释通则》由国际商会编订。

2) 法律的"标本化"或"标准化"。由联合国、国际组织、经济联合体制定法律范本，提供给各个国家作为立法的参照。

3) 法律的"趋同化"。这是指调整相同类型社会关系的法律规范和法律制度趋向一致。

4) 法律的"世界化"。所谓法律世界化，是指全球范围内法律规范的相互联结，国际法与国内法之间的界限正在变得模糊不清，国际法高于国内法的信念已得到普遍确认。法律世界化还意味着某些"全球性法""世界性法"的出现。

> **命题提示**
> ①考生需了解上述四个名词的大概含义，能对应起来；②国际法虽然高于国内法，但不能说法律不再体现统治阶级意志。

> **判断题**
> 1. 调整相同类型社会关系的法律制度趋向一致，这表明法律出现了标本化趋势。（　）
> 2. 国际法与国内法之间的界限越来越模糊，国际法与国内法的划分过时了。（　）
> 3. 国际法不是由国家强制力保障实施的。（　）

扫雷 大练习
简述法律全球化的主要表现。（2017年法学简答31）

二、法律全球化的进展

1)《联合国宪章》是世界共同遵守的基本规范。《联合国宪章》拥有的缔约国最多，具有"准世界宪法"性质。

2) 国际法的许多任意性规范成为强制性规范。国际条约调整的领域越来越多，调整的社会关系越来越具体。根据《维也纳条约法公约》，强行规范高于一般规范，由此确立了一般国际法强制规范的地位。

3) 国际司法机制正在强化。首先，联合国安理会的地位明显加强；其次，联合国国际法院（备注：即海牙国际法院，审理国际民商事案件）的作用更加强化；最后，2002年国际刑事法院成立（备注：不是联合国下设法院）。有权启动国际刑事法院审判程序的有缔约国、安理会、国际刑事法院检察官自行启动等三种。

> 📶 **命题提示**
>
> 这不是重要考点，考生仅需一般了解：①准世界宪法；②国际刑事法院的启动。

三、法律全球化的途径

1）国际法的国内化、地方化。这是指联合国、国际组织和国际社会层面的法律被各国全部或部分承认或接受，通过这种承认或接受，全球性的法律成为各国法律的组成部分。具体表现在：①在人权领域，联合国和国际组织已经形成许多标准人权文件，其中最重要的是《世界人权宣言》《公民权利和政治权利国际公约》《经济、社会及文化权利国际公约》；②在经济领域，世贸组织成立后，缔约方必须根据有关协议调整自己的法律制度。

2）地方法或国内法的全球化。这是指原本是地方性的法律，经由某种途径被全球化。具体表现在：①新商人法穿越国家领土，该法具有"自我合法性"，即跨国公司之间通过仲裁协议，排除了法律和传统法院对"商事领域事项"的管辖；②美国等西方国家通过"法律与发展"项目"推销"西方的法律：20世纪80年代中期以后，美国主导的法律与发展项目，试图通过法律输出占领世界法律市场，并通过推广美国法的经验进而实现世界法律的美国化。

注意：1. 法律全球化并不是所有法律的全球化，那些不具有涉外性、国际性的地方性法律不可能，也没有必要化为"全球性"或"世界性"法律。

2. 法律全球化并不意味着国家主权概念的过时或消失，而只是意味着主权概念的进步和丰富，各国之间的法律仍将呈现多样性、多元化；各个国家均应当警惕和制止少数或个别国家借助法律全球化的名义而推行政治霸权主义和法律帝国主义。

> 📶 **命题提示**
>
> 这不是重要考点，考生将其作为简答题考点了解一般框架即可。

04 第四章 法的作用与法的价值

第一节 法的作用

思维导图

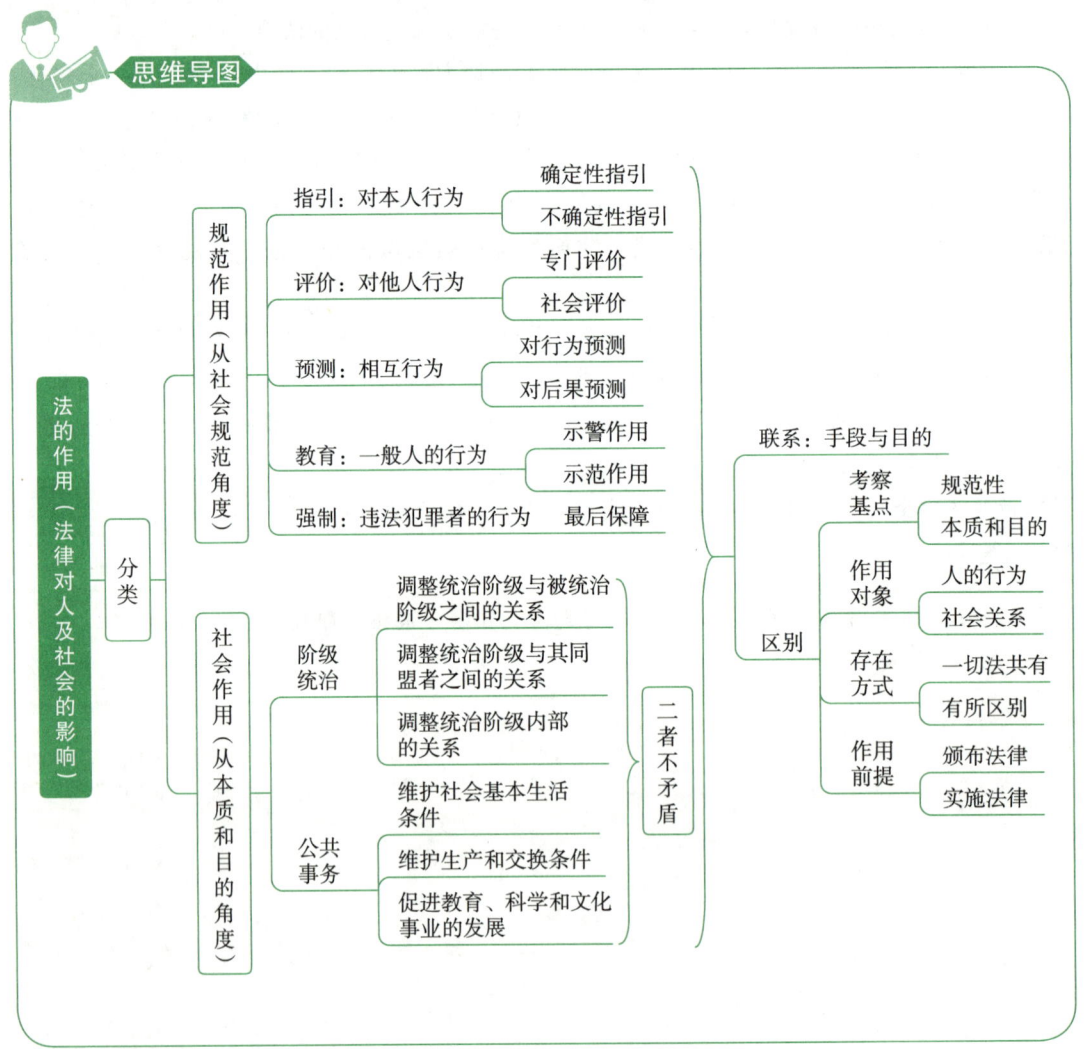

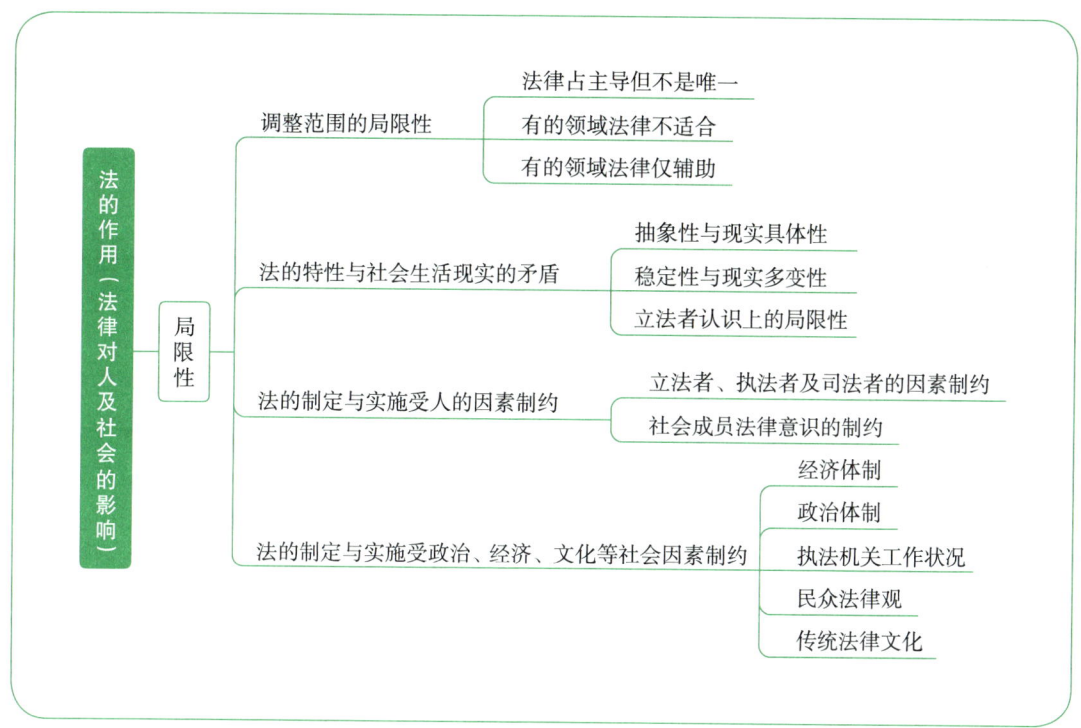

一、法的作用概述

法的作用，又称法的功能，是指法律对人们的行为、社会生活和社会关系产生的影响。法的作用的本质可以从两方面来认识：

1）法的作用是国家权力运行和国家意志实现的具体表现。

国家权力是法的载体和支点，法是国家意志这一内容的规范化。法对人的行为以及对社会关系的影响，实质上就是国家把自己的意志和态度通过国家权力加以推行和实现。

2）法的作用是社会经济状况的具体表现。

法的作用取决于经济基础，在一定的社会中，法能否承担起立法者所赋予它的功能，根本上取决于生产关系或生产方式自身的生命力。

命题提示

这是了解型考点，考生只需了解法的作用的实质即可。

判断题

1. 法的作用又称法的价值，是社会经济状况的具体表现。（ ）
2. 法的作用专指法律对人们行为的影响。（ ）

二、法的作用的分类

任何社会的法的作用都可以有规范作用和社会作用之分，这是由英国新分析实证主义法学家拉兹首先提出来的。

（一）从法是社会规范的角度来看，法具有规范作用

法的规范作用是指法作为行为规范，对人们的意志、行为发生的直接影响，对人的行为的保障和约束作用。这是从法是一种调整人们行为的规范，即从法的特征角度来解释的法的作用。

> 📶 **命题提示**
>
> 规范作用是从"法的规范性"特征角度而言的。

根据法的规范作用的不同对象，即不同的行为，规范作用大体上被概括为指引作用、评价作用、预测作用、教育作用和强制作用。

1. 指引作用

指引作用是指法律规范对本人行为起到的导向和引导作用。法的指引是规范指引而不是个别指引。规范指引虽然很抽象，存在针对性弱的一面，但是它能避免个别指引在时间、精力和经济上的浪费，具有连续性、稳定性和高效率的优势。

法律规范的指引作用分为确定性指引和不确定性指引。

1）确定性指引是指对人们行为的指引是明确的，不存在选择余地。

2）不确定性指引是指对人们行为的指引是随行为人的主观意愿而定的，允许自行选择。

注意：①一般情况下，授予公民权利的规定，实现的是不确定指引，法条中往往使用"可以""有权"等词汇；设定公民义务的规定，实现的是确定指引，法条中往往使用"应当""不得"等词汇。②法的指引作用主要表现为"依法办事"。

2. 评价作用

评价作用是指法作为人们对他人行为的评价标准所起的作用，其作用对象是他人的行为。法的评价作用的标准和核心是：行为合法或违法。

法的评价作用可分为专门评价和社会评价。

1）专门评价是指经法律专门授权的国家机关、组织及其成员对他人的行为所作的评价，其特点是代表国家，具有国家强制力，产生法律约束力，因此又称效力性评价。

2）社会评价是指普通主体以舆论的形式对他人行为所作的评价，其特点是没有国家强制力和约束力，是人们自发的行为，又称为舆论性评价。

注意：①法的评价作用的核心在于评价"他人"，且评价"是否合法"，而不是"是否合理"，更不是"是否合道德"。②法律具有国家强制力，但法的评价作用不一定都具有国家强制力。原因在于，舆论性评价没有国家强制力。

3. 预测作用

预测作用是指人们根据法可以预先估计人们相互间的行为以及后果，从而对自己的行为作出合理安排。预测作用的对象是人们的相互行为。

法之所以具有预测作用，是因为法具有规范性、确定性的特点。人们根据法律，通过预测相互间的所作所为及其后果，来确定、安排、协调自己的行为。

第四章　法的作用与法的价值

> **命题提示**
> 预测作用的判断标准：必须明确列出行为人对"未来"情况的预先评估，如果单纯只是"害怕"，不叫预测。

4. 教育作用

教育作用是指通过法的实施，使法对一般人的行为产生影响。这种作用的对象是一般人的行为。

法的教育作用是通过正反两个方面来实现的。

1）通过对违法行为人实施制裁，对包括违法者本人在内的一般人均起到警示和警诫的作用。

2）通过对合法行为加以保护、赞许或奖励，对一般人的行为起到表率、示范作用。

> **命题提示**
> 预测的判断标准：知识的输入，往往通过"观摩""学习"等实现。

5. 强制作用

法的强制作用是指法可以用来制裁、强制、约束违法犯罪行为。这种作用的对象是违法犯罪者的行为。法的强制作用是任何法都不可或缺的，是法的其他作用的保证，是法存在的最后屏障。

> **命题提示**
> 强制作用的判断标准：构成违法或犯罪；不取决于是否"被抓获"——只要国家机关采取了抓捕措施，例如"通缉"，就有强制作用。

判断题

1. 甲说："我的邻居是大孝子。"这体现了法的评价作用。（ ）
2. 乙说："我国法制建设取得巨大成就。"这体现了法的评价作用。（ ）
3. 丙说："我国民法总则仍然有缺陷。"这体现了法的评价作用。（ ）
4. 法官判决王某构成盗窃罪，这体现了法的预测作用。（ ）
5. 丁经过培训后认识到企业经营中的法律风险，于是采取了相应的措施，这体现了法的强制作用。（ ）

扫雷大练习

1. 某法院在当地一所大学对被指控犯组织考试作弊罪的被告人依法进行审判，并作出有罪判决，很多学生参与旁听。在此，法律发挥的规范作用有（　）。① （2017年法学多选24）

A. 预测作用　　　B. 教育作用　　　C. 评价作用　　　D. 强制作用

2. 某公务员甲因情感纠葛与同事乙发生争执，将乙打伤。事后，甲所在的国家机关对其作出开除公职的处分，并移交司法机关处理。法院认为，甲的行为构成犯罪，判处甲有期徒

---

① 答案：BCD。

刑1年，并赔偿乙的医药费。甲在狱中接受媒体采访时表示，今后要痛改前非，重新做人，并且希望他人从中汲取教训，不要重蹈覆辙。

问题：上述材料涉及法律的哪些规范作用？（2010年分析67）

（二）从法的本质和目的的角度来看，法具有社会作用

法的社会作用是指法的社会、政治功能，即法作为社会关系的调整器，服务于一定的社会的政治目标，承担着一定的社会的政治使命，形成、维护、实现一定的社会秩序。这是因为法属于上层建筑，有利于维护经济基础和发展生产力，这是从法的本质和目的角度出发来解释的法的作用。

在阶级对立社会，法的社会作用大体上又可以归纳为维护阶级统治和执行社会公共事务两个方面。

> **命题提示**
>
> 这是从法的本质角度来观察法的作用——因为不同社会所维护的阶级统治不同。

1. 维护阶级统治的作用

（1）调整统治阶级与被统治阶级之间的关系

表现在四个方面：①经济上确认和维护经济基础；②政治上维护统治阶级的政治统治（包括镇压）；③思想意识形态上维护有利于统治阶级的思想、道德和意识形态；④规定一些对被统治阶级有利的条款。

（2）调整统治阶级与其同盟者之间的关系

表现在：①给予同盟者在政治、经济上的某些权力和利益；②对同盟者滥用权利的行为或对抗行为进行法律制裁。

（3）调整统治阶级内部的关系

统治阶级需要用法来规定和确认内部各阶层、集团的相互关系，以此建立起个人意志服从整个阶级的关系。

> **命题提示**
>
> 此处多考选择题，判断标准：基本经济制度、基本政治制度、基本的意识形态制度等，均主要实现阶级统治作用。

2. 执行社会公共事务的作用

阶级对立社会的法，除了维护阶级统治这一核心作用外，还具有执行各种社会公共事务的作用。法在执行社会公共事务上的作用具体表现在以下几方面。

（1）维护人类社会的基本生活条件

维护人类社会的基本生活条件包括维护最低限度的社会治安，保障基本人身安全，保障食品卫生、生态平衡、环境与资源合理利用、交通安全，等等。

（2）维护生产和交换条件

维护生产和交换条件即维护生产管理，保障基本劳动条件，调节各种交易行为，促进公共设施建设，组织社会化大生产，确认和执行技术规范，保护消费者权益等。

(3) 促进教育、科学和文化事业的发展

如通过法律对人们的受教育权加以保护，鼓励兴办教育和科技发明，保护人类优秀的文化遗产，要求政府兴办各种图书馆、博物馆等文化设施。

> **命题提示**
>
> 此处多考选择题，判断标准：其他国家也有的规定，一般属于公共事务。

3. 阶级统治作用与社会公共服务作用的区别

1) 对象不同。政治作用的对象是阶级统治，公共作用对象是阶级统治以外的社会事务。

2) 价值不同。政治作用主要有利于统治阶级，公共作用至少客观上有利于全社会。

3) 借鉴上不同。社会公共事务的法，在不同的社会制度下是可以相互借鉴的，但这与法在维护阶级统治方面的作用并不矛盾——执行公共事务是必备手段，维护阶级统治是直接目的。

恩格斯说：政治统治到处都是以执行某种社会职能为基础，而且政治统治只有在它执行了它的这种社会职能时才能持续下去。

> **命题提示**
>
> 二者的区别，考生一般要将其按选择题考点备考，考生要能明确：阶级统治是目的，公共服务是手段。

扫雷 大练习

下列选项中，属于法的维护阶级统治作用的是（　　）。① （2009年单选9）

A. 维护人类社会的基本生活条件
B. 调整统治阶级与同盟者之间的关系
C. 保护全体经营者和消费者的权益
D. 保障社会成员的基本人身安全

（三）法的规范作用与社会作用的关系（2013年简答）

1. 二者的区别

1) 作用对象不同。规范作用的对象是人的行为；社会作用的对象是社会关系。

2) 存在方式不同。规范作用是一切法所共同具有的；而社会作用则依不同的类型、不同国家、同一国家不同时期而形成差别。

3) 作用前提不同。规范作用的前提是颁布法律；社会作用的前提是法律被实施。

4) 考察基点不同。规范作用是基于法的规范性考察的；法的社会作用是基于法的本质、目的和实效考察的。

2. 二者的联系

二者的作用是相辅相成的，是手段和目的的关系。法的规范作用是手段，法的社会作用是目的。

---

① 答案：B。

> **命题提示**
>
> 这不是重要考点，考生一般了解规范作用与社会作用的区别和联系的框架，将其作为简答题考点备考。

扫雷 大练习

1. 下列关于法的作用的表述，正确的是（ ）。① (2012年单选3)
   A. 法的作用只能通过守法的方式来体现
   B. 法的规范作用是法的社会作用的目的
   C. 法的规范作用是法对人们的意志与行为发生的间接影响
   D. 法的作用根本上取决于生产关系或生产方式自身的生命力

2. 简述法的规范作用和社会作用的关系。(2013年简答64)

三、法的作用的局限性

（一）法律调整的范围是有限的

法在社会生活调整中具有主导地位，但是并非所有的问题都可以适用法律。具体表现在：

1）有的社会关系需要由法和其他手段并行调整。例如：执政党既要遵守党内法规，也要遵守宪法法律。

2）在有些社会关系的调整中，法只能起到辅助作用。例如：家庭关系。

3）对有的社会关系而言，法并不是有效的调整手段。例如：好意施惠行为。

> **命题提示**
>
> 这是命题重点，考生要明确：建设社会主义法治国家，既要发挥法律的主导作用，同时也不能忽视道德、政策、习惯等其他社会规范的作用。

（二）法的特性与社会生活的现实之间存在着矛盾

1）法具有抽象性、稳定性等特征，而现实生活中的问题却是具体的、千姿百态和不断变化的。想制定出包罗万象、永久适用的法律只是一个幻想。

2）法具有保守性，它总是落后于现实生活的变化。

3）立法者认识能力上的局限性也会使法律存在着不合理、不科学的地方。

> **命题提示**
>
> 这是命题重点，考生要明确："凡是规定皆有例外""法律一出生就已死亡"等法律谚语表明了法律的此种局限性，因此，任何法律都需要解释——"法律未经解释不得适用"就是这个意思。

---

① 答案：D。

（三）法的制定和实施受人的因素的制约

"徒善不足以为政，徒法不足以自行"，人的因素对法律有重要影响。

1）立法环节上，如果没有高素质的立法者，就不可能有良好的法律。

2）执法和司法环节上，如果法律没有合适的人正确执行和适用，法律无法真正发挥作用。

3）守法环节上，法律需要绝大多数社会成员支持。如果缺乏法律意识，缺乏自觉遵守法律的思想道德风尚和习惯，法律不可能有效地实施。

> **命题提示**
>
> 这是命题重点，考生要明确：为了推动法治建设，必须建设"德才兼备的高素质法治工作队伍"，必须紧紧抓住"领导干部"这个关键少数。

（四）法的制定和实施受政治、经济、文化等社会因素的制约

法总是非常依赖外部条件，其作用总是容易受社会因素的制约（主要有经济体制、政治体制、执法机关的工作状况、各级领导干部及普通公民的法律观、传统法律文化等）。

总之，在认识法的作用的时候，一方面要反对法律万能论，另一方面也要反对法律虚无主义、法律无用论。只有全面地认识法的作用的多样性、复杂性，才能真正推进法治事业，推进社会的法治化建设。

> **总命题提示**
>
> 这是非常重要的考点，考生必须牢记法的局限性及具体表现，此考点选择题和简答题多有考查；另外考生还需要灵活运用上述原理，以备考分析题或论述题。所谓"灵活运用"就是结合"实际情况"或"案例"来认识上述原理，考生的基本立场是：治理国家的方式上之所以需要法律，因为法律有优势（特征及作用）。同时，治理方式上还需要"综合治理"，即综合发挥多种规范的作用；综合发挥多种组织的作用；综合运用多种法律方法，要避免陷入"法律中心主义"。

扫雷 大练习

1. 某国政府决定在实验室进行人体器官克隆研究，用于攻克某种疑难疾病。由于该国并无相关法律规定，该决定引发了社会各界广泛争论。对此，下列表述能够成立的有（　　）。① （2012年法学多选26）

   A. 目前人体器官克隆问题在法律上尚未规定，这正是法律滞后性的体现
   B. 克隆人体器官所引发的法律问题，是科技、伦理与法律紧张关系的表现
   C. 由此项研究引发的民事纠纷，法院可以依据道德、习惯或正义标准等裁决
   D. 如该国民众对此问题在道德上无法形成共识，则应立法禁止此项研究

2. 2015年新修订的《中华人民共和国食品安全法》第62条规定："网络食品交易第三方平台提供者应当对入网食品经营者进行实名登记，明确其食品安全管理责任；依法应当取得许可证的，还应当审查其许可证。"该法实施后，各地媒体仍然不断曝光网络外卖乱象。一些网络平台未能严格执行新规，无证餐厅成为外卖网站上热销大户。针对此现象，主要存在三种观点。观点一：外卖食品网站和外卖APP是新生事物，仍在不断发展，法律规定过于具体并不明智；观点二：虽然食品安全法对网络平台的监管义务有明确规定，但网络平台客观上无法做到对每

---

① 答案：ABC。

个网络食品经营者进行实名登记和许可证检查，该法缺乏可行性；观点三：该规定本身是合理的，目前法律未能有效实施，主要原因是行政监管不到位，如果加大监管力度，该法还是能够发挥其应有的作用的。请运用法理学相关理论，回答下列问题：（2017年分析67）

问题1：材料反映出法具有哪些局限性？

问题2：三种观点中，你赞同哪一种？请说明理由。

第二节 法的价值

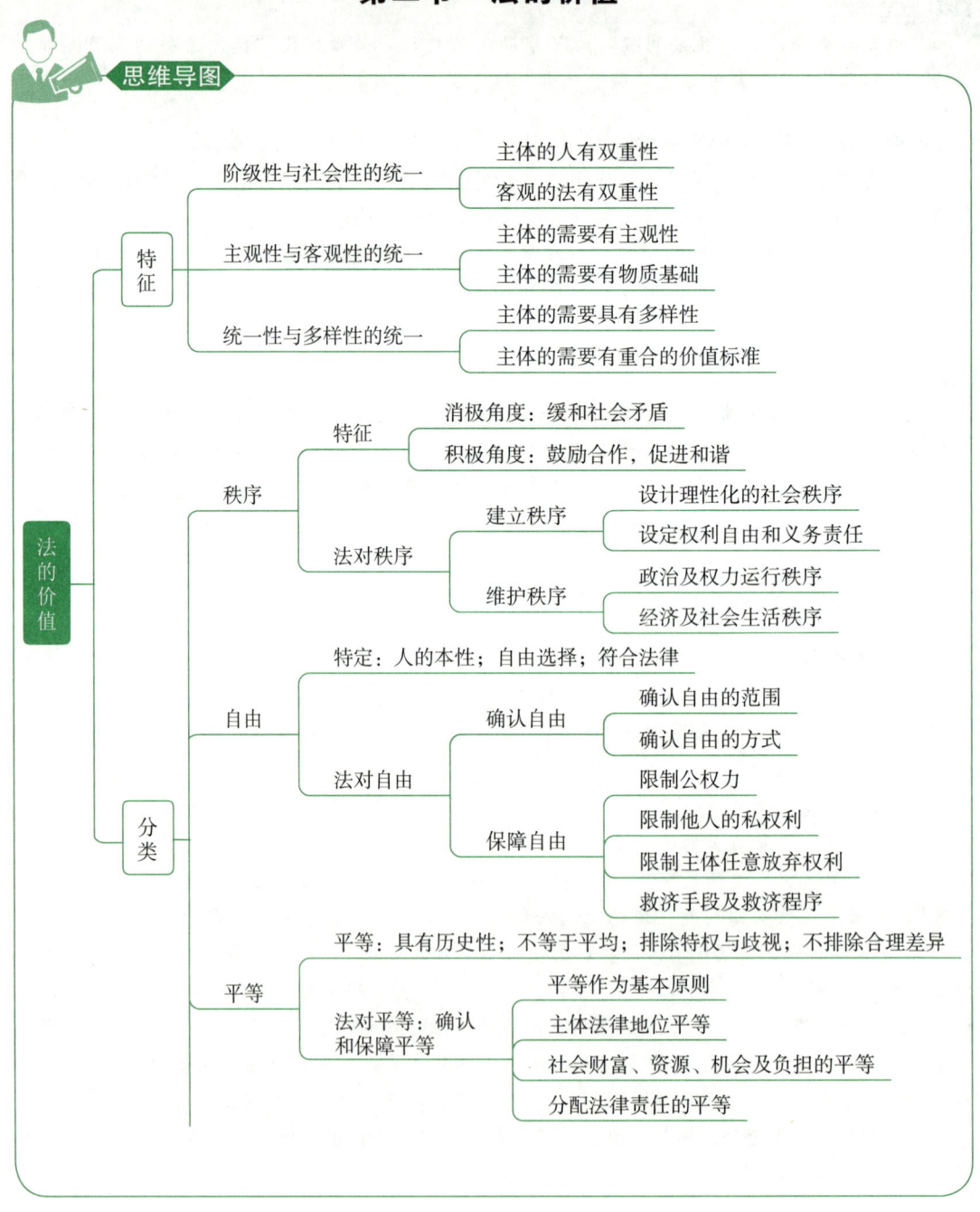

第四章 法的作用与法的价值

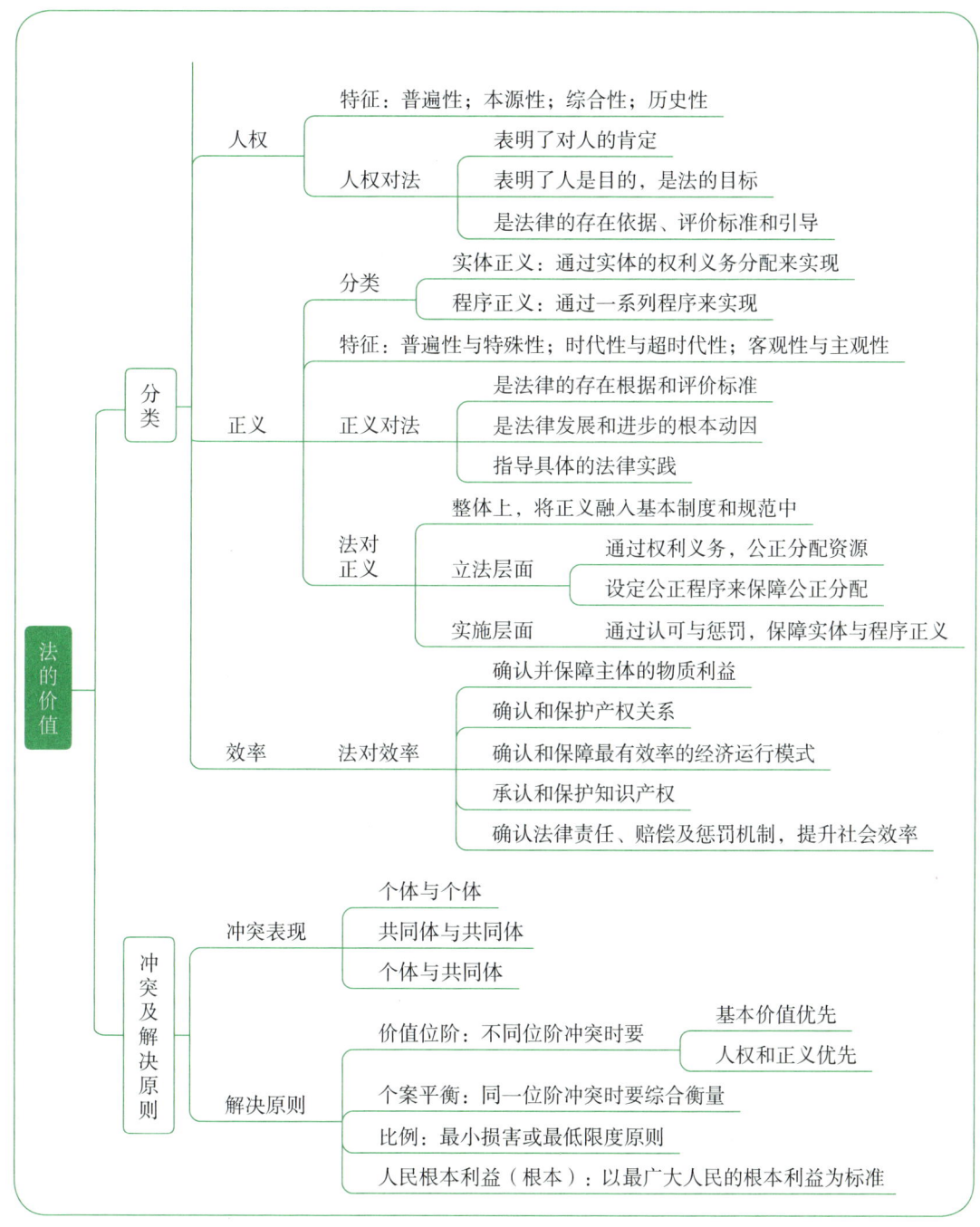

一、法的价值的定义和特征

法的价值是指人对于法律的需要和实践过程中所体现出来的法的积极意义和有用性。法的价值是法存在的伦理正当性依据，它构成法律主体尤其是法律职业人的精神核心，直接决定着该法律主体的法律思维方式与法律实践。

> 📢 **命题提示**
>
> 这是命题重点，考生要明确：法的价值与法的作用不同。法的价值侧重表达的是"法律的客观属性以及人们对法律的主观需要"；法的作用侧重表达的是法律对人们、对社会"客观的影响"。

法的价值具有以下基本特征。

（一）法的价值是阶级性与社会性的统一

1）从价值主体角度看，法的价值以人为主体，人具有阶级性与社会性，这种双重身份决定了法的价值的双重性。

2）从价值客体角度看，法律本身也具有双重性，法既是统治阶级意志的反映，也须承担社会公共职能，法具有阶级性和社会性，法的价值也就具有阶级性和社会性。

（二）法的价值是主观性与客观性的统一

法的价值的主观性与客观性的统一源于法律主体的社会实践。

1）就主观性而言，法的价值是以主体的社会需要为基础的。主体需要的变化和发展，会导致法律在满足主体需要的方式和程度上发生相应变化；同时，法律的存在和发展也始终以主体的主观需要和观念的相应转变为前提。

2）就客观性而言，法的价值的主体需要是由主体在社会关系中的地位以及主体的社会实践所决定的，最终是由社会物质生活条件所决定的。

（三）法的价值是统一性与多样性的统一

1）就多样性而言，主体的价值需要是多种多样和发展变化的，这就必然导致法律在满足主体需要方面也会相应地多样化，从而使法的价值呈现出多样化。

2）就统一性而言，人们有某种共同的价值追求和价值标准，即使是统治阶级的价值体系也有共性成分。

> 📢 **命题提示**
>
> 考生需背诵法的价值概念和特征，将其作为简答题考点备考。

二、法的价值分类

（一）秩 序

法律秩序是指通过法律调整建立的相对稳定、和谐有序的状态。从消极角度看，秩序可以调整和解决社会矛盾与纠纷；从积极角度看，秩序可以鼓励社会合作，促进社会和谐。

注意：不要认为"秩序"仅指"消极服从"，秩序还有积极的观察角度，鼓励人们积极地行使权利。

1. 在建立秩序方面

体现在：①法律通常依照人们所向往的理想社会秩序来设计；②法律通过赋予权利和自由的方式来引导人们行为；③法律通过施加义务与责任的方式，使人们对自身的行为加以克制与约束。

2. 在维护秩序方面

法律有助于维护合理的政治统治秩序、权力运行秩序以及正常的经济秩序和社会生活秩序。

注意：秩序是其他价值的基础，也是统治阶级掌握政权后的首要任务；但秩序不是法律的目的，也不是法律的最高价值，它要受到自由、正义、人权等其他价值的限制和约束。

（二）自　由（2014年法学分析论述）

法学上的自由是指主体的行为与法律的既有规定相一致或相统一。其主要特点有：①自由意味着主体可以自主选择和从事的行为；②主体自主选择的行为必须与既有的法律规定相一致；③自由是人的本性，正如马克思所说"自由确实是人的本质"，"不自由对人说来就是一种真正的致命的危险"。

> **命题提示**
>
> 这是重要考点，考生要背诵自由的概念和特征，将其作为简答题考点备考。

1. 法律对自由的确认和保障

①以权利和义务来设定自由的范围；②以权利和义务来设定自由的实现方式；③划定国家权力的范围和行使程序，排除非法妨碍；④对主体享有的自由进行界定和限制，防止主体之间相互侵害；⑤禁止主体任意放弃自由；⑥确立权利的救济手段与程序。

2. 法律与自由关系的新发展

近代以来，法律在实践中对自由保障虽然强调排除国家权力和保障公民权利，但具体方式上有所调整，具体表现在：

1）随着福利国家的出现，传统的自由领域，如就业、医疗、住房等，越来越受到政府福利政策的大幅干预。

2）国家通过法律为个人的发展提供平等机会，使个人能自由地追求自己的合法目标。

3）国家还必须为保障个人的积极自由提供必要的帮助。

> **命题提示**
>
> 这是重要考点，考生要背诵法律对自由的确认、保障以及新发展，备考分析题或论述题。

（三）平　等

1. 平等的概念和特点

平等主要是同等的社会主体获得同等的待遇，包括形式平等与实质平等。

平等具有以下特点：

（1）平等是历史范畴

平等的内涵随着社会历史环境和条件的变化而变化。

（2）平等并不等于平均

任何社会内绝对的平均都是做不到的，同时，绝对平均从社会效果来看也是有害的。

(3) 平等要求排除特权和消除歧视

特权（或歧视）是指仅仅基于自然出身、社会地位给人特殊优待（或歧视），这都是对平等的否定。

(4) 平等与差别对待是有条件共存的

一方面，人与人之间在人格和主体资格上的普遍平等是绝对的，这是形式平等的表现；另一方面，由于人与人之间存在自然和社会的差异，因而给予的权利、义务有差别，这也是合理的，有助于实质平等。

> **命题提示**
>
> 这是重要考点，考生要将其作为简答题考点备考。

注意：我们这里所讲的"平等"，主要是指"法律平等"；与之相关联的一个概念是"事实平等"。主流观点认为：法律平等有利于解决事实不平等；但事实不平等归根到底要通过经济和社会发展来解决。

2. 法律确认和保障平等

基本方式包括以下几方面。

(1) 法律把平等确立为一项基本的法律原则

平等贯穿于一个国家的整个法律体系，如宪法、民法和程序法领域确认的平等原则。

(2) 法律确认和保障主体法律地位的平等

主体地位平等是法律形式平等的最重要的体现，也是实质平等的前提。

(3) 法律确认和保障社会财富、资源、机会与社会负担的分配上的平等

法律通过相应法律权利与义务的分配来完成社会资源的分配。

(4) 法律公平地分配法律责任

责任自负、责任相称、过错责任为主而无过错责任为辅等，是责任公平原则的体现。

> **命题提示**
>
> "平等"是重要考点，但由于2022年刚考过论述题，因此，考生按照简答题考点背诵基本框架即可。

（四）人 权

1. 人权的概念和特点

人权是人作为人所享有或应当享有的那些权利。人权表达了所有人在人格上的普遍平等观念和人格上的绝对尊严观念。人权的特点包括以下几个方面。

1) 人权是普遍性的权利。也就是说，人权是普遍为所有人平等享有或应当享有的权利。

2) 人权是本源性的权利。即人权是其他权利存在的正当性根据和理由，在权利体系中属于最基础性的权利。

3) 人权是综合性的权利。即人权是包含多项权利内容的复杂的综合性权利体系。人权作为一个开放性的权利体系，其具体权利内容也随着人对自身的认识和理解而不断深化，新的权利类型也不断地出现。

4) 人权是历史发展的产物。马克思说："人权不是天赋的，而是历史地产生的。"

> 📡 **命题提示**
>
> 这是重要考点，考生需要背诵，将其作为简答题或选择题考点备考。

2. 人权的意义

1）表明了法律对作为法律主体的人的肯定，即对人的尊严的尊重。

2）表明了法律的来源、法律运作的各个环节以及法律的根本目的都基于人本身，并以人的现实生活为关注焦点，以人的理想生活为直接目标。

3）人权既是对法律的精神、原则、规范的直接检验和方向引导，也是对法律的内在品质进行批判的标准和完善的依据。

> 📡 **命题提示**
>
> 这是重要考点，考生要背诵，将其作为简答题或论述题考点备考。

3. 人权的法律分类

1）按主体角度可以分为个体人权和集体人权。

2）集体人权又可以分为一般社会群体的权利和特殊社会群体的权利。

3）个体人权按照联合国人权公约的划分，可分为两大类：公民权利和政治权利；经济、社会和文化权利。

> 📡 **命题提示**
>
> 这不是重要考点，考生了解集体人权即可。

（五）正 义

1. 正义的概念和分类

正义是人类追求的共同理想，也是法律的核心价值。正义以利益为依归，是指对社会利益的正当分配。一般认为，作为社会基本结构的社会体制的正义，是最为根本和具有决定意义的正义，是社会的首要正义。

正义可以依不同的标准来分类，如实质正义与形式正义、实体正义与程序正义、抽象正义与具体正义等。实体正义是指通过法律上的实体权利和义务来公正地分配社会利益与负担的法律规则所体现出来的正义；程序正义是指为了实现法律上的实体权利与义务而公正地设定一系列必要程序所体现出来的正义。

> 📡 **命题提示**
>
> 这是重要考点，考生要背诵，尤其要注意：程序正义要贯穿于法律的所有环节——立法、执法、司法和守法，已多次在主观题中考查。

2. 正义的特点

1）既有普遍性又有特殊性。普遍性是指正义所反映的是人类文明的基本共识与人类生活的根本理想；特殊性是指这种反映根本理想的普遍正义，始终只能是在具体的和特殊的人类生活境况之中存在并得到体现。

2）既具有超时代性又具有时代性。正义与人的存在和发展相一致，也反映了人作为"同一类"所共有的情感、理想和需求，这是正义的超时代性；正义的时代性表现为具体的不同时代的人们对正义的认识、理解和态度又是彼此有所区别的。

3）既具有客观性又具有主观性。正义的客观性是指它是人类作为一个整体所具有的共性，这些共性不以具体的人的各种自然和社会差异因素的存在而发生改变；正义的主观性是指现实生活中正义观念的某些具体内容始终与人们的具体生活状况及其感受直接相关，因而体现出其强烈的主观性。

> 📶 命题提示
>
> 这不是重要考点，考生主要将其作为选择题考点备考，尤其要注意"正义的超时代性"。

3. 正义对法律的作用

1）正义是法律的存在根据和评价标准。正义就是检验现实中法律好坏的根本标准和依据。

2）正义是法律发展和进步的根本动因。正义始终引导着包括法律在内的社会基本制度革故鼎新，使法律等社会制度最大程度地符合正义的时代要求。

3）正义适用于具体的法律实践。作为法的价值的正义往往在法律适用与法律推理中成为解释法律的重要根据，成为解决疑难案件、填补法律空白或漏洞的依据。

> 📶 命题提示
>
> 这是重要考点，考生要背诵，将其作为论述题考点备考。

4. 法律对正义的保障

法律通过将社会生活的主要领域及其重要的社会关系纳入法律之内，使正义融入法律规范与制度之中，实行法治化治理，严格依法办事，从而全面促进和保障社会正义。具体包括以下两个方面。

1）通过法律权利和法律义务机制，公正地分配社会的利益和负担，并设定公正的程序来保障，使实体与程序正义得以通过立法来落实。

2）通过法律效果上的认可与惩罚机制，在执法与司法上保障实体正义与程序正义的实现。

> 📶 命题提示1
>
> 在选择题中，凡是规定国家机关具体程序的，均是正义价值（程序正义）的体现；另外，凡是"保护弱者"的规定，也是正义价值（实体正义）的体现。

> 📶 命题提示2
>
> 这是重要考点，考生要背诵。法律要为正义提供全方位的保障——通过立法、执法和司法去保障。

（六）效　率

法的效率价值，是指法所具有或应当具有的促进社会财富增长和活动便利并满足人们对物质的需求和便利条件的价值。

法律是通过权利义务的分配来实现效率价值的。通常其实现效率价值的方式包括：

1）确认并保障主体的物质利益，从而鼓励主体增进物质利益。

2）确认和保护产权关系，鼓励人们为着效益的目的而占有、使用或转让财产。

3）确认、保护、创造最具有效率的经济运作模式，使之容纳更多的生产力。

4）承认和保护知识产权，使人类创造性的智力成果最大化地发展。

5）通过设立法律责任、赔偿与惩罚等机制，使社会上的违法、犯罪行为最大限度地减少，从而使人们的人身安全与社会财富总量不受损害或少受损害，从而使社会效率得到一定程度的保障。

> **命题提示1**
> 考生要将本点内容作为简答题或论述题考点备考。效率价值对其他价值有重要意义，例如"迟来的正义为非正义"，表明了效率对正义价值的重要意义。

> **命题提示2**
> 效率价值主要表现在"经济发展""便民"等方面，考生应理解这一点从而应对选择题。

扫雷大练习

1. 2016年12月16日，教育部颁布了新修订的《普通高等学校学生管理规定》，其中第55条第1款规定："在对学生作出处分或者其他不利决定之前，学校应当告知学生作出决定的事实、理由及依据，并告知学生享有陈述和申辩的权利，听取学生的陈述和申辩。"该规定集中体现的法律价值是（　　）。① （2018年单选3）

A. 正义　　　　　B. 安全　　　　　C. 秩序　　　　　D. 效率

2. 2016年9月，国务院新闻办公室发布《国家人权行动计划（2016～2020年）》，对我国人权事业发展作出全面部署。对此，下列说法正确的有（　　）。② （2018年法学多选22、2018年多选42）

A. 国家对保障人权负有重要责任

B. 人权就是公民依据宪法和法律享有的权利

C. 现代人权的保护需要通过立法予以确认

D. 司法机关在审判时应尊重和保障当事人的人权

3. 下列有关人权的说法，不正确的有（　　）。③ （2017年法学多选22）

A. 只存在个体人权，不存在集体人权

---

① 答案：A。
② 答案：ACD。
③ 答案：ABD。

B. 人权是指宪法中规定的公民基本权利

C. 马克思主义法学认为，人权是历史发展的产物

D. 人权具有超时代性，所以人权价值属于本源性价值

4. 近年来，我国各地出台了一系列关于老年人权益保障的具体规定，比如，对老年人搭乘公共交通工具，应当给予便利和优惠；老年人持有效证件可以免费乘坐市内公共交通工具。对此，下列说法中正确的有（　　）。①（2012年法学多选22）

A. 这些规定的主要目的在于实现法的自由价值

B. 这些规定对于有关企业、政府及老年人均具有指引作用

C. 这些在交通方面给予老年人优待的规定有悖于法律面前人人平等原则

D. 这些规定体现了立法在老年人搭乘公共交通工具问题上的价值判断和价值取向

5. 自由和秩序是当代法律的重要价值。对此，下列表述正确的是（　　）。②（2022年单选3）

A. 自由和秩序之间不存在冲突

B. 自由是人的本性，法律不应对自由进行限制

C. 任意性规则不体现秩序价值

D. 权益复合性规则既包含自由价值，又包含秩序价值

三、法的价值冲突与解决

（一）表现形式

从主体角度看，法律的价值冲突主要有三种情况。

1）个体之间法律所承认的价值冲突，如个人自由可能导致与他人利益的冲突。

2）共同体之间发生的价值冲突，如国际人权与一国主权之间的冲突。

3）个体与共同体之间的价值冲突，典型的如个人自由与社会秩序之间的矛盾。

> **命题提示**
>
> 考生需要明确的是：法的价值冲突不单单发生在个体之间，在个体与共同体、共同体之间也是存在价值冲突的。

（二）解决原则

1. 价值位阶原则

价值位阶原则即指在不同位阶的法律价值发生冲突时，在先的价值优于在后的价值。当基本价值与非基本价值之间发生冲突时，应以基本价值为优位；当基本价值之间有冲突时，人权和正义作为法治保障的核心和标尺，具有重要的价值地位。

---

① 答案：BD。
② 答案：D。

> **命题提示**
>
> 这是重要考点。判断是否使用了价值位阶原则的标准是：不同种类价值之间排列顺序，就是价值位阶。简单来讲就是"舍弃一方，保护另一方"。

2. 个案平衡原则

个案平衡原则即指在处于同一位阶上的法律价值之间发生冲突时，必须综合考虑主体之间的特定情形、需求和利益，使个案的解决能够适当兼顾双方的利益。

> **命题提示**
>
> 这是重要考点。判断是否使用了个案平衡原则的标准是：结合个案的"特殊情况"兼顾双方。例如：甲的言论权与乙的隐私权冲突。简单来讲就是"双方都要让步"。

3. 比例原则

比例原则即指为保护某种较为优越的法律价值须侵害某一法益时，不得逾越达此目的所必要的程度。

> **命题提示**
>
> 这是重要考点。判断是否使用了比例原则的标准是：控制在一定的"程度"。例如：高考期间要进行交通管制（这是价值位阶：考生的秩序优先于人们的通行自由），但应尽可能实现最小损害或最少限制（这是比例原则）。

4. 人民根本利益原则

这是当代中国社会主义法律价值体系中的根本价值原则，即以是否满足最广大人民的根本利益为标准，来解决一些存在重大疑难的法律价值冲突问题。它也可以作为前述价值位阶原则的补充和保障。

扫雷大练习

1. 乘客张某因迟到而被拒绝登机，在机场吵闹不休、殴打航空公司工作人员，被公安机关依法行政拘留。航空公司出于安全考虑将张某列入"拒绝乘载人员名单"。下列关于该事件的说法，正确的有（　　）。① (2018年法学多选24、2018年多选44)

A. 航空安全优先于张某乘坐航班的自由

B. 对张某的治安处罚，可因其有立功表现而减轻或免除

C. 航空公司因张某迟到而拒绝其登机，侵犯了他的民主权利

D. 将张某列入"拒绝乘载人员名单"是航空公司追究其民事责任的具体表现

2. 某市打算引进大型化工项目，引发社会争议。赞同者认为该项目将促进本市经济发展；反对者认为该项目会造成严重环境污染，损害民众健康。该市综合考量后，决定终止引进该项目。根据法的价值冲突理论，该市的最终决定体现出（　　）。② (2015年单选4)

---

① 答案：AB。

② 答案：C。

A. 效率优于自由 B. 效率优于平等
C. 人权高于效率 D. 秩序高于正义

3. 下列关于法的价值的表述，能够成立的有（　）。① （2013年法学多选22）

A. 法的价值影响人们的法律实践活动
B. 法律的各种主要价值之间存在一定的冲突
C. 与法律原则相比，法律规则更能体现法的价值
D. 除了正义、自由与秩序外，不存在其他法的价值

4. 某省人大常委会在起草该省《道路交通管理办法》时，邀请专家和市民代表召开座谈会，征求意见。会上，甲指出，道路交通立法应保证机动车跑得动、开得快；乙指出，道路交通立法应预防交通事故的发生，让行人有安全感；丙指出，道路交通立法的目的是保障交通秩序，让全体道路使用者各有其道，各行其道，实现交通和谐。

结合材料，谈谈你对法的价值冲突及其解决的认识。（2016年论述70）

---

① 答案：AB

第五章 法律渊源、效力与分类

第一节 法律渊源

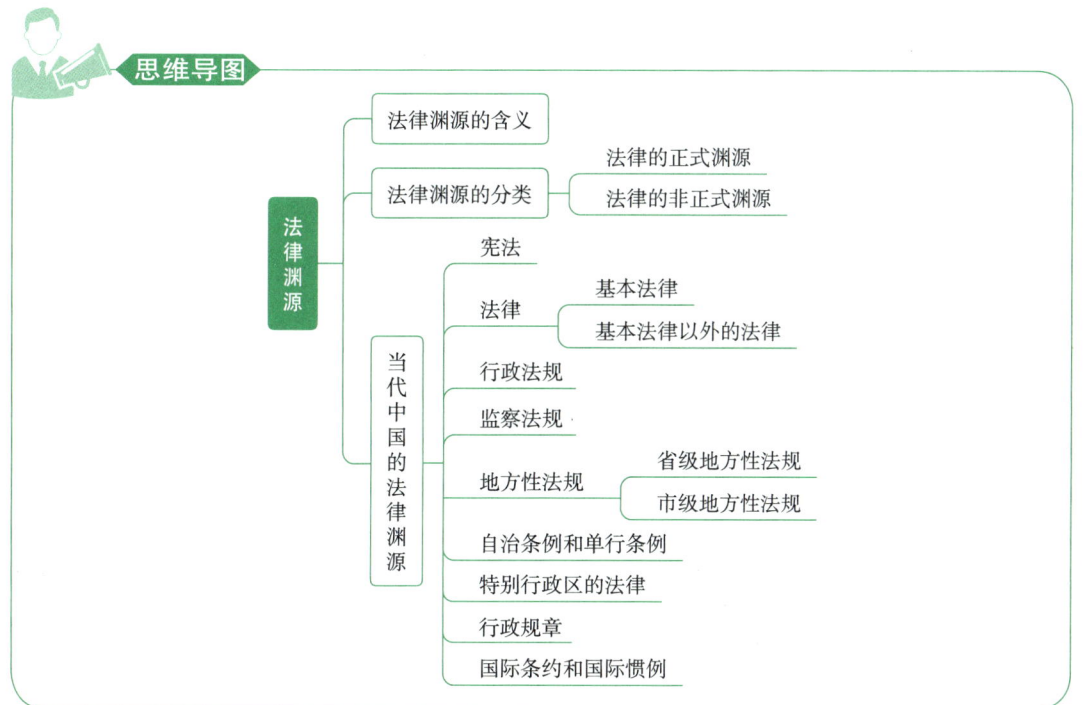

一、法律渊源的含义

法律渊源,又称"法源"或"法的渊源",在中外法学中,法律渊源一词有多种含义,如法的历史渊源、法的理论渊源、法的形式渊源、法的文件渊源等。

法的渊源可以分为实质意义上的渊源和形式意义上的渊源。

1)法的实质意义上的渊源是指法的真正来源、根源和发源,是法得以产生的一定生产方式下的物质生活条件。

2)法的形式意义上的渊源是指法的创制方式和表现形式,即法的效力渊源。

我们这里所说的法的渊源是形式意义上的渊源,例如,宪法、法律、行政法规、地方性法规、自治条例、单行条例。

一个行为规则之所以被认为具有法律规范的效力，就是因为它是以特定方式创制出来的，具有特定的表现形式。因此，不同种类的法律规范因其创制主体、创制方式和表现形式的差异而具有不同的效力等级。

> **命题提示**
> ①考生应了解法律渊源的其他称谓以应对选择题；②实质渊源是指物质渊源，形式渊源是指效力渊源，考生要注意区分；③影响效力等级的因素包括主体、方式和表现形式。

二、法律渊源的分类

（一）法律的正式渊源

法的形式渊源可以分为直接渊源和间接渊源。直接渊源又称正式渊源或法定渊源，是指国家机关制定的具有法律效力的各种规范性法律文件。

法律的正式渊源通常包括制定法、习惯法、国际条约和判例法等。

1）制定法又称成文法，系指由国家机关依照一定程序制定颁布的、通常表现为条文形式的规范性法律文件。

2）习惯法指经有权的国家机关以一定方式认可，赋予其法律规范效力的习惯和惯例。

3）国际条约是两个或两个以上国家就共同关心的问题确定相互权利义务的协议。

4）在不同法系的国家中，判例作为法律渊源的情况是不同的：①在大陆法系国家中，判例一般不是正式渊源，或仅是非正式渊源，制定法是法律的主要渊源；②在普通法法系国家中，除了制定法外，判例法也是重要的正式渊源。

> **命题提示**
> 我国存在的法律的正式渊源包括制定法、习惯法和批准加入的国际条约。原来的真题中认为我国不存在习惯法，按照现在的观点，需要更改过来。

（二）法律的非正式渊源

间接渊源又称为非正式意义上的渊源或非法定渊源，如习惯、判例、宗教规则、法律学说、道德原则等，是指那些具有法律意义的准则和观念，这些准则和观念尚未在正式法律中得到权威性的明文体现。

我国常见的非正式渊源主要包括以下几项。

1. 习　惯

（1）定　义

习惯是指人们在长期的生产、生活中约定俗成的一种行为规范。除了那些经过国家认可从而成为习惯法的习惯以外，其他习惯均为非正式渊源。

（2）历史表现

1）古罗马，习惯与最高裁判官的告示、法学家的著作都是法的渊源。

2）中国封建社会有关的封建纲常礼教和习惯，也相沿成习成为其渊源。

3）当代中国，社会中来自民间的、行业的、各民族的一些习惯等可以成为法的非正式渊源。

2. 政　策

（1）分　类

政策种类较多，当今中国至少有党的政策和国家政策、中央政策和地方性政策、根本的大政方针与具体领域的指导性政策之分。

（2）表　现

除了那些上升为国家法律的政策外，其他政策在某种意义上来讲均为我国非正式的法的渊源，其表现形式包括以红头文件形式呈现的各类政策性文件，它们或多或少在某些时候和某些地方发挥效用。

3. 作为办案参考的指导性案例

（1）定　义

指导性案例又称案例指导制度，是新世纪我国法治实践中产生的新生事物，它试图为案件裁判提供统一的标准，对法官或检察官的自由裁量权提供一个尺度范围，同时也促使裁判者在裁判过程中准确适用法律。

（2）种　类

包括最高人民法院发布的指导性案例和最高人民检察院发布的指导性案例。

（3）性　质

它没有经过立法机关发布，但它在实际司法实践中已经开始发挥一些作用，因而成为我国非正式法律渊源的组成部分。

> **命题提示**
>
> 1）区分几个名词：直接渊源又称正式渊源或法定渊源；间接渊源又称非正式渊源或非法定渊源。
>
> 2）区分判例与判例法：①无论大陆法系还是英美法系，都有判例；②判例法则主要存在于"英美法系"；③中国对判例的另一称谓是"案例"，其中，经最高院或最高检筛选公布的案例，称为"指导性案例"，当然，无论是案例还是指导性案例，在我国都属于非正式渊源。
>
> 3）区分习惯和习惯法：习惯属于非正式渊源，习惯法则属于正式渊源。
>
> 4）法学专业的学生还需要明确非正式渊源的适用方式及意义。①适用方式：为了弥补漏洞或实现个案正义，在民事案件中可优先适用非正式渊源；②意义：实现法律与社会的协调、减少法律的局限性、实现公平正义的价值，等等。

扫雷大练习

1. 下列选项中，属于我国非正式意义上的法律渊源的是（　　）。① (2008 年单选 14)

　　A. 国际条约　　　　　　　　　　　　B. 湖北省的《野生动物保护条例》

---

① 答案：D。

C. 国务院的《粮食收购条例》　　　　D. 最高人民法院的判例

2.《最高人民法院关于案例指导工作的规定》第七条："最高人民法院发布的指导性案例，各级人民法院审判类似案件时应当参照。"下列对于该规定的理解，正确的是（　　）。①（2019年非法学单选10/法学单选5）

A. 人民法院参照指导性案例审理类似案件体现了"同案同判"的要求

B. 最高人民法院发布的指导性案例具有普遍的法律约束力

C. 最高人民法院发布指导性案例属于立法活动

D. 指导性案例是当代中国的判例法

3. 2017年3月15日，全国人民代表大会通过《中华人民共和国民法总则》，该法第八条规定："民事主体从事民事活动，不得违反法律，不得违背公序良俗。"第十条规定："处理民事纠纷，应当依照法律；法律没有规定的，可以适用习惯，但是不得违背公序良俗。"

请结合上述材料，运用法理学相关知识，回答以下问题：（2018年分析54）

（1）什么是公序良俗？什么是习惯？

（2）习惯作为处理民事纠纷的依据需满足哪些条件？

（3）第八条的内容属于哪一种法律要素？它对于司法审判有什么功能？

三、当代中国的法律渊源

当代中国的法律渊源比较复杂，对作为主体，即实行社会主义制度的中国大陆地区的法律渊源而言，可以概括为以宪法为核心、以制定法为主的法律渊源。

我国正式意义上的法的渊源主要有：宪法、法律、行政法规、监察法规、地方性法规、自治条例和单行条例、特别行政区的法律、行政规章、国际条约和国际惯例等。

（一）宪　　法

宪法是我国的根本法，是我国社会主义法律的基本渊源。

（二）法　　律

在我国，作为法律渊源之一的法律一词是在狭义上使用的，专指由国家最高权力机关及其常设机关，即全国人民代表大会及其常委会制定颁布的规范性文件，其法律效力仅次于宪法。

根据现行宪法的规定，法律又可以分为基本法律和基本法律以外的法律。

1. 基本法律

基本法律是由全国人民代表大会制定和修改，比较全面地规定和调整国家及社会生活某一方面的基本社会关系的法律，包括关于刑事、民事、国家机构和其他方面的基本法律。

2. 基本法律以外的法律

基本法律以外的法律，又称非基本法律，是指由全国人大常委会制定和修改的，规定和调整除由基本法律调整的社会关系以外的，关于国家和社会生活某一方面具体社会关系的法律。

---

① 答案：A。

此外，全国人民代表大会及其常委会发布的具有规范性内容的决定和决议，也属于法律渊源。

> **命题提示**
> ①考生应区分广义的"法律"与狭义的"法律"。②考生应区分基本法律、非基本法律、基本法：基本法律由全国人大制定；非基本法律由全国人大常委会制定；基本法则专指"港澳基本法"，"基本法"是由全国人大制定的，因此基本法属于"基本法律"。③狭义的法律＝基本法律＋非基本法律。

（三）行政法规

行政法规专指由国家最高行政机关即国务院在法定职权范围内为实施宪法和法律制定的有关国家行政管理的规范性法律文件。在我国，行政法规是一种重要的法律渊源，其效力仅次于宪法和法律。

依宪法和组织法规定，国务院还有权发布决定和命令，其中具有规范性内容的，也是正式法律渊源，与行政法规具有同等效力。

> **命题提示**
> 考生应区分"行政法"与"行政法规"（详见第七章第二节"法律体系"部分）。

（四）监察法规

监察法规专指由国家监察委在法定职权范围内为实施宪法和法律制定的有关国家监察管理的规范性法律文件，其效力仅次于宪法和法律。

> **命题提示**
> 监察法规与行政法规的效力相等。

（五）地方性法规

地方性法规指省、自治区、直辖市和设区的市的人民代表大会及其常委会根据本地区具体情况和实际需要，在法定权限内制定发布的适用于本地区的规范性文件。

1. 省级地方性法规

省、自治区、直辖市的人民代表大会及其常务委员会根据本行政区域的具体情况和实际需要，在不同宪法、法律、行政法规相抵触的前提下，可以制定地方性法规。

2. 市级地方性法规

设区的市的人民代表大会及其常务委员会根据本市的具体情况和实际需要，在不同宪法、法律、行政法规和本省、自治区的地方性法规相抵触的前提下，可以对城乡建设与管理、环境保护、历史文化保护等方面的事项制定地方性法规，报省、自治区的人民代表大会常务委员会批准后施行。自治州的人民代表大会及其常委会可以行使设区的市制定地方性法规的职权。

省、自治区的人民代表大会常务委员会对报请批准的地方性法规，应当对其合法性进行审查，同宪法、法律、行政法规和本省、自治区的地方性法规不抵触的，应当在 4 个月内予以批准。

> **命题提示**
> ①市级地方性法规由设区的市的人大及其常委会制定，但需要省级人大常委会批准；②市级地方性法规的立法范围受到限制：主要集中在"城建、环保及历史"三大类。

（六）自治条例和单行条例

民族自治地方的人民代表大会有权根据当地民族的政治、经济和文化的特点，制定自治条例和单行条例。

自治区人民代表大会制定的自治条例和单行条例，报全国人民代表大会常务委员会批准后生效；自治州、自治县的自治条例和单行条例，报省、自治区、直辖市的人民代表大会常务委员会批准后生效，并由省、自治区、直辖市的人民代表大会常务委员会报全国人民代表大会常务委员会和国务院备案。

> **命题提示**
> ①制定机关仅限：自治区、自治州、自治县的人大，不包括常委会，也不包括政府；②自治区的此类条例须报全人常批准，自治州、自治县的此类条例均须省级人常批准（还须报全国人大常委会及国务院备案）。

（七）特别行政区的法律

特别行政区基本法属于宪法法律部门，但在法律渊源角度则属于基本法律，效力及于全国，代表的是全体人民的利益。

另外，特别行政区的立法机关享有自己的专属立法权，可以根据特别行政区基本法的规定和法定程序制定、修改和废除法律。特别行政区的立法机关制定的法律须报全国人民代表大会常务委员会备案，备案不影响该法律的生效。

> **命题提示**
> ①特别行政区基本法在性质上属于宪法部门，在渊源上属于"基本法律"；②特别行政区立法机关自行制定的法律，须报全国人大常委会备案。

（八）行政规章

行政规章可以分为两类。

1）部门规章，即国务院所属各部、各委员会、中国人民银行、审计署和具有行政管理职能的直属机构在自己的职权范围内发布的规章。

2）省、自治区、直辖市、设区的市、自治州的人民政府制定的规章。这种规章称为"地方政府规章"，以区别于国务院各部委制定的"部门规章"。

（九）国际条约和国际惯例

国际条约是两个或两个以上国家就政治、经济、贸易、军事、法律、文化等方面的问题确定其相互权利义务关系的协议。除条约外，国际条约的名称还包括公约、协定、和约、盟约、换文、声明、公报等。

国际条约是国际法的重要渊源，本不属于国内法范畴，但我国签订或者加入的国际条约，具有与国内法一样的约束力，是我国的法律渊源之一。

国际惯例是在国际交往中逐渐形成的一些习惯做法和先例，通常是不成文的。

命题提示

> 只有我国批准（签订）或加入的国际条约，才属于当代中国法的渊源（即正式渊源）；当然，我国签订或加入的国际条约，虽然不属于"国内法"，但由于其在国内有法律效力，因此通常认为，也属于我国法律体系。

扫雷 大练习

1. 我国《宪法》第 33 条第 2 款规定："中华人民共和国公民在法律面前一律平等。"我国《立法法》第 2 条第 1 款规定："法律、行政法规、地方性法规、自治条例和单行条例的制定、修改和废止，适用本法。"关于上述两个条文中"法律"一词的理解，下列表述正确的是（　　）。①（2015 年法学单选 6）

A. 两个条文中的"法律"含义相同

B. 《立法法》第 2 条中的"法律"专指全国人大常委会制定的法律

C. 《宪法》第 33 条中的"法律"专指全国人大及其常委会制定的法律

D. 《宪法》第 33 条中的"法律"包括《立法法》第 2 条中的"法律""行政法规"和"地方性法规"

2. 下列法律中，不属于基本法律的是（　　）。②（2006 年单选 16）

A. 中华人民共和国人民法院组织法

B. 中华人民共和国人民检察院组织法

C. 中华人民共和国刑法

D. 中华人民共和国国家赔偿法

3. 中华人民共和国商务部发布了《酒类流通管理办法》属于我国哪一类法律渊源？为什么？（2006 年分析 67）

---

① 答案：D。
② 答案：D。

第二节　法的效力

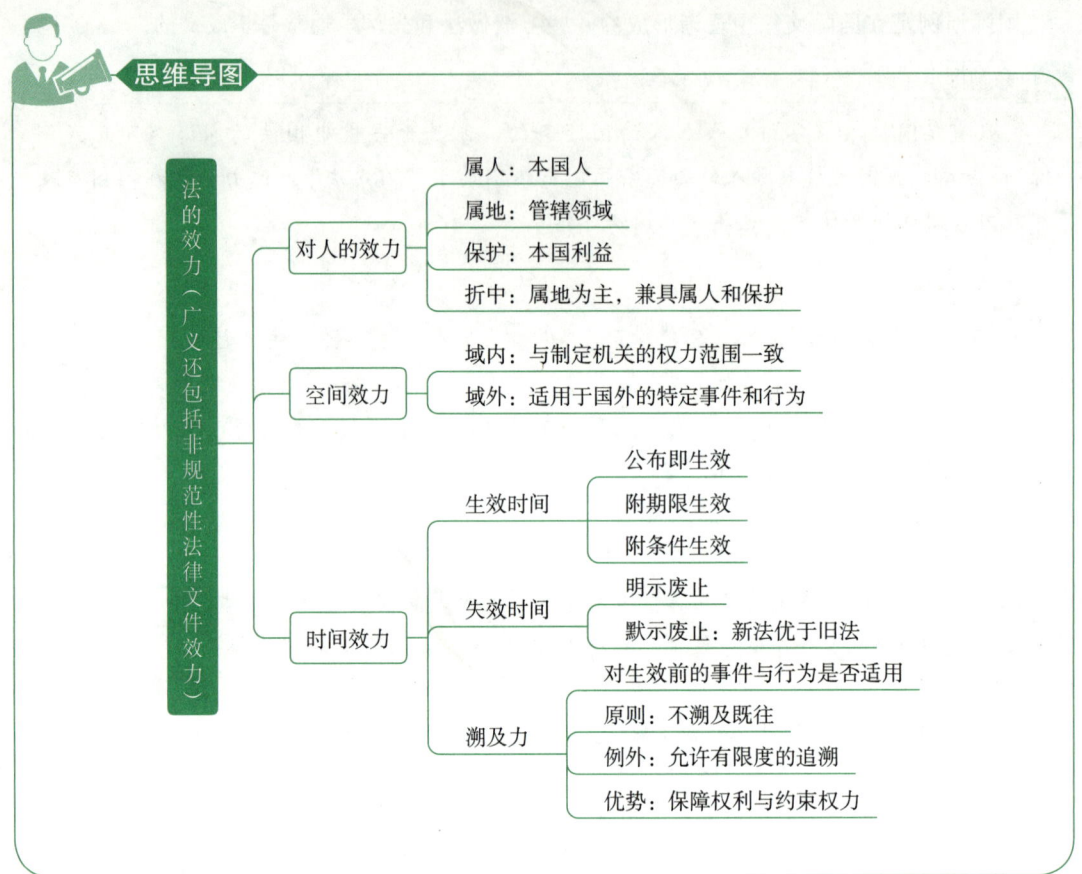

一、法的效力与法的效力等级

（一）法的效力

法的效力也称法律的适用范围，是指法律对哪些人，在什么空间、时间范围内有效。狭义上的法的效力是指规范性法律文件的效力，广义上的法的效力还包括非规范性法律文件的效力。

法的效力包括对人的效力、空间效力和时间效力三个方面。

> **命题提示**
>
> 考生要背诵法的效力的概念。另外需要说明的是，2016年之前的老大纲认为，法的效力包括"适用范围"和"效力等级"两方面，在现在的新大纲中法的效力则仅指"适用范围"了。考生在做历年真题时注意即可。

（二）法的效力等级

法的效力层次是指规范性法律文件之间的效力等级关系。一般而言，法的效力层次可以概括为以下几点。

1）上位法的效力高于下位法，即规范性法律文件的效力层次决定于其制定主体的法律地位，如行政法规的效力高于地方性法规。

2）特别法优于一般法，指在同一位阶的法律之间，特别法优于一般法。即同一事项，两种法律都有规定的，特别法比一般法优先，优先适用特别法。

> **命题提示**
>
> 这里的"同一位阶"应理解为"同一主体制定"（人大及其常委会视为同一主体）；判断是不是特别法、一般法关系，标准是：同一主体制定＋更加具体。

3）新法优于旧法，即在同一位阶的法律之间，两者对同一事项规定不一样的，新颁布的法律优先适用。

> **命题提示**
>
> 法的效力等级是重要考点，对法学专业更是如此。

备注：法的效力等级如图 5-1 所示。

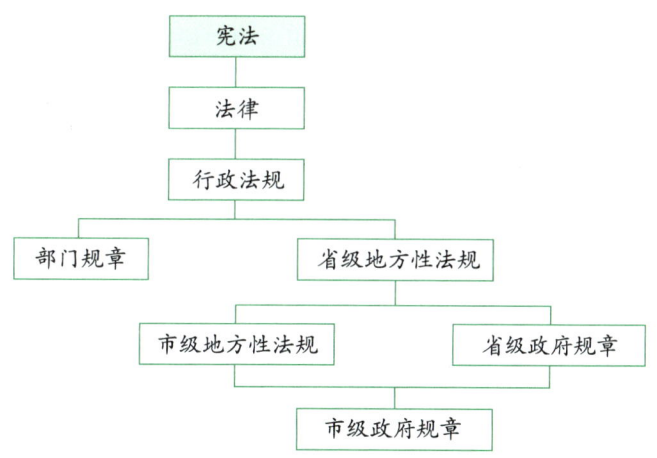

图 5-1 法的效力等级图

由图 5-1 可知：法律高于法规；地方性法规高于同级别的政府规章；部门规章与地方性法规、部门规章与地方政府规章之间不存在上位法与下位法关系。

二、法对人的效力

（一）一般原则

法对人的效力是指法对谁有效力，适用于哪些人。一般包括四种原则。

第一，属人主义，即法律只适用于本国人，不论其身在国内还是国外。对外国人，即便其身在该国内也不适用。

第二，属地主义，即不论本国人或外国人，凡居住在本国管辖领域内的人一律适用本国法律。

第三，保护主义，即以维护本国利益为基础，不管是什么国籍的人，在什么地方的行为，只要侵害了本国的利益，就适用本国的法律。

第四，折中主义，即以属地主义为主，与属人主义、保护主义相结合的原则。这是近代以来多数国家所采用的原则。我国亦然。

> **命题提示**
>
> 专业应掌握三种原则的判断题眼：属人主义看"国籍"；属地主义看"地盘"；保护主义看"利益"，并且，是以"违法犯罪人"而不是受害人为判断标准。

（二）法律对中国人的效力

中国公民在中国领域内一律适用中国法律。中国公民在国外的法律适用问题，原则上适用中国法律，但当中国法律与所在国的法律发生冲突时，要依据具体的国际条约、协定及国内法的规定来确定。

（三）法律对外国人和无国籍人的效力

第一，外国公民（包括无国籍人）在中国境内，除法律另有规定外，一般适用中国法律。中国法律既保护他们在中国的合法权益，又依法处理其违法问题。

第二，外国公民（包括无国籍人）在中国境外对中国国家或中国公民的犯罪，按中国刑法规定的最低刑为3年以上有期徒刑的，可以适用中国刑法，但是按照犯罪地的法律不受处罚的除外。

三、法的空间效力

法的空间效力，是指法在哪些地域范围内发生效力的问题。一般说来，在一个主权国家，法适用于主权管辖范围内的全部领域，包括领土、领海、领空和底土，以及作为领土延伸的驻外使馆、该国停泊在境外的船舶及境外飞行器。

（一）法律的域内效力

由于制定法律的机关不同，具体法律的空间效力有所区别。一般说来，凡是中央国家机关制定的法律在全国有效，凡是地方国家机关制定的规范性法律文件，只能在制定机关所管辖的范围内生效。

（二）法律的域外效力

法律的域外效力是法律的效力及于制定的机关所管辖的领域之外。有的法律不仅在国内生效，而且根据国家主权原则还往往适用于国外发生的特定事件和行为。

> **命题提示**
>
> ①整体而言，法律适用于国家的全部领域，但不能由此就说"所有的法律的空间效力都是一样的，都及于国家的全部领域"，原因是具体法律的空间效力并不相同；②特定情况下，国内的法律效力还能及于国外，即不能说"法律只能在国内生效"；③有些外国公民有外交豁免权，但不得由此认为"我国法律对其没有效力"。

例如：我国刑法从维护国家统一和国家主权原则出发，规定犯罪的行为或者结果有一项发生在中华人民共和国领域内，就认为是在中华人民共和国领域内犯罪，我国法院都可以行使管辖权；从保护主义原则出发，我国刑法规定，外国公民在中华人民共和国领域外对中华人民共和国国家或我国公民的犯罪，按刑法规定的最低刑为 3 年以上有期徒刑的，可以适用中国刑法，但是按照犯罪地的刑法不受处罚的除外。

> **扫雷大练习**
>
> 2011 年，以缅甸人糯康为首的武装犯罪集团在湄公河流域劫持我国商船并杀害了 13 名中国船员。中国政府与泰国、缅甸和老挝三国联合采取抓捕行动，在境外将糯康等人抓捕归案。2013 年，糯康等人被我国最高人民法院依法核准执行死刑。该案体现的法对人的效力原则是（　　）。① (2015 年单选 7)
>
> A. 属人主义　　　　　　　　B. 属地主义
> C. 折中主义　　　　　　　　D. 保护主义

四、法的时间效力

法的时间效力是指法律何时生效、何时终止效力以及法律对其颁布实施前的事件和行为有无溯及力的问题。

（一）法律生效的时间

法律生效的时间主要有三种形式：①自法律颁布之日起生效；②由法律规定具体生效时间；③规定法律颁布后符合一定条件时生效。

> **命题提示**
>
> 要注意：公布不一定生效，但生效的一定是公布的。

（二）法律效力终止的时间

法律效力的终止是指通过明令废止或默示废止的形式而终止某一法律文件的效力。

我国法律终止效力的形式有明示废止和默示废止。明示废止是指在新法或其他法律文件中明文规定废止旧法；默示废止是指在适用法律上出现新法和旧法冲突时，适用新法而使旧法事实上废止。

> **命题提示**
>
> 要注意：注意默示废止仅限"新法废旧法"。

（三）法律的溯及力

法律的溯及力又称法律溯及既往的效力，是指新的法律颁布后，对其生效前的事件和行为是否适用的问题。如果适用，则具有溯及力；如果不适用，则不具有溯及力。

一般情况下，我国法律坚持"法律不溯及既往"的原则（又称"从旧"原则），这也是各法治国家通行的法律原则。但这个原则也有例外，特别是在刑法中，目前各国采用的通例是"从旧兼从轻"原则，即新法原则上不溯及既往，但新法不认为犯罪或罪轻的，可以适用新法。

---

① 答案：D。

命题提示

①法的时间效力不单单包括生效及失效时间,还包括溯及力。②在溯及力问题上,注意时间节点是"生效前的事件和行为",而不是"公布前"。③我国所有的法律都坚持不溯及既往原则。同时,为了更好地保护公民权利,也允许例外,例如,刑法以及行政处罚法的例外情形是"从旧兼从轻";民法的例外情形是"有利"原则。

扫雷大练习

1. 我国《网络安全法》自2017年6月1日起施行。关于该法的效力,下列表述正确的是( )。① (2018年单选4)

   A. 该法生效后,并不影响以往规范网络活动的行政法规的效力
   B. 该法对2017年6月1日以前的网络活动一般无溯及既往的效力
   C. 外国人和无国籍人在中国境内,可以不受该法律的约束
   D. 该法对中国境内所有的网络活动都有约束力,这是属人主义的体现

2. 下列关于法律效力问题的表述,正确的是( )。② (2015年法学单选8)

   A. "法不溯及既往"是法治国家通行的法律原则
   B. 非规范性法律文件的法律效力属于狭义的法律效力范畴
   C. 《中华人民共和国民事诉讼法》在我国驻外使馆内不具有法律效力
   D. 折中主义是一种以属人主义为主,与属地和保护主义相结合的法律效力原则

3. 下列关于我国法的溯及力的表述,正确的是( )。③ (2009年单选14)

   A. 刑法在溯及力问题上采用从新兼从轻的原则
   B. 行政法在溯及力问题上采用从旧兼从轻的原则
   C. 民法在溯及力问题上采用从新的原则
   D. 法治的一般要求是新法不具有溯及力

---

① 答案:B。
② 答案:A。
③ 答案:D。

第三节　法的分类

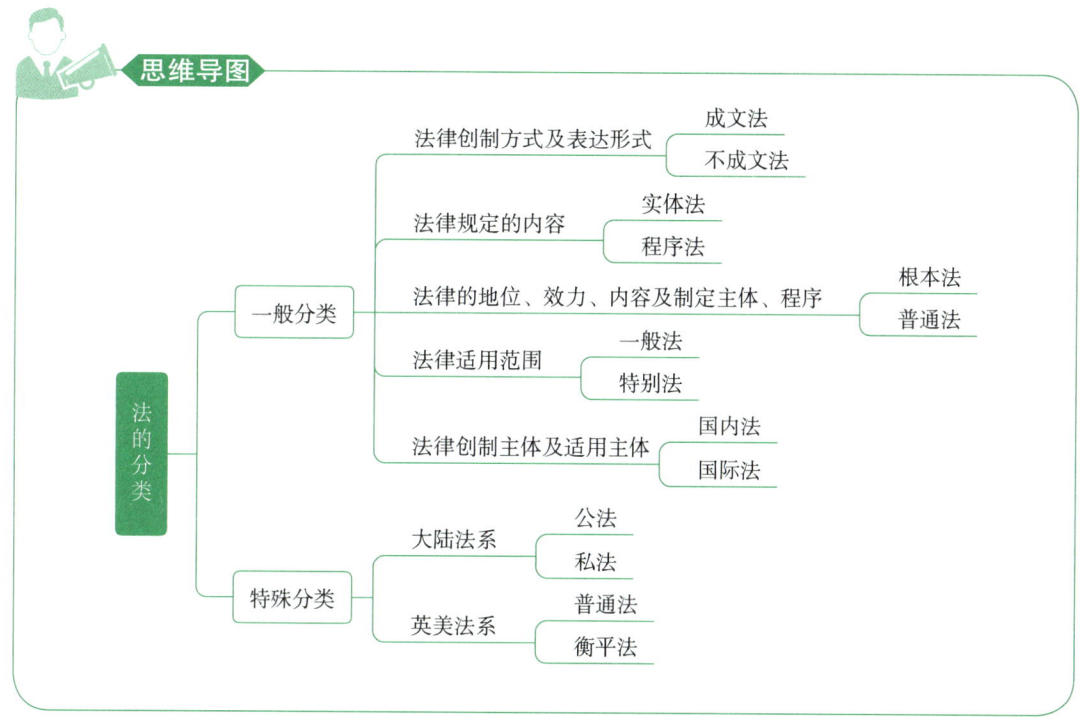

一、法的一般分类

法的分类就是从不同的角度，按照不同的标准，将法律划分为若干不同的种类。从一定意义上讲，法的历史类型、法系、部门法、法律的渊源等都可以看作是对法的分类。法的一般分类是指世界上所有国家共同适用的法的分类。它主要有五类：成文法与不成文法；实体法与程序法；根本法与普通法；一般法与特别法；国内法与国际法。

（一）成文法与不成文法

成文法与不成文法是以法律创制方式和表达形式的不同对法律进行的分类。

1. 成文法

成文法是指由国家特定机关制定和公布，并以成文形式出现的法律，因此又称制定法。

2. 不成文法

不成文法是指由国家认可其法律效力，但又不具有成文形式的法，一般指习惯法。不成文法还包括同制定法相对应的判例法，即由法院通过判决所确定的判例和先例，它不是以条文（成文）形式出现的法律，因此也是不成文法的主要形式之一。

> **命题提示**
> 不成文法＝习惯法＋判例法。

（二）实体法与程序法

实体法与程序法是以法律规定内容的不同对法律进行的分类。

1. 实体法

实体法是指以规定和确认权利与义务或职权与职责为主的法律，如民法、刑法、行政法等。

2. 程序法

程序法是指以保证权利和义务得以实施或职权和职责得以履行的有关程序为主的法律，如民事诉讼法、刑事诉讼法、行政诉讼法、立法程序法等。

> **命题提示**
> 实体法和程序法的分类是就其主要方面的内容而言的，它们之间也有交叉，实体法中也可能涉及一些程序规定，程序法中也可能有一些涉及权利、义务、职权、职责等内容的规定。

（三）根本法与普通法

根本法与普通法是根据法律的地位、效力、内容和制定主体、程序的不同而对法律进行的分类。

这种分类通常只适用于成文宪法制国家；在不成文宪法制国家，具有宪法性内容的法律同普通法律在效力上是相同的。

1. 根本法

根本法即宪法（宪法典），享有最高的法律地位和最高的法律效力。

2. 普通法

普通法指宪法以外的法律，其内容一般涉及调整某一类社会关系，法律地位和法律效力低于宪法，其制定和修改必须符合根本法，程序也较根本法简单。

（四）一般法与特别法

一般法与特别法是按照法律适用范围的不同对法律所作的分类。

1. 一般法

一般法是指针对一般的人和事在不特别限定的地区和期间内普遍适用的法律。

2. 特别法

特别法是指针对特定人、特定事或特定地区、特定时间内适用的法律。

> **命题提示**
> 一般法与特别法发生冲突时，适用特别法优于一般法的原则来解决。

例如：针对特定人的法，如警察法、教师法；针对特定事的法，如国籍法、教育法；特定地区适用的法，如民族区域自治法；特定时间适用的法，如戒严法等。

（五）国内法与国际法

国内法与国际法是按照法律的创制主体和适用主体的不同而作的分类。

1. 国内法

国内法是指在一主权国家内，由特定国家法律创制机关创制的并在本国主权所及范围内适用的法律。

2. 国际法

国际法则是由参与国际关系的国家或组织通过协议制定或认可的，并适用于国家之间的法律，其形式一般是国际条约和国际协议等。

国内法的法律关系主体一般是个人或组织，国家仅在特定法律关系中成为主体，而国际法的国际法律关系主体主要是国家。

> **总命题提示**
>
> 这不是重要考点，考生一般将其作为选择题考点备考，命题点是分类的标准。

扫雷 大练习

1. 以法律的地位、效力、内容和制定主体为标准，法律可以分为（　　）。① （2012 年单选 11）

   A. 一般法与特别法　　　　　　　　B. 实体法与程序法
   C. 根本法与普通法　　　　　　　　D. 成文法与不成文法

2. 以创制方式和表现方式为标准，法可以划分为（　　）。② （2011 年单选 3）

   A. 成文法和不成文法　　　　　　　B. 根本法和普通法
   C. 一般法和特别法　　　　　　　　D. 实体法和程序法

3. 某高校新生小张在自学法理学知识后，对我国《物权法》进行了分析，并写了如下四点学习体会：

   第一，《物权法》是由全国人大制定的法律文件，从法律渊源角度分析，该法应属于我国的根本法。

   第二，《物权法》所调整的对象是平等主体的财产关系，因此物权法属于民商法部门。

   第三，《物权法》第 10 条规定："国家对不动产实行登记制度。统一登记的范围、登记机构和登记办法，由法律、行政法规规定。"从法律规则的角度理解，该条规定属于准用性法律规则（规范）。

   第四，建设部在物权法生效后制定和出台的《房屋登记办法》是行政法规。

   请指出小张观点中的不正确之处，并运用法理学知识和原理阐述理由，对不正确的观点进行改正。（2012 年法学分析 34）

---

① 答案：C。
② 答案：A。

二、西方两大法系的特殊法律分类

(一) 公法与私法

公法与私法的分类源于古罗马法，它是在民法法系中适用的一种法律分类。古罗马法学家乌尔比安提出，公法是关于罗马国家的法律，私法是关于个人利益的法律。

现代西方法学著作认为，公法主要是调整国家与普通个人之间关系的法律，私法主要是调整国家的公民个人之间的关系。一般认为，宪法、刑法、行政法属于公法，民商法属于私法。在当代，公法与私法的界限日益模糊，出现了兼备公法和私法特征的法律，如经济法。

> **命题提示**
> 我国通说一般认为，公法是"调整公权力"的法律规定，私法是"调整私权利"的法律规定。

(二) 普通法与衡平法

普通法与衡平法是普通法法系的一种法律分类方法。

这里的普通法，不同于前面法律的一般分类中的普通法概念，而是专指英国在11世纪后由法官通过判决形式逐渐形成的适用于全英格兰的一种判例法；衡平法是指英国在14世纪后对普通法的修正和补充而出现的一种判例法。今天，我国香港特别行政区的法律也适用这种分类。

> **命题提示**
> ①衡平法处于补充地位；②考生应区分普通法的两个概念：与根本法对应的普通法 VS 与衡平法相对应的普通法。

> **扫雷 大练习**
>
> 关于普通法的说法，正确的是（　）。①（2004年多选53）
> A. 普通法是英国在11世纪后逐渐形成的一种判例法
> B. 普通法是指针对一般人、一般事在全国普遍适用的法律
> C. 普通法是指中央国家机关制定的规范性法律文件
> D. 普通法是调整某一类社会关系的法律

---

① 答案：AD。

06 第六章 法律要素

第一节 法律规则

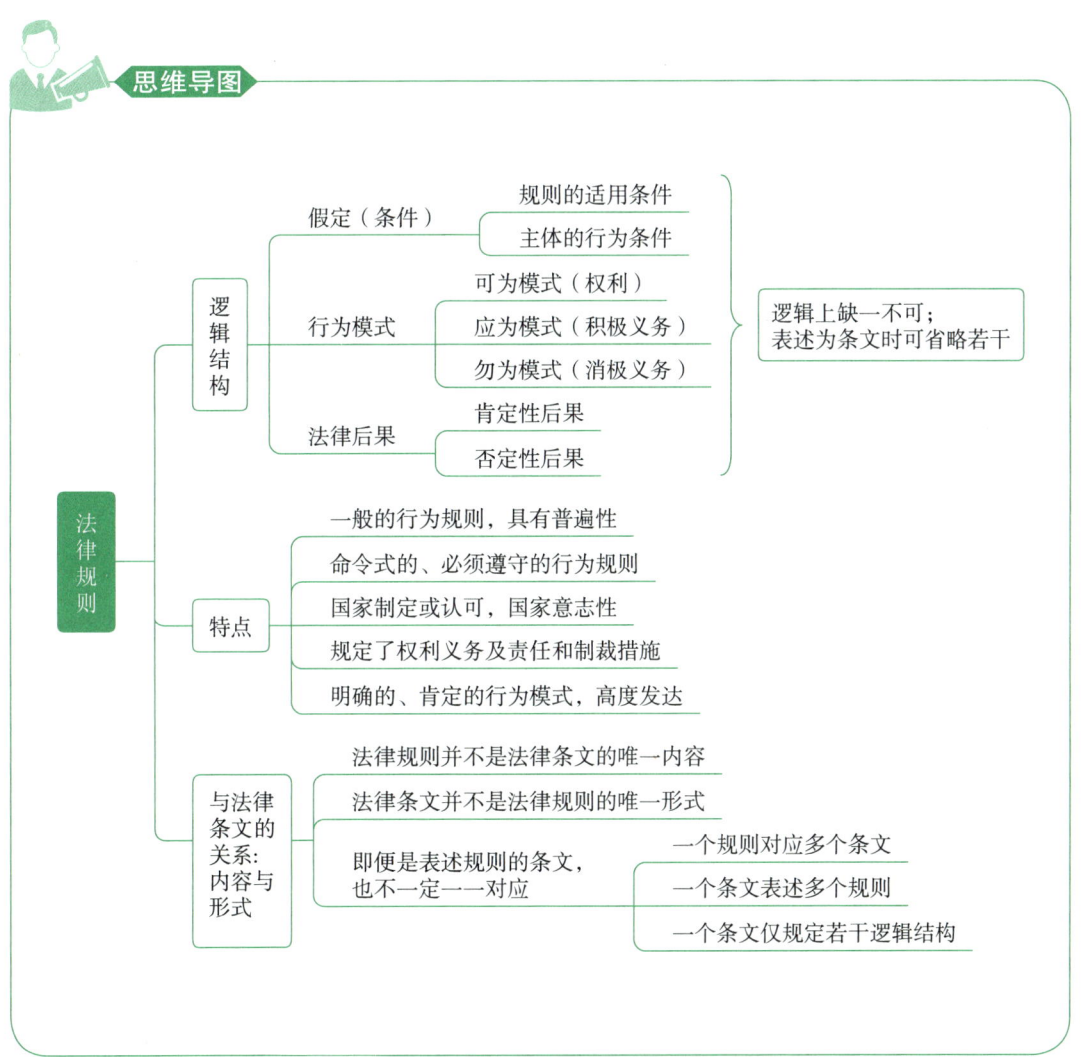

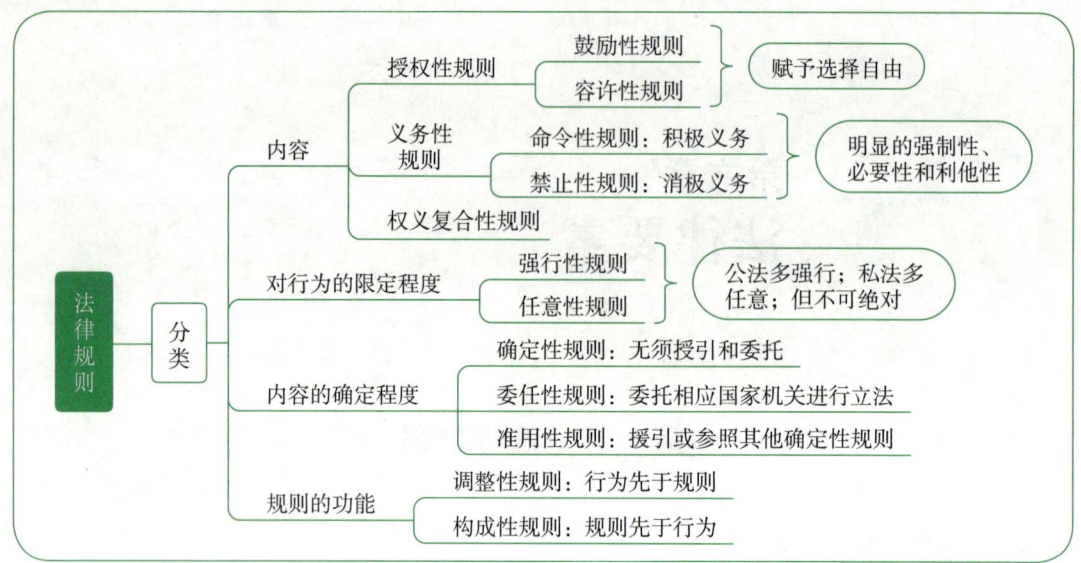

法律规则，是采取一定结构形式具体规定人们的法律权利、法律义务以及相应的法律后果的行为规范。

一、法律规则的逻辑结构

法律规则具有内在的严密的逻辑结构。一般认为，法律规则主要由假定（条件）、行为模式、法律后果三个要素组成。

> **命题提示**
>
> 这是重要考点，法律规则之所以是"高级"的规定，是因为它追求逻辑上的完整性，即法律规则的上述三个要素在"逻辑上"不可省略（但实际写成条文时，可以省略若干，详见下文）。

（一）假定（条件）

假定又称条件，是规则中关于适用该规则的条件的规定。即法律规则在什么时间、什么空间，对什么人适用，以及在什么情境下对人的行为有约束力的问题。

假定（条件）包含两个方面。

1) 法律规则的适用条件，即法律规则在什么时间生效，在什么地域生效以及对什么人生效等。

2) 行为主体的行为条件，其往往是法律关系产生、变更或消灭的事实规定，内容包括行为主体的资格构成（行为主体的国籍、权利能力、行为能力、免责条件等）和行为的情境条件（行为的时间、地点、程序和状态等）。

（二）行为模式

行为模式是指法律规则中关于行为的规定。即法律关于允许做什么、禁止做什么和必须做什么的规定，它是从人们大量的实际行为中概括出来的法律行为要求。

根据内容和性质不同，法律规则中的行为模式分为三种：可为模式（权利）、应为模式（积极义务）和勿为模式（消极义务）。与此相对应的三种法律规则分别是授权性规则、命令性规则和禁止性规则。

> **命题提示**
>
> 这是重要考点，按照法律硕士考试的考点要求，对违法或犯罪行为的描述（例如刑法的罪状条款），都属于"行为模式"，例如"故意杀人的，处……刑罚"，这里的"故意杀人的"属于行为模式（通说则认为属于假定条件）。

（三）法律后果

法律后果是指法律规则中对遵守规则或违反规则的行为予以肯定或否定评价的规定。假定（条件）、行为模式是法律后果的前提，法律后果是对人们遵守或违反假定（条件）和行为模式的认定。

1）肯定性后果是人们按照行为模式的要求行为而在法律上予以肯定的后果。它表现为法律规则对人们行为的保护、许可或奖励。

2）否定性后果是人们不按照行为模式的要求行为而在法律上予以否定的后果。它表现为法律规则对人们行为的制裁、不予保护、撤销、停止，或要求恢复、补偿等。

法律后果是任何法律规则都不可缺少的要素，但在立法实践中，法律条文一般不明确表述合法的后果，因为根据行为模式，人们可以直接推知该法律后果。违法的后果由于它实际上规定了人们违反法律所应承担法律责任的后果，因而立法必须明确表述否定性后果。

> **命题提示**
>
> 这是重要考点，考生不要误解这一点：立法虽然必须明确表达否定性后果，但并不意味着"每一个条文"都要规定"否定性后果"。

在逻辑结构上，任何一个完整的法律规则都是由假定（条件）、行为模式和法律后果三部分构成的，尽管它们往往不表现于同一个条文当中，或者有些法律规则在表现形式上只有行为模式和法律后果两项要素，而假定（条件）这一要素被省略了。

> **总命题提示**
>
> 1）法律规则在写成条文时，往往省略下列某个或某两个要素：①假定条件；②行为模式；③法律后果。
>
> 2）考生背诵和理解三大逻辑结构，这个知识点往往会在选择题、简答题和分析题中考查。

扫雷 大练习

1. 我国《刑法》第21条第1款规定："为了使国家、公共利益、本人或者他人的人身、财产和其他权利免受正在发生的危险，不得已采取的紧急避险行为，造成损害的，不负刑事

责任。"关于该法条中包含的法律规则的逻辑结构，下列表述正确的是（ ）。①（2017年法学单选7）

A. 假定条件和法律后果
B. 假定条件、行为模式和法律后果
C. 法律后果和行为模式
D. 假定条件和行为模式

2. 我国刑法规定："勾结外国，危害中华人民共和国的主权、领土完整和安全的，处无期徒刑或者十年以上有期徒刑。"该规则所包含的逻辑结构要素是（ ）。②（2013年单选4）

A. 假定和行为模式
B. 行为模式和法律后果
C. 假定和法律后果
D. 假定、行为模式和法律后果

3. 我国《民法典》第一百八十五条规定："侵害英雄烈士等的姓名、肖像、名誉、荣誉，损害社会公共利益的，应当承担民事责任。"从法律规则的逻辑结构看，该规则中的行为模式是（ ）。③（2021年非法学单选1）

A. 可为
B. 应为
C. 勿为
D. 当为

二、法律规则的特点

从内容上看，法律是由法律规则、法律原则和法律概念三者共同构成的，其中法律规则是构成法律的基本单位，与其他要素相比，具有微观指导性、可操作性较强、确定性程度较高、可预测性等特征。

与其他社会规则相比较，法律规则的基本特征主要有以下几方面。

第一，法律规则是一种一般的行为规则，它使用同一标准，对处于其效力范围内的主体行为进行指导和评价，这一特点使它有别于任何个别性调整措施。

第二，法律规则规定了一定的行为模式，是一种命令式的必须遵守的行为规则，这使它区别于不包含确定行为方案或仅具有倡导性的口号或建议。

第三，法律规则是由国家制定或认可的行为规范，具有强烈的国家意志性，这是它区别于其他社会规范的最基本特征。

第四，法律规则规定了社会关系参加者在法律上的权利和义务以及违反规则要求时的法律责任和制裁措施。

第五，法律规则有明确的、肯定的行为模式，有特殊的构成要素和结构，是一种高度发达的社会行为规则。

所有这些特征使法律规范具有其他调整措施所不具备的品质，成为对社会关系进行法律

---

① 答案：B。
② 答案：B。
③ 答案：C。

调整的权威性根据。

> **命题提示**
>
> 这是重要考点，考生应按照简答题备考。需要说明的是：考生在做题时会遇到"法律规则"和"法律规范"两个名词。一般而言，法律规范≠法律规则，因为法律规范＝法律规则＋法律原则。

三、法律规则与法律条文的关系

法律规则是法律条文的内容，法律条文是法律规则的表现形式。但并不是所有的法律条文都直接规定法律规则，也不是每一个法律条文都完整表述一个法律规则或只表述一个法律规则。有时候一个法律规则可以包含在几个法律条文中，有时候一个法律条文可能包含了几个法律规则。

> **命题提示**
>
> 1）要明确：规则是内容，条文是形式。2）要明确：规则是条文的内容之一（其他内容还有法律原则、法律概念等），条文是规则的形式之一（规则还可以表现为判例法等）。3）规则与条文并不是绝对的一一对应关系：①一个规则可以写到不同的条文中；②一个条文也可能表述多个规则。

例1：一个法律规则由数个法律条文来表述。

《中华人民共和国文物保护法》第44条规定："禁止国有文物收藏单位将馆藏文物赠与、出租或者出售给其他单位、个人。"该条主要规定的是行为模式；但是假定条件和法律后果则要到其他条文中寻找。

例2：法律条文仅规定法律规则的某个要素或若干要素。

1）法律条文仅规定"行为模式"。《民法典》规定："夫妻有相互继承遗产的权利。父母和子女有相互继承遗产的权利。"

2）法律条文规定了"假定（条件）"和"行为模式"两个要素。《商标法》第42条规定："转让注册商标的，转让人和受让人应当……共同向商标局提出申请……"

3）法律条文既规定"行为模式"，又规定"法律后果"。《刑法》（1979年）第136条规定："严禁刑讯逼供。国家工作人员对人犯实行刑讯逼供的，处三年以下有期徒刑或者拘役……"

> **扫雷大练习**

下列关于法律规则和法律条文关系的表述，正确的有（　　）。① （2018年法学多选21、2018年多选41）

A. 法律规则是法律条文的内容

B. 法律条文是法律规则的表现形式

C. 一个法律条文可能包含若干个法律规则

---

① 答案：ABCD。

D. 一个法律规则可以体现在若干个法律条文中

四、法律规则的分类

（一）授权性规则、义务性规则和权义复合性规则

按照规则的内容不同，法律规则可以分为授权性规则、义务性规则和权义复合性规则。

1. 授权性规则

授权性规则是指规定人们有权做一定行为或不做一定行为的规则，即规定人们的"可为模式"的规则。

授权性规则的作用在于赋予人们以一定的权利去设立、变更、终止他们的法律地位或法律关系，其特点是为权利主体提供一定的选择自由，对于权利主体来说不具有强制性。授权性规则又可分为鼓励性规则和容许性规则。

例如：《民法典》规定："自然人下落不明满二年的，利害关系人可以向人民法院申请宣告该自然人为失踪人。"该条文表述的是授权性规则。

> 📡 **命题提示**
>
> 做题技巧：规定"公民权利"的规则，就属于授权性规则。

2. 义务性规则

义务性规则是指在内容上规定人们的法律义务，即有关人们应当做或不得做某种行为的规则。与授权性规则相比，义务性规则表现为对义务主体的约束。义务性规则具有强制性、必要性和利他性。

义务性规则又可以分为命令性规则和禁止性规则两种。①命令性规则是指规定人们的积极义务，即人们必须或应当作出某种行为的规则；②禁止性规则是指规定人们的消极义务，即禁止人们做一定行为的规则。

例1：《民法典》规定，"现役军人的配偶要求离婚，须得军人同意"，这属于义务性规则中的命令性规则。

例2：《宪法》规定，"禁止任何组织或者个人用任何手段侵占或破坏国家和集体的财产"，这属于义务性规则中的禁止性规则。

例3：《刑法》规定，"盗窃、抢夺枪支、弹药、爆炸物的，处三年以上十年以下有期徒刑"，这属于义务性规则中的禁止性规则。原因在于，"盗窃、抢夺枪支、弹药、爆炸物"属于"行为模式"中的"勿为模式"（即不得抢夺枪支、弹药、爆炸物）。

> 📡 **命题提示**
>
> 规定"应当"类的规则，属于命令性规则；规定"不得"类的规则，属于禁止性规则。

3. 权义复合性规则

权义复合性规则是指兼具授予权利、设定义务两种性质的法律规则。法律授予公权力的规则通常是权义复合性规则。

例1：我国《宪法》第 81 条规定："中华人民共和国主席代表中华人民共和国，进行国事活动，接受外国使节；根据全国人民代表大会常务委员会的决定，派遣和召回驻外全权代表，批准和废除同外国缔结的条约和重要协定。"该条规定既赋予国家主席职权，同时这也是国家主席的义务，因此属于权义复合性规则。

例2：其他的复合规则如"监护权""受教育的权利和义务""劳动的权利和义务"等。

> **命题提示**
>
> 权义复合性规则的判断标准：表面上看规定的是"权力/权利"，但同时也意味着"义务"（又叫职责）。

（二）强行性规则与任意性规则

按照规则对人们行为规定和限定的范围或程度不同，可以把法律规则分为强行性规则和任意性规则。

1. 强行性规则

强行性规则是指内容规定具有强制性，不论人们的意愿如何，都必须加以适用的规则。一般来说，公法类法律，特别是行政法、刑法等，主要涉及公共利益，强行性规则较多。

2. 任意性规则

任意性规则是指规定在一定范围内，允许人们自行选择或协商确定法律关系中的权利义务内容的法律规则。在民商法等私法类法律中，主要涉及私人利益，任意性规则较多。强行性规则和任意性规则的划分是相对的——公法中也有任意性规则，民商法中也有强行性规则。

例如：《民法典》规定："被宣告死亡的人在被宣告死亡期间，其子女被他人依法收养的，在死亡宣告被撤销后，不得以未经本人同意为由主张收养关系无效。"这属于强行性规则。

> **命题提示**
>
> 一般而言，授权性规则属于任意性规则；义务性规则和权义复合性规则属于强行性规则。

（三）确定性规则、委任性规则和准用性规则

按照法律规则内容的确定性程度不同，可以将法律规则分为确定性规则、委任性规则和准用性规则。

1. 确定性规则

确定性规则是指内容已明确肯定，无须再援引或参照其他法律规则，也无须委托其他国家机关制定新法律规则的法律规则。法律条文中规定的大多数法律规则都属于此种规则。

2. 委任性规则

委任性规则是指内容尚未确定，而只规定某种概括性指示，由相应国家机关通过相应途径或程序加以确定的法律规则。

3. 准用性规则

准用性规则是指内容本身没有规定人们具体的行为模式，而是可以援引或参照其他相应

规定的规则。

例1：《保险法》第94条规定："保险公司，除本法另有规定外，适用《中华人民共和国公司法》的规定。"该规定表述的是准用性规则。

例2：《计量法》第32条规定："中国人民解放军和国防科技工业系统计量工作的监督管理办法，由国务院、中央军事委员会依据本法另行规定。"该规定表述的是委任性规则。

> **命题提示**
>
> 判断标准：准用性规则就是"准许引用"其他规则的简称；委任性规则的典型特征是"委托其他机关"。

（四）调整性规则和构成性规则

按照法律规则功能的不同，将法律规则分为调整性规则和构成性规则。

1. 调整性规则

调整性规则是对已有行为方式进行调整的规则，它的功能在于控制行为。调整性规则占了法律规则的大多数。

2. 构成性规则

构成性规则是组织人们按照规则规定的行为去活动的规则，规则所指定的行为在逻辑上依赖于规则本身。

> **命题提示**
>
> 上述法律规则的分类并不是"非此即彼"互相排斥的关系，某个条文所表述的规则可能归属于上述分类中的多种分类。

例：《民法典》规定："因产品存在缺陷造成损害的，被侵权人可以向产品的生产者请求赔偿，也可以向产品的销售者请求赔偿。"该条文表述的是授权性规则、确定性规则和任意性规则。

扫雷 大练习

1. 《刑法》第93条第2款规定："国有公司、企业、事业单位、人民团体中从事公务的人员和国家机关、国有公司、企业、事业单位委派到非国有公司、企业、事业单位、社会团体从事公务的人员，以及其他依照法律从事公务的人员，以国家工作人员论。"下列关于该法律条文的认识，正确的是（　　）。① (2015年单选13)

A. 该条文规定的是技术性内容，没有强制力

B. 该条文表述的既非法律原则，也非法律规则

C. 该条文不能够与其他条文共同表达某个法律规则

D. 该条文包括了假定条件、行为模式和法律后果三个要素

---

① 答案：B。

2. 按照规则规定的行为模式的不同，法律规则可以分为（ ）。① （2009年单选6）

A. 授权性规则和义务性规则　　　　　B. 强行性规则和任意性规则

C. 确定性规则和委任性规则　　　　　D. 调整性规则和构成性规则

3. 运用法理学理论和知识分析下列材料，并回答问题：

2005年11月7日，中华人民共和国商务部发布了《酒类流通管理办法》，该办法第19条规定："酒类经营者不得向未成年人销售酒类商品，并应在经营场所显著位置予以明示"；第30条规定："违反本办法第十九条规定的，由商务主管部门或会同有关部门予以警告，责令改正；情节严重的，处两千元以下罚款。"

问题：从行为模式角度分析材料给定的法律规则的种类。（2006年分析67）

第二节　法律原则

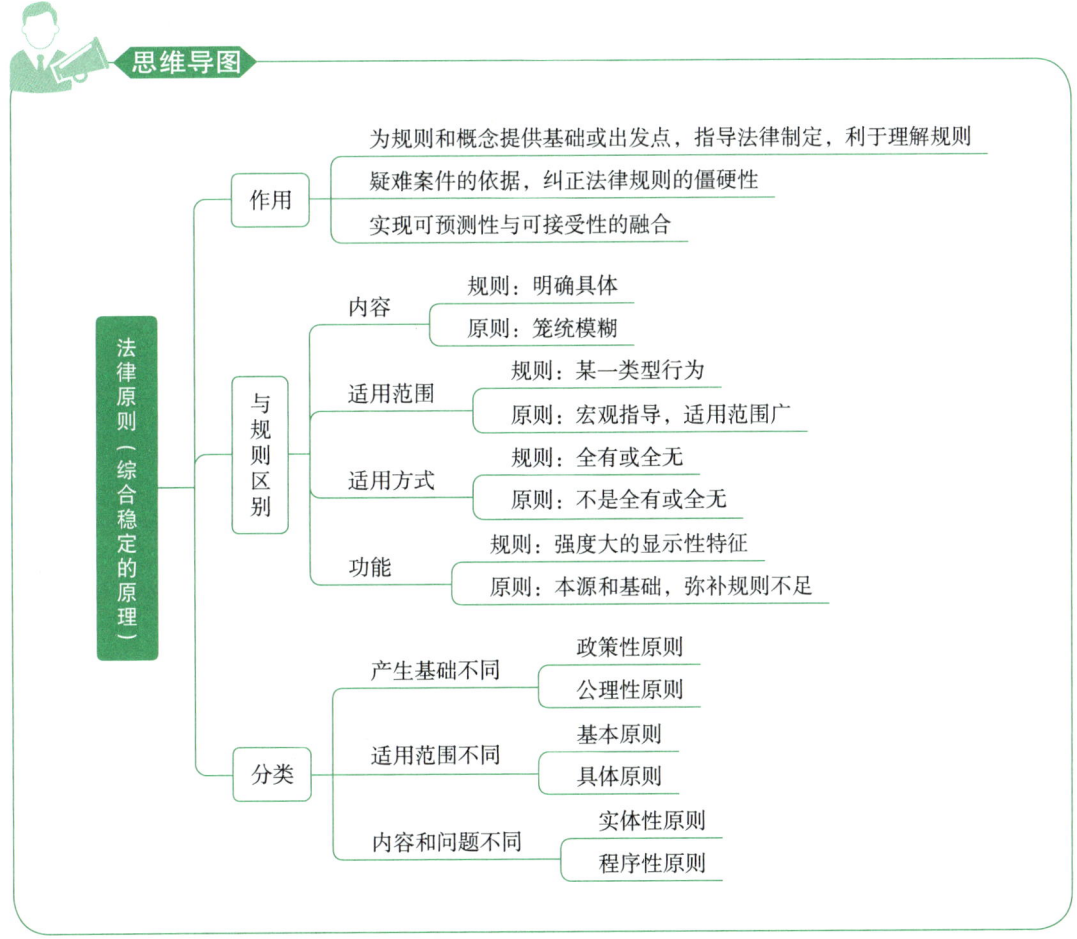

---

① 答案：A。

一、法律原则的概念

（一）法律原则的定义和作用

法律原则是指可以作为法律规则的基础或本源的综合性、稳定性原理和原则。法律原则可以是非常抽象的，例如，法律面前人人平等原则、无罪推定原则等；也可能是具体的，例如，任何人都不能做自己案件的审判者。

> 📶 **命题提示**
>
> 虽然有些法律原则是"具体的"，但也比"规则"抽象。

在创制、理解或适用法律的过程中，法律原则是必不可少的，其作用主要有三个：

1）在法律的制定层面，为法律规则和法律概念提供基础或出发点，对法律的制定具有指导意义，对理解法律规则也具有指导意义。

2）在法律的运行层面，法律原则可以填补规则的漏洞，有时可以作为疑难案件的判案依据，以纠正严格执行实在法可能带来的不公。

3）在法治建设的层面，法律原则有利于实现可预测性与可接受性的融合，实现合法与合理的融合，最终实现形式法治与实质法治的融合。

> 📶 **命题提示**
>
> 这是重要考点，经常在论述题、分析题中考查，考生要重点掌握。

（二）法律原则与法律规则的区别

法律原则不同于法律规则，它既没有规定确定的事实状态，也没有规定具体的法律后果，具体而言，在内容、适用范围、适用方式和功能上，二者是有区别的。

1）在内容上，法律规则的规定是明确具体的，而法律原则不预先设定明确的、具体的假定条件，更没有设定明确的法律后果，其要求比较笼统、模糊。

例如：我国《民法典》规定："民事主体从事民事活动，不得违反法律，不得违背公序良俗。"何谓"公序良俗"？即无法事先以法律条文的形式列举清楚，必须结合具体案件来判断。

> 📶 **命题提示**
>
> 不能说"法律原则不规定行为模式或法律后果"——法律原则对行为模式及法律后果的规定只不过是"不明确"而已。

2）在适用范围上，法律规则只适用于某一类型的行为，而法律原则具有宏观的指导性，其适用范围比法律规则宽广。

3）在适用方式上，法律规则是以"全有或全无的方式"应用于个案当中的（即：如果一条规则所规定的事实是既定的，或者这条规则是有效的，那么在这种情况下，必须接受该规则所提供的解决办法）。法律原则不是以"全有或全无的方式"应用于个案当中的，不同强度的原则，甚至冲突的原则都可能存在于一部法律之中。当两个原则在具体的个案中冲突时，法官必须根据案件的具体情况及有关背景在不同强度的原则间作出权衡。

> **命题提示**
>
> 这是重要考点。以刑法为例,一个犯罪行为只能定一个罪,行为人也只承担这一罪名对应的刑事责任;也就是说,盗窃行为不能按照强奸罪来定罪,同理,既然定成了盗窃罪,行为人就只承担盗窃罪对应的法律责任。这就是"全有或全无"的意思。法律原则在适用上则不是"全有全无"的模式,还以盗窃行为为例——按照"规则",该行为只能定为盗窃罪,且行为人只承担盗窃罪对应的法律后果;但从原则看,对该行为的定罪量刑同时要适用"罪刑法定原则""罪刑均衡原则"等多个原则,这就是原则并非"全有或全无"。

4)在功能上,法律原则是法律规则的本源和基础,它们可以协调法律体系中规则之间的矛盾,弥补法律规则的不足与局限,它们甚至可以直接作为法官裁判的法律依据。

> **总命题提示**
>
> 原则与规则的区别是重要考点,考生要将其作为简答题考点备考。

二、法律原则的分类

(一) 政策性原则与公理性原则

按照法律原则产生的基础不同,可以把法律原则分为政策性原则和公理性原则。

政策性原则是国家关于社会发展、进步的决策、指示、决定及目的、目标。政策性原则具有针对性、民族性和时代性。

公理性原则是从社会关系的本质中产生出来的,是得到广泛承认并被奉为法律的公理。如法律面前人人平等、无罪推定原则等,它们在国际范围内具有较大的普适性。

例如:我国宪法中规定的"四项基本原则"、婚姻法中"实行计划生育"的原则、"社会主义法治"等,都属于政策性原则;"法律面前人人平等""无罪推定"等,都属于公理性原则。

> **命题提示**
>
> 此种分类在考试中考查得较少,考生按照选择题备考即可。一般而言,具有中国特色的原则,属于政策性原则。

(二) 基本原则与具体原则

按照法律原则对人的行为及其条件之覆盖面的宽窄和适用范围大小,可以把法律原则分为基本原则和具体原则。

基本法律原则是整个法律体系或某一法律部门所适用的、体现法的基本价值的原则,如宪法所规定的各项原则。

具体法律原则是在基本原则指导下适用于某一法律部门中特定情形的原则,如英美契约法中的要约原则和承诺原则等。

(三) 实体性原则与程序性原则

按照法律原则涉及的内容和问题不同,可以把法律原则分为实体性原则和程序性原则。

实体性原则是直接涉及实体性权利和义务等的原则，宪法、民法、刑法、行政法中所规定的多数原则就属于此类。

程序性原则是直接涉及程序法问题的原则，如诉讼法中规定的辩护原则、无罪推定原则等。

命题提示

以上三种分类，考生主要掌握第一种，第二种和第三种了解即可。

扫雷大练习

下列各项法律规定，属于法律原则的有（　　）。① （2012年多选48）
A. 承诺生效时合同成立
B. 当事人在民事活动中的地位平等
C. 为了犯罪，准备工具、制造条件的，是犯罪预备
D. 法律没有明文规定为犯罪行为的，不得定罪处刑

第三节　法律概念

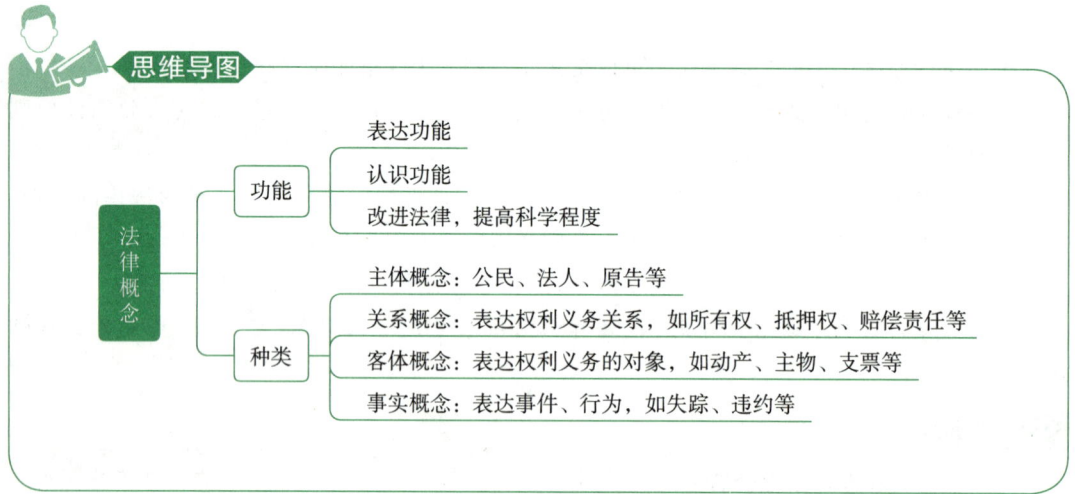

一、法律概念的含义

法律概念是法律的构成要素之一，是对各种法律事实进行概括，抽象出它们的共同特征而形成的权威性范畴。法律概念与日常生活用语中的概念不同，它具有明确性、规范性、统一性等特点。

命题提示

由于法律概念是"概括、抽象"的，因此也具有前述的"法的局限性"，也需要再解释。

法律概念的功能主要体现在三个方面。

---

① 答案：BD。

第一，表达功能。法律概念及概念间的连接使法律规则以及法律原则得以表达，没有法律概念，法律是难以想象的。

> **命题提示**
>
> 这就表明：法律规则、法律原则是由一个个的"法律概念"表达出来的。这里的法律概念，可以理解成"法律词汇"。例如"故意杀人罪"中的"故意"和"杀人"。

第二，认识功能。法律概念使人们得以认识和理解法律，不借助法律概念，人们便无法认识法律的内容，难以进行法律交流，更无法在此基础上进行法律实践活动。

第三，改进法律、提高法律科学化程度的功能。丰富而明确的法律概念可以提高法律的明确化程度和专业化程度，使法律成为专门的工具，使法律工作成为独立的职业。法律概念与法律规则和法律原则同等重要。

> **总命题提示**
>
> 考生需要掌握法律概念的功能，将其作为简答题考点备考。

二、法律概念的种类

按照法律概念所涉及的因素，可将其分为四类。

第一，主体概念。这是用以表达各种法律关系主体的概念，如公民、法人、原告、行政机关，等等。

第二，关系概念。这是用以表达法律关系主体间权利、义务关系的概念，如所有权、抵押权、交付义务、赔偿责任，等等。

第三，客体概念。这是用以表达各种权利、义务所指向的对象的概念，如动产、主物、支票，等等。

第四，事实概念。这是用以表达各种事件和行为的概念，如失踪、不可抗力、违约，等等。

依其所涉及的内容，法律概念可以分为涉人概念、涉事概念、涉物概念。法律概念还可以按涵盖面大小，分为一般法律概念和部门法律概念，部门法律概念又可分为宪法概念、刑法概念、民法概念等。

> **命题提示**
>
> 法律概念的种类，考生一般要将其作为选择题或简答题考点备考。

扫雷 大练习

下列选项中，不属于法的要素的是（ ）。① （2011年法学单选1）
A. 法律概念　　　B. 法律事实　　　C. 法律规则　　　D. 法律原则

---

① 答案：B。

第七章 法律体系

第一节 法律部门

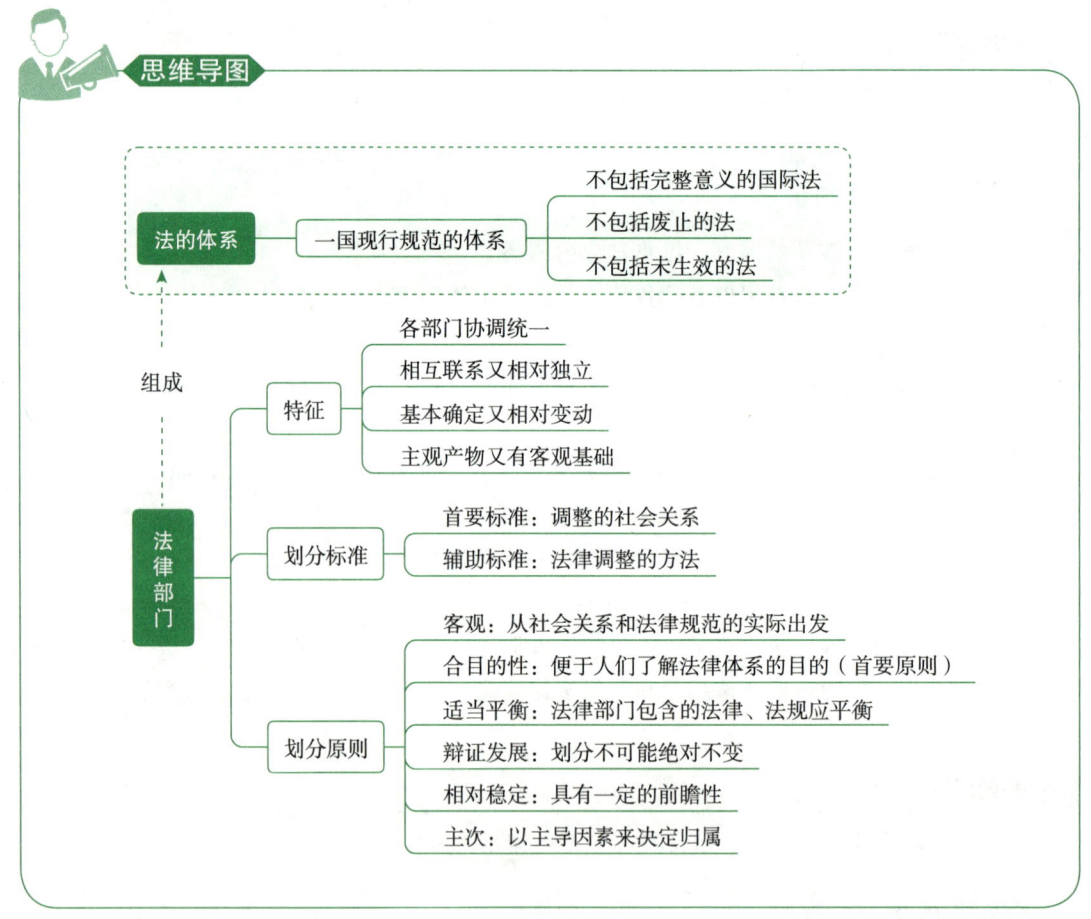

一、法律部门的概念

法律部门又称部门法,是指一个国家根据一定原则和标准划分的本国同类法律规范的总称。通常凡是调整同一种类社会关系的法律规范的总和即构成一个相对独立的法律部门。

例如:调整平等主体之间的人身关系和财产关系的法律规范的总和即构成民法部门,调整有关犯罪与刑罚的法律规范构成刑法部门等。

二、法律部门的特征

法律部门的特征在于以下几个方面。

第一,构成一国法律体系的所有部门法是统一的,各个部门法之间是协调的。比如我国法律部门都是统一于宪法基础之上的。

第二,各个法律部门既相互联系又相对独立,它们之间的内容是有区别的。

第三,各个法律部门的结构和内容基本上是确定的,但又是相对的和变动的。

第四,法律部门是主客观相结合的产物,一方面,法律部门的划分离不开客观的社会关系,它有客观的基础;另一方面,法律毕竟是人们尤其是立法者主观活动的产物,法律部门的划分又带有主观的因素。所以,法律部门的划分,虽然有着客观的基础,但最终是主观活动的产物。

> **命题提示**
>
> 这是重要考点,考生要按照简答题备考。考生还需要注意:整体而言,所有法律部门都是统一的,这一点可以进行绝对表述;但是,法律部门之间的独立性、确定性和主观性,则并不是绝对的。例如,如果选项说"法律部门的内容是固定的",则是错误的。原因在于:法律部门的内容是"确定的",而不是"固定的",允许相对和变动。

三、法律部门的划分标准

法学界一般认为,法律调整的对象(社会关系)和法律调整的方法是划分法律部门的两个主要标准。

1. 法律调整的对象

法律调整的对象即法律调整的社会关系,是划分法律部门的首要和第一位标准。比如,将调整国家行政管理关系的法律规范划入行政法部门,将调整平等主体之间的财产关系和人身关系的法律规范划入民法部门,等等。

2. 法律调整的方法

这是划分法律部门的辅助标准。仅依据法律调整对象,不能解决所有法律部门的划分问题,需要借助法律调整的方法。常见的调整方法有三种。

1) 法律所调整的社会关系主体不同。例如,民法部门的法律关系主体是平等主体。

2) 法律确定不同主体间权利义务关系的原则和形式不同。例如,公法领域坚持"法无授权即禁止",私法领域坚持"法无禁止即自由"。

3) 法律责任的种类不同。例如,将以刑罚作为制裁手段的法律规范划分到刑法部门,将以承担民事责任作为调整手段的法律规范划分到民法部门,等等。

> **命题提示**
>
> 划分标准是重要考点,考生应按照简答题备考;需注意:①对象是首要标准,方法是辅助标准;②调整方法不限于"承担责任的方式"。

扫雷大练习

1. 一般认为，划分法律部门的主要标准是（　　）。① (2012年法学单选3)
   A. 法律调整的范围　　　　　　　　B. 法律规范的数量
   C. 法律制定的主体　　　　　　　　D. 法律调整的对象与方法

2. 关于当代中国法律渊源的表述，能够成立的是（　　）。② (2005年单选8)
   A. 就实行社会主义制度的大陆地区的法律渊源而言，可以概括为以宪法为核心、以行政法规为主的法律渊源
   B. 在我国，作为法律渊源之一的"法律"一词是在广义上使用的，除了指由国家最高权力机关及其常设机关制定的规范性文件外，还包括其他有立法权的机关制定的规范性文件
   C. 民族自治区人民代表大会制定的自治条例和单行条例，必须报全国人民代表大会常务委员会备案后才能生效
   D. 国际法不构成我国现行法律体系的法律部门，但是我国签订或加入的国际条约是我国的法律渊源之一

四、法律部门的划分原则

法律部门的划分原则主要有客观原则、合目的性原则、适当平衡原则、辩证发展原则、相对稳定原则和主次原则等。

1. 客观原则

客观原则又称从实际出发原则，即坚持从社会关系和法律规范的实际情况出发。

2. 合目的性原则

划分法律部门的目的在于帮助人们了解和掌握本国现行法律，所以合目的性原则是划分部门法时首先应当坚持的原则。

3. 适当平衡原则

划分法律部门时应注意法律部门之间适当的平衡，各法律部门包括法律的范围不宜太宽，也不宜太窄。

4. 辩证发展原则

由于主客观条件都在变化，法律部门的划分就不可能是绝对不变的，只能是相对的。

5. 相对稳定原则

虽然法律部门是发展的，但是法律的稳定性特征要求我们不能频繁地变动法律部门的内容和结构。这就要求我们在划分法律部门时不能只考虑目前的法律、法规的多少，而应当具有一定的前瞻性。

6. 主次原则

主次原则又称重点论原则，即应该按照法律法规的主导因素来进行划分和归类。

例如：著作权法和专利法所调整的社会关系，既属于行政管理领域的社会关系，也属于知识产权关系，按照前者，可以划归行政法部门；若按照后者，则可以划归民法部门。这样就应按照主次原则，以其主导因素来决定其归属，考虑到它们的主导因素是知识产权，所以将其划归民法部门。

---

① 答案：D。
② 答案：D。

> **命题提示**
>
> 这是重要考点,考生主要将其作为选择题或简答题考点掌握。

扫雷大练习

法律部门的划分需要在遵循客观标准的同时坚持正确的原则,下列对于法律部门划分原则的理解,不正确的是（　　）。① (2019年单选2)

A. 客观性原则要求划分法律部门应以法律规范的内在结构和效力位阶为基础

B. 适当平衡原则主要是指各法律部门包含的法律、法规在数量上大致平衡

C. 当同一部法律可以被划归于几个不同的法律部门时,应采用主次原则对其进行划分和归类

D. 相对稳定原则要求法律部门划分应当有一定的前瞻性,不能频繁变动法律部门的内容和结构

五、法律部门与相关概念的区分

1. 法律部门与法律制度

法律部门与法律制度是两个既有联系又有区别的概念。法律制度也是由同类法律规范构成的,同部门法是交叉关系:一种法律制度可能分属于几个法律部门,如财产所有权制度,就涉及宪法、民法、经济法、刑法和诉讼法等多个法律部门;一个法律部门也可能包含多个法律制度,如作为部门法的刑法就包括了刑罚制度、死刑制度、假释制度等多个法律制度。

2. 法律部门与规范性法律文件

规范性法律文件是表现法的内容的形式或者载体,法律部门就是由规范性法律文件构成的。但二者也有明显区别:

1) 法律部门不等于规范性法律文件。一个法律部门往往是由许多个规范性法律文件构成的。

2) 有时候,规范性法律文件的名称与部门法的名称是一致的。

例如:"宪法",可以是作为一个规范性法律文件的《中华人民共和国宪法》的简称,也可以是作为一个法律部门的宪法部门,还意味着一种作为法的渊源的宪法。需要注意的是,宪法部门除了包括我国的《宪法》外,还包括有关我国国家结构的《组织法》《选举法》《国籍法》《民族区域自治法》《特别行政区基本法》等。

3) 在许多情况下,部门法的名称与规范性法律文件的名称并不对应。例如行政法部门、经济法部门、军事法部门等,就没有相同名称的规范性法律文件与之相对应。

> **命题提示**
>
> 这是了解型考点,考生主要按照选择题准备。

扫雷大练习

下列关于法律部门的表述,正确的是（　　）。② (2015年单选8)

A. 行政法部门是由国务院制定的行政法规构成的

B. 划分法律部门的主要标准是法律所调整的社会关系

---

① 答案：A。
② 答案：B。

C. 部门法的名称总是与某一规范性法律文件的名称相对应
D. 法律部门的划分以客观因素为基础，不受主观因素的影响

第二节 法律体系

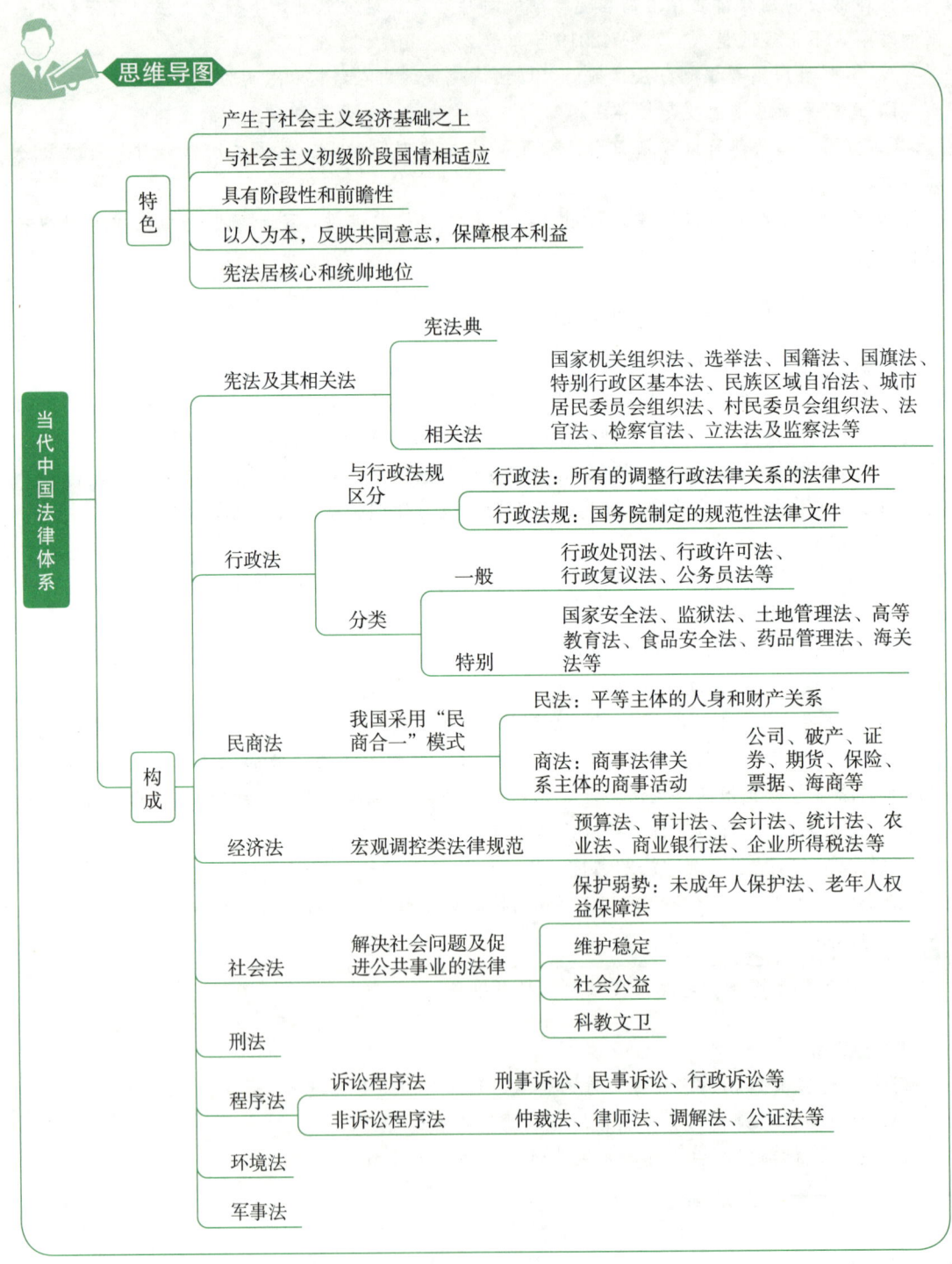

一、法律体系的概念

法律体系，是指一国的部门法体系。它是将一国现行的全部法律规范根据一定的标准和原则划分成不同的法律部门，并由这些法律部门所构成的具有内在联系的统一整体。

法律体系既不包括具有完整意义的国际法范畴，也不包括已经宣布废止的法律和尚未制定或者虽然制定颁布，但尚未生效的法律。

> **命题提示**
>
> 1）法律体系的范围：国内法＋生效的法。至于批准加入的国际条约，是不是属于"法律体系"，则有争议，一般认为，应属于法律体系。
> 2）要区分相关概念：①法律体系是"法律部门"构成的体系；②立法体系是"规范性法律文件"构成的体系；③法学体系是"法学学科"构成的体系；④法系是按照"历史传统和外在特征"进行的划分。

扫雷大练习

一个国家全部法律部门所构成的有机联系的整体是（　）。①

A. 立法体系　　　　B. 法律体系　　　　C. 法学体系　　　　D. 法系

二、当代中国法律体系的特征

当代中国的法律体系是产生于我国社会主义经济基础之上，并为我国社会主义经济基础服务的上层建筑之一。这一法律体系既与人类政治文明发展的普遍性原则相一致，又与中国特色社会主义初级阶段的基本国情相适应，与社会主义的根本任务相协调，具有鲜明的中国特色。

1）中国特色社会主义法律体系，是以宪法为统帅，以法律为主干，以行政法规、地方性法规为重要组成部分，由宪法及宪法相关法、民商法、行政法、经济法、社会法、刑法、程序法、环境法和军事法等多个法律部门组成的有机统一整体。

2）在中国特色社会主义法律体系中，宪法居于核心和统帅地位，是国家的根本大法，具有最高的法律效力。在中国，各族人民、一切国家机关和武装力量、各政党和各社会团体、各企业事业组织，都必须以宪法为根本的活动准则，并负有维护宪法尊严、保证宪法实施的职责。

3）我国法律体系的本质是以人为本，反映人民的共同意志，保障人民的根本利益。这一法律体系与国家经济发展和社会进步相适应，为国家的科学发展、和谐发展、和平发展提供法律保障。

> **命题提示**
>
> 这是时事型考点，虽然考过论述题，但现在不是重要考点，考生仅作一般了解即可。

---

① 答案：B。

三、当代中国法律体系的构成

构成当代中国法律体系的法律部门主要有宪法及其相关法、行政法、民商法、经济法、社会法、刑法、程序法、环境法和军事法九个法律部门。

(一) 宪法及其相关法

宪法是我国法律体系的基础和主导性的法律部门，是其他部门法所有规范性法律文件的最高依据。宪法部门除了包括《宪法》，还包含一些处于附属层次的法律文件：国家机关组织法、选举法、国籍法、国旗法、特别行政区基本法、民族区域自治法、城市居民委员会组织法、村民委员会组织法、法官法、检察官法、立法法和监察法等。

注意：作为法律部门的"宪法"，既包括宪法典，还包括其他相关的宪法性法律（即属于宪法部门的、由全国人大及其常委会制定的"法律"）；作为法律渊源的"宪法"，则专指"宪法典"。在考试中，如果出现"宪法"，一般是在法律渊源意义上使用的，即专指"宪法典"。

(二) 行政法

行政法是有关国家行政管理活动的法律规范的总称。它是由调整行政管理活动中国家机关之间，国家机关同企业事业单位、社会团体、公民之间发生的行政关系的规范性文件组成的。

行政法可以分为一般行政法和特别行政法。

1) 一般行政法是对一般的行政关系加以调整的法律规范的总称。主要的规范性法律文件有：行政处罚法、行政许可法、行政复议法、公务员法等。

2) 特别行政法则指对各专门行政职能部门管理活动适用的法律、法规。主要规范性法律文件有：国家安全法、监狱法、土地管理法、高等教育法、食品安全法、药品管理法、海关法等。

注意：行政法与行政法规是两个不同的概念。行政法作为一个法律部门，包括所有的调整行政法律关系的规范性法律文件。行政法规作为一种法的渊源，仅限国务院制定的规范性法律文件的总称。进一步而言，如果选项说"行政法的效力低于法律"，该项是错误的；因为只有在"法律渊源"的范畴里才有"效力高低之分"，因此，如果说"行政法规的效力低于法律"则是正确的。

(三) 民商法

民商法是调整作为平等主体的公民之间、法人之间、公民与法人之间的财产关系和人身关系的法律规范的总和。民商法可以分为民法和商法两个次级法律部门。从立法模式上看，我国采取的是民商合一的模式。

民法是指调整平等主体的公民之间、法人之间、公民和法人之间的人身关系和财产关系的法律规范的总称，主要包括物权、债权、人格权、知识产权、婚姻、家庭、收养、继承、侵权责任等方面的法律规范。其中，民法典于2021年1月1日生效，这是首部以法典命名的法律，是法律体系日臻完善的重要标志，是坚持和完善我国基本经济制度、推动经济高质量发展的客观要求，是增进人民福祉、维护最广大人民民事权利的必然要求。

商法是民法的一个特殊部分，是指调整商事法律关系主体和商业活动的法律规范的总称。商法是在民法基本原则的基础上适应现代商事活动的需要逐渐发展起来的，主要包括公司、破产、证券、期货、保险、票据、海商等方面的法律规范。

注意：考生要注意区分民商法、民法、商法：民商法＝民法＋商法。因此，如果说"公司法属于民法部门"，是错误的，原因在于：公司法属于商法部门；当然，如果说"公司法属于民商法部门"，则是正确的。

（四）经济法

经济法是有关国家对经济实行宏观调控的各种法律规范的总和。例如，预算法、审计法、会计法、统计法、农业法、商业银行法、企业所得税法等。

> **命题提示**
>
> 考生要注意区分具体的经济法与商法。

（五）社会法

社会法是一个新兴的法律部门。一般认为，社会法是指调整国家在解决社会问题和促进社会公共事业发展的过程中产生的各种社会关系的法律规范的总称，它的主要功能是解决社会问题，促进社会事业发展。

该部门的法律规范主要包括以下几方面。

1）保护弱势群体的法律规范，如未成年人保护法、老年人权益保障法等。

2）维护社会稳定的法律规范，如劳动法与社会保险法。

3）促进社会公益的法律规范，如彩票管理条例、公益事业捐赠法、人体器官移植条例等。

4）促进科教、文卫、体育事业发展的法律规范，如教师法、促进科技成果转化法、义务教育法、教育法、体育法等。

> **命题提示**
>
> 考生要掌握常见的社会法的种类，按照选择题备考。另外，要注意区分"教育法"与"高等教育法"：教育法属于社会法，高等教育法属于行政法。

（六）刑　法

刑法是规定有关犯罪和刑罚的法律规范的总称。我国有关犯罪和刑罚的基本规定主要集中在《刑法》这一法典中。除此之外，还有单行刑法。这些规范都是刑法部门的组成部分。

（七）程序法

程序法部门指规范因诉讼和非诉讼活动而产生的社会关系的法律规范的总和，由诉讼程序法与非诉讼程序法两部分构成。

1）诉讼程序法是有关诉讼活动的法律规范的总和，简称诉讼法。我国的诉讼法主要由刑事诉讼法、民事诉讼法、行政诉讼法组成。

2）非诉讼程序法主要由仲裁法、律师法、调解法、公证法等基本法律构成。

注意：程序法不等于诉讼法，还包括非诉讼类的程序法。

（八）环境法

环境法又称为环境资源法，是关于保护、治理和合理开发自然资源，保护环境、防止污染和其他公害，维护生态平衡的法律规范的总称。

1）环境污染防治法：防治噪声污染、大气污染、水污染、土壤污染等，包括防沙治沙、清洁生产、气象、野生动物保护等领域的法律。

2）资源法：森林、草原、土地、矿山、能源、水等资源的保护。

（九）军事法

军事法是有关国防和军队建设的法律规范的总称。

现有军事法包括以下主要法律文件和规范：《国防法》《兵役法》《现役军官法》《预备役军官法》《军事设施保护法》等，国务院和中央军委联合制定的军事行政法规以及中央军委制定的军事法规等。

扫雷大练习

1. 关于《中华人民共和国人民警察法》的法律性质和地位，下列说法正确的是（　　）。① (2018年法学单选6、2018年单选11)

 A. 属于程序法   B. 属于我国法律体系中的行政法
 C. 是《监狱法》的上位法   D. 相较于《公务员法》属于一般法

2. 下列选项中属于我国社会法部门的有（　　）。② (2013年多选47)

 A. 彩票法   B. 知识产权法
 C. 劳动合同法   D. 法院组织法

四、完善以宪法为核心的中国特色社会主义法律体系

1. 积极加强发展社会主义民主政治的立法

1）适应积极稳妥推进政治体制改革的要求，完善选举、基层群众自治、国家机构组织等方面的法律制度。

2）加强规范行政行为的程序立法，完善审计监督和行政复议等方面的法律制度。

3）适应司法体制改革要求，进一步修改法院组织法、检察院组织法，完善诉讼法律制度。

4）完善国家机关权力行使、惩治和预防腐败等方面的法律制度，扩大社会主义民主，加强对权力行使的规范和监督，不断推进社会主义民主政治制度的完善和发展。

2. 继续加强经济领域立法

1）适应社会主义市场经济发展要求，完善民事商事法律制度。

2）适应深化财税、金融等体制改革要求，完善预算管理、财政转移支付、金融风险控制、税收等方面的法律制度，特别是加强税收立法，适时将国务院根据授权制定的税收方面的行政法规制定为法律。

---

① 答案：B。
② 答案：AC。

3）完善规范国家管理和调控经济活动、维护国家经济安全的法律制度，促进社会主义市场经济健康发展。

3. 突出加强社会领域立法

坚持以人为本，围绕保障和改善民生，在促进社会事业、健全社会保障、创新社会管理等方面，进一步完善劳动就业、劳动保护、社会保险、社会救助、社会福利、收入分配、教育、医疗、住房以及社会组织等法律制度，不断创新社会管理体制机制，深入推进社会事业建设。

4. 更加注重文化科技领域立法

适应推进文化体制改革、促进科技进步的要求，完善扶持公益性文化事业、发展文化产业、鼓励文化科技创新、保护知识产权等方面的法律制度，推动社会主义文化大发展、大繁荣，建设创新型国家。

5. 高度重视生态文明领域立法

适应资源节约型、环境友好型社会建设的要求，完善节约能源资源、保护生态环境等方面的法律制度，从制度上积极促进经济发展方式转变，努力解决经济社会发展与环境资源保护的矛盾，实现人与自然和谐相处。

6. 深入推进科学立法、民主立法，着力提高立法质量

1）完善人大代表参与立法工作机制，充分发挥人大代表在立法工作中的作用。

2）完善法律案审议制度，建立健全科学民主的审议和表决机制。

3）探索公众有序参与立法活动的途径和形式，完善立法座谈会、听证会、论证会和公布法律法规草案征求意见等制度，建立健全公众意见表达机制和采纳公众意见的反馈机制，使立法更加充分体现广大人民群众的意愿。

4）建立健全立法前论证和立法后评估机制，不断提高立法的科学性、合理性，进一步增强法律法规的可操作性。

5）建立健全工作机制，做好法律法规配套规定制定工作。

6）完善法律解释机制的途径和方法，建立法律解释常态化机制，对需要进一步明确法律规定的具体含义或者法律制定后出现新情况需要明确法律适用依据的，及时作出法律解释。

7）健全备案审查机构，完善备案审查机制，改进备案审查方式，加强对法规、规章、司法解释等规范性文件的备案审查。

8）健全法律法规清理工作机制，逐步实现法律法规清理工作常态化，确保法律体系内在科学和谐统一。

> **命题提示**
>
> 这是论述题考试重点，尤其是相关考点可以与后文的章节组成论述题，例如：经济领域立法与"法与市场经济"、科学立法、民主立法与后文的立法原则，要注意结合学习。

08 第八章 法律制定

第一节 法律制定概述

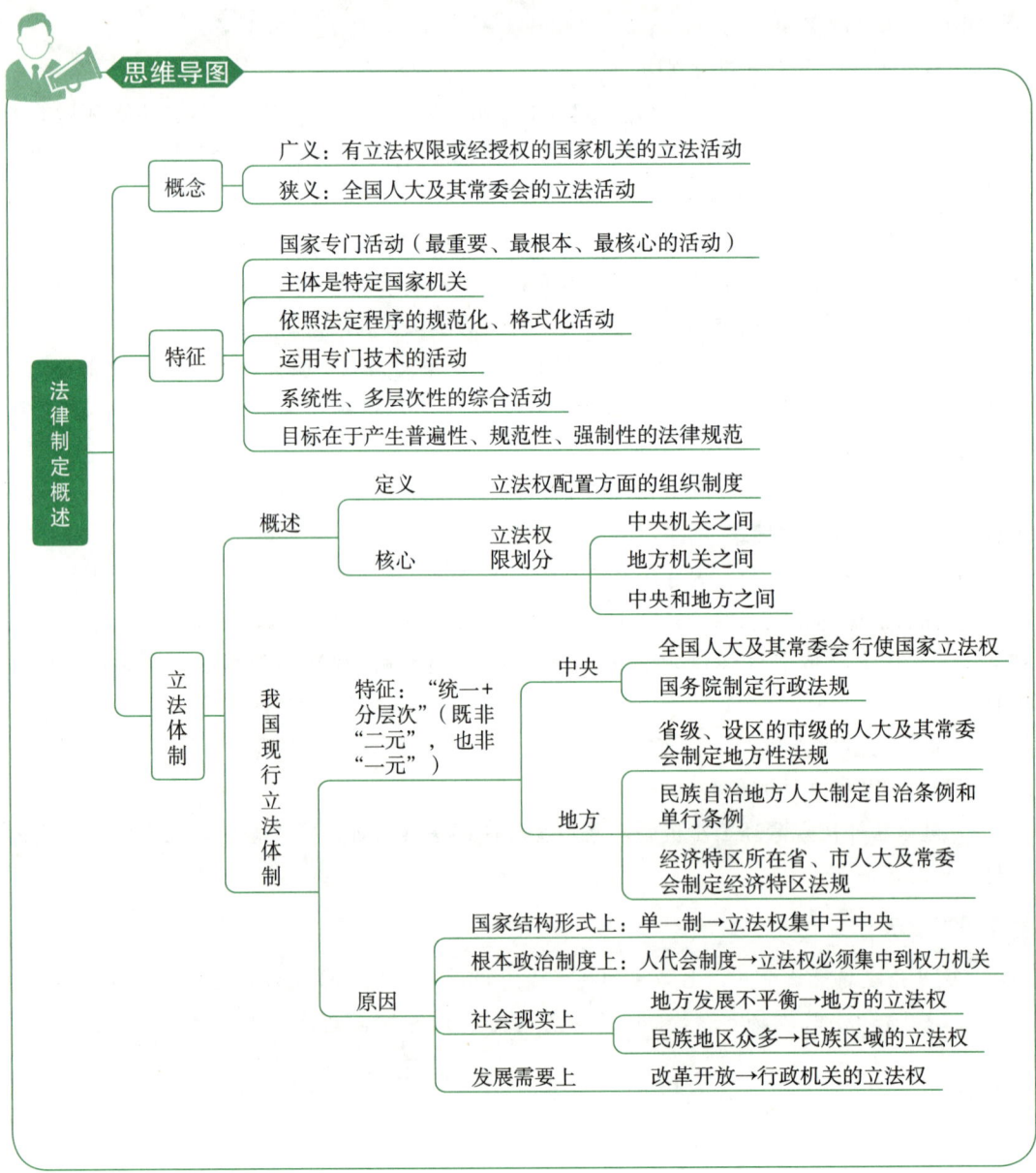

一、法律制定的概念与特征

（一）概　念

立法是法律制定的简称，又称法的创制、法的创立，是指有立法权的国家机关或经授权的国家机关，依照法定职权和程序，创制、认可、修改或废止法律和其他规范性法律文件的专门活动，是掌握国家政权的阶级把自己的意志上升为国家意志的活动。

> **命题提示**
>
> ①立法有广义和狭义之分：广义的立法泛指有关国家机关按照法定的职权和程序，制定具有法律效力的各种规范性文件的活动；狭义的立法仅指国家最高权力机关及其常设机关依照法定的权限和程序制定规范性法律文件的活动。这里是在广义上使用的。②立法机关包括"有立法权的国家机关"和"经授权的国家机关"两大类。③只有"上升为国家意志"的活动才有可能称为立法，即立法机关的其他活动不能称为"立法"。

（二）法律制定的特征

法律制定活动具有如下特征。

1. 法律制定是国家专门活动，是立法机构将统治阶级或人民的意志上升为国家意志的活动

现代国家的职能主要包括立法职能、行政职能、司法职能、监察职能等，其中立法职能是国家最为重要、最为根本的职能，是其他职能的基础和前提。

2. 法律制定的主体是特定的国家机关

立法权是国家权力体系中最重要、最核心的权力，只能由特定的机关专有。法律制定活动就是行使立法权的具体过程和表现形式。

> **命题提示**
>
> 最高院、最高检没有立法权，因此，司法解释不属于立法。

3. 法律制定是国家专门机关依照法定的程序进行的活动

法律的制定必须遵循固定、严格的程序，避免随意立法，以此来保证社会关系和社会秩序的稳定。现代国家都注重立法程序的规范化、格式化。

> **命题提示**
>
> 立法解释不是按照立法程序作出的，因此不属于立法。

4. 法律制定是特定国家机关运用专门技术的活动

立法者要制定出符合社会发展需要的法律规则，必须运用立法技术。立法技术运用的高低，不仅仅是外在形式的问题，而且直接关系立法效果的好坏。

> **命题提示**
>
> 没有要求"立法技术"法定化。

5. 法律制定是系统性、多层次性的综合性法律创制活动

法律制定的形式和方式是多样的，包括创制新的法律规范，认可本来存在的某些社会规范，修改、补充现存的法律规范以及终止某些法律规范的效力等。

> **命题提示**
> 不能把立法局限于"制定"，立法还包括修改、废止、认可。

6. 法律制定的目标在于产生具有普遍性、规范性、强制性的法律规范，将统治阶级或人民的意志上升为国家意志

法律制定的目的在于通过创制、认可、修改、废除法律规范的方式，将统治阶级或人民的意志上升为国家意志，这是立法的本质。

> **命题提示**
> 法律制定是导致国家意志形成或变更的活动，不产生国家意志或者不改变法律内容的活动，就不属于法律制定活动。

> **总命题提示**
> 法的制定的概念和特征在考试中多次考查过，考生要按照简答题或分析题备考。

扫雷 大练习

1. 下列关于现代立法的表述，正确的有（　　）。① （2018年法学多选23、2018年多选43）
   A. 立法是一项国家的专门职能活动　　B. 立法主体是特定的国家机关
   C. 立法是政府部门管理社会的手段　　D. 立法是国家治理法治化的一种方式

2. 甲、乙、丙、丁四人在一起讨论法律制定问题，他们各自的观点中，正确的是（　　）。②
   A. 甲说："法律的制定又称法的创立或立法，从根本上讲，就是掌握国家政权的阶级把自己的意志上升为国家意志的活动"
   B. 乙说："甲的观点是错误的，我国法律的制定是指中共中央和国家最高权力机关依照法定的权限和程序制定规范性法律文件的活动"
   C. 丙说："我基本上同意甲的观点，法律制定的目标主要在于将统治阶级的意志上升为国家意志，但是在现代社会，某些不产生国家意志的活动也属于法律制定活动"
   D. 丁说："我认为你们三人的观点都不正确，从本质上讲，法律制定实际上就是特定国家机关运用专门技术的活动，立法技术运用的高低直接关系到立法效果的好坏"

3. 简述法律制定的特征。（2011年简答64）

4. 大学生小吴参加了一次普法宣传，当有群众问他什么是"立法"时，小吴解释说："在我国，立法就是国家机关根据各自的需要创制新的法律文件的活动。"请结合法理学关于法的制定的知识和原理，对小吴的上述解释进行分析。（2007年分析67）

---

① 答案：ABD。
② 答案：A。

二、立法体制

(一) 立法体制的概念

立法体制是关于立法权的配置方面的组织制度，其核心是立法权限的划分问题。它既包括中央国家机关和地方国家机关关于立法权限划分的制度，也包括中央国家机关之间、地方各级国家机关之间关于法律制定权限划分的制度。

一个国家立法体制的形成，主要是由这个国家的国家性质、国家结构形式和文化传统等多种因素决定的。一般来说，一个国家的国家结构形式对立法体制形成的影响是非常明显的。在实行单一制国家结构形式的国家里，一般采用一元立法体制；在实行联邦制国家结构形式的国家里，一般采用二元或多元立法体制。

> **命题提示**
>
> 立法体制受到多种因素影响，除上述因素外，还包括经济因素。

(二) 我国现行的立法体制

1. 立法体制的内容

我国现行的立法体制既不同于联邦制国家结构的二元或多元的立法体制，也不同于单一制国家所采用的一元立法体制，而是"既统一而又分层次"的立法体制。具体包括以下几方面。

1) 全国人大及其常务委员会统一行使国家立法权。
2) 赋予国务院制定行政法规的权限。
3) 赋予省、自治区和直辖市以及设区的市的人大及其常委会制定地方性法规的权限。
4) 赋予民族自治地方的人大制定自治条例和单行条例的权限。
5) 赋予经济特区所在省、市的人大及其常委会制定经济特区法规的权限。

从性质上讲，行政法规是对国家法律的补充，地方立法是对中央立法（法律、行政法规）的补充，都是国家法律体系的组成部分。

2. 选择"既统一又分层"模式的原因

1) 我国是单一制国家。这决定了我国的立法权必须相对集中于中央。
2) 我国实行人民代表大会制度。这就决定了我国的立法权必须相对集中于国家权力机关。
3) 我国地域辽阔，人口众多，各地经济、政治、文化、社会情况不相同，特别是民族多，在少数民族聚居的地方实行民族区域自治。这就决定了我国的立法权不能全部集中在中央，必须给民族自治地方一定的立法权。
4) 我国正在实行改革开放，法律尚不完备。这就决定了我国的立法权不能完全集中在国家权力机关的手中，必须给行政机关一定的立法权，以适应体制改革和对外开放的实际需要。

> **命题提示**
>
> 考生应重点掌握我国立法体制的原因，按照简答题来备考。需要说明的是，按照老大纲，我国的立法体制是"一元制"；但按照新大纲，我国是"统一＋分层制"，考生做真题时注意即可。

三、2015 年我国《立法法》的修改

1. 授予设区的市地方立法权

赋予所有设区的市地方立法权，同时明确地方立法权的边界，规定设区的市可以对"城乡建设与管理、环境保护、历史文化保护等方面的事项"制定地方性法规。这一修改意味着具有地方立法权的市实现扩围。

2. 落实"税收法定"原则

明确"税种的设立、税率的确定和税收征收管理等税收基本制度"只能由法律规定。

3. 规范部门规章权限

部门规章规定的事项应当属于执行法律或者国务院的行政法规、决定、命令的事项。没有法律或者国务院的行政法规、决定、命令的依据，部门规章不得设定减损公民、法人和其他组织权利或者增加其义务的规范，不得增加本部门的权力或减少本部门的法定职责。

4. 发挥人大在立法工作中的主导作用

全国人大有关的专门委员会、常委会工作机构应当提前参与有关方面的法律草案起草工作；涉及综合性、全局性、基础性等事项的法律草案，可以由全国人大有关的专门委员会或者常委会工作机构组织起草。

5. 深入推进科学立法、民主立法

将提高立法质量明确为立法的一项基本要求；规定建立开展立法协商，完善立法论证、听证、法律草案公开征求意见等制度；健全审议和表决机制。

6. 加强备案审查

全国人大有关的专门委员会和常委会工作机构可以对报送备案的规范性文件进行主动审查；应当将审查、研究情况向提出审查建议的国家机关、社会团体、企业事业组织以及公民反馈，并可以向社会公开。

> 📶 **命题提示**
>
> 这是了解型考点，考生仅作选择题备考即可，主要了解第 2、3、4 项。

四、党领导立法与人大主导立法

1. 党领导立法

强调坚持党的政治领导原则，党通过确定立法工作方针、批准立法规划、提出立法工作建议、明确立法工作的重大问题、加强立法队伍建设等，把握正确的政治方向。

2. 人大主导立法

（1）原　因

人大主导立法是我国宪法确定的准则，我国是单一制国家，实行的是人民代表大会制度，因此，全国人大及其常委会在国家立法体制中处于核心地位。

（2）表　现

全国人民代表大会和全国人民代表大会常务委员会行使国家立法权；地方人大及其常委

会行使制定地方性法规的权限。

3. 党领导立法与人大主导立法的关系

加强党对立法工作的领导与人大主导立法，既是我国立法工作的根本原则，也是我国立法实践经验的科学总结，是党的领导与人民当家作主有机统一在立法领域的具体表现，两者相辅相成，并不矛盾。

> **命题提示**
>
> 这是2021年大纲新增内容，2022年已经考到分析型论述，考生今年主要按照选择题备考。

第二节 法律制定的原则

一、合宪和法制统一原则

（一）合宪原则

合宪原则是指，立法机关在创制法律的过程中，应当以宪法为依据，符合宪法的理念和要求，遵循宪法的基本原则。该原则还包括：立法主体的合宪性、内容的合宪性和程序的合宪性等。

（二）依法立法原则

《立法法》规定了立法原则、立法主体、立法权限和程序等事项，要严格遵守。

（三）法制统一原则

1) 立法应当依照法定的权限和程序，从国家整体利益出发，维护社会主义法制的统一和尊严。

2) 法制统一的前提和基础是宪法，只有在严格遵守和维护宪法的前提下，才能保证法制的统一。

3) 立法机关所创设的法律应内部和谐统一，做到整个法律体系内各项法律、法规之间相互衔接且相互一致、相互协调。

二、民主原则

立法的民主原则，是指在立法过程中，要体现和贯彻人民主权思想，集中和反映人民的智慧、利益、要求和愿望，使立法机关与人民群众相结合，使立法活动与人民群众参与相结合。

（一）基本内容

该原则包括三个方面的内容。

1) 立法内容的民主性，这是指法律制定必须从最大多数人的最根本利益出发，发扬社会主义民主，体现人民的意志。这是由我国社会主义的性质决定的。我国宪法规定的公民的基本权利体现了民主立法的原则，但要使立法的内容更充分地体现民主原则，还要用其他法律将宪法规定的公民权利具体化。

2) 立法主体的民主性，即立法主体的产生以及立法主体的活动要民主，保障人民通过多种途径参与立法活动。

3）立法程序的民主性，立法过程要公开。

（二）基本要求

1）扩大公众参与，加强调查研究，真正发现社会中的法律需要，把握最大多数人的最根本利益。

2）加强立法公开，立法规划、法律草案以及相关立法资料应按照《立法法》的要求公开。

3）充分发挥人大代表的作用。

（三）重要意义

1）有利于立法正确反映人民意志，从而得到人民支持。

2）有利于增强民众的民主意识。

3）有利于真正提升立法质量，为完善中国特色社会主义法律体系奠定基础。

> **命题提示**
>
> 立法民主的基本内容是重要考点，考生应按照论述题备考。至于基本要求和意义，现阶段考生无须掌握。

三、科学原则

（一）必须从实际出发，尊重客观规律

立法首先要从现实的国情出发，适应经济社会发展和全面深化改革的要求，并且还要尊重和反映客观规律。

例如：马克思指出："立法者应该把自己看作一个自然科学家，他不是在创造法律，不是在发明法律，而仅仅是在表述法律，他用有意识的实在法把精神关系的内在规律表现出来。"

（二）科学划定权利与义务、权力与责任

1）坚持权利本位，把保障权利作为权利义务设定的出发点。

2）考虑权利义务的平衡。

3）考虑弱势群体的实际承受能力。

4）国家机关的权力与责任应当统一。立法机关赋予国家机关以某种权力，必须与其承担的责任相对应。

（三）法律规范明确具体，具有针对性及可行性

1）语言上要具有明确性，平实严谨。

2）内容上具有针对性和可执行性。

倘若法律不明确，执法者的自由裁量权就会扩大，法律的权威和效能会降低。

注意：①立法语言的明确性、严谨性，并不排斥"概括立法"（例如，兜底条款）；②针对性和可行性，并不排斥"立法的预见性和前瞻性"。

> **命题提示1**
>
> 以上三原则并非截然对立，而是具有紧密联系的：①民主立法是科学立法的重要手段；②民主立法、科学立法又要以合法性为前提。

> **命题提示2**
>
> 该考点曾在简答题和论述题中考查过。考生要熟练背诵上述三项原则。

扫雷大练习

1. 维护和保障立法活动合法性的法的制定原则是（　）。① (2006年单选5)

　A. 合宪性与法制统一原则　　　　　　B. 民主性原则

　C. 科学性原则　　　　　　　　　　　D. 从实际出发，尊重客观规律原则

2. 在环境保护法修改过程中，全国人大常委会依照有关法律，向社会公众、环保组织、专家学者征集对该法的修改意见。此举体现的立法原则有（　）。② (2017年多选46、法学多选21)

　A. 民主性原则　　B. 科学性原则　　C. 便民性原则　　D. 平等性原则

3. 联系我国法治现状，论述立法民主原则的内容、要求及意义。(2010年法学论述35)

第三节　法律制定的程序

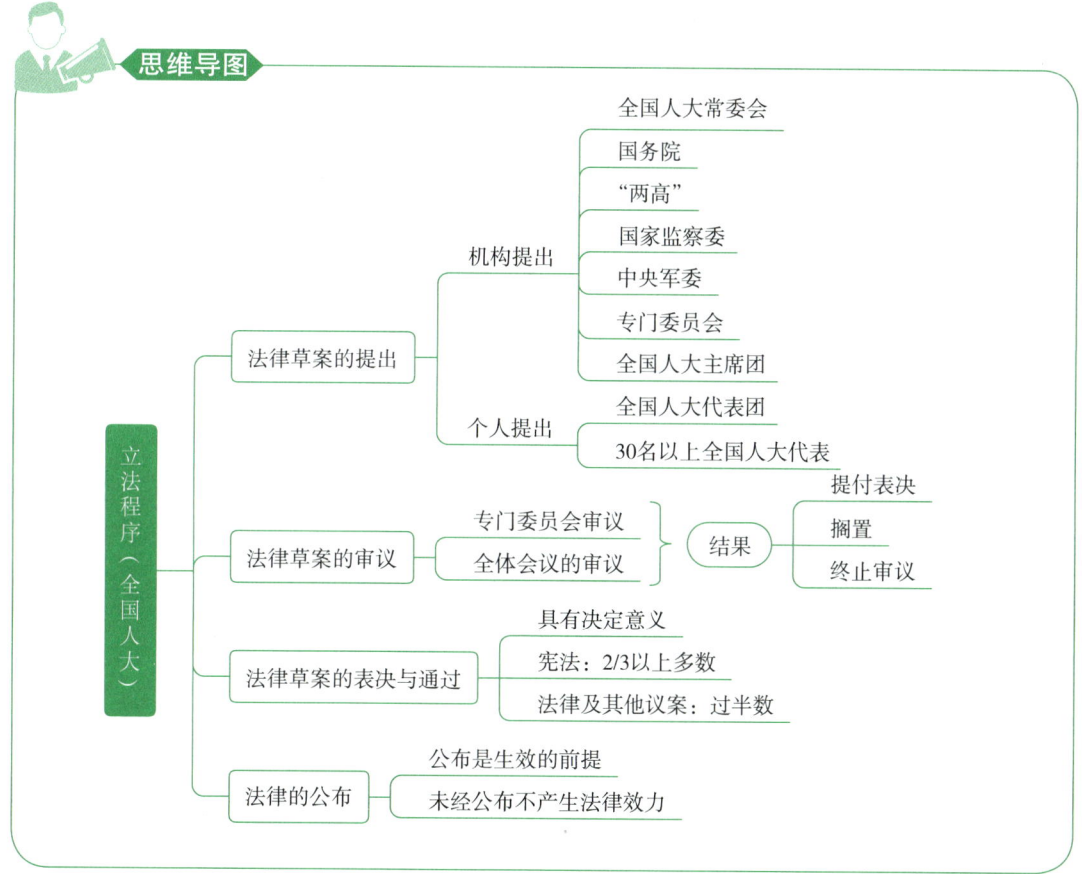

---

① 答案：A。
② 答案：AB。

一、法律制定程序的概念和特点

（一）立法程序的概念

法律制定程序即立法程序，广义上是指有法律制定权的国家机关在创制、认可、修改或废止规范性法律文件的活动中所必须遵守的步骤和方法。狭义的立法程序仅指国家最高权力机关（及其常设机关）创制、认可、修改或废止法律的程序。

我国最高权力机关及其常设机关立法的基本程序包括：法律草案的提出、法律草案的审议、法律草案的表决与通过、法律的公布等。

> **命题提示**
> 立法程序的"广义和狭义"与立法的"广义和狭义"是一致的，考生结合"立法的广义与狭义的区分"加以掌握即可。

（二）立法程序的特点

1. 立法程序是法律规定的程序

立法程序法定既体现了立法活动的严肃性，也保证了立法活动的合法性，只有以法律形式确定立法程序，才能对立法活动具有高度的约束力。

> **命题提示**
> 立法程序不限于《立法法》的规定。

2. 立法程序规定了立法步骤和方法

立法步骤是对立法活动先后顺序的具体安排，立法方式是对立法活动运作方法的规定。立法程序具有确定工作顺序和固定活动步骤的功能。

3. 立法程序是所有立法环节必须遵守的程序

立法活动的工作程序大多不需要由法律加以规定，可以在具体立法活动中进行调整甚至省略。但立法程序则由法律明确规定，是一切有立法权的国家机关在所有立法环节中必须遵循的程序。

> **命题提示**
> 立法程序≠立法活动的工作程序。

二、我国的立法程序

（一）法律草案的提出

法律草案，亦称法律议案、立法议案，是有立法提案权的国家机关和人员向立法机关提出的关于法律的创制、认可、修改或废止的提案和建议。法律草案的提出是立法程序的第一个步骤。

有权向全国人大提出立法案的主体包括：一个全国人大代表团或30名以上全国人大代表联名、全国人大主席团、全国人大常委会、全国人大各专门委员会、中央军事委员会、国务院、国家监察委、最高院和最高检(简称"两高")。

注意：1. 立法提案权是由特定主体享有的，不能笼统地说立法提案权由人民享有。

2. 既能向全国人大又能向全国人大常委会提出法律案的提案主体有：国务院、中央军委、专门委员会、"两高"、监察委。

(二) 法律草案的审议

法律草案的审议是指立法机关为保证立法质量对已经制定出来的法律草案进行审查和讨论。

法律草案的审议阶段有两个：①由全国人大有关专门委员会进行审议；②立法机关全体会议的审议。在审议法律草案的过程中，相应机关要对法律草案的立法动机、立法精神、法律草案与其他法律之间的协调性问题以及立法技术等问题进行审查。

法律草案审议的结果主要有：①提付立法机关表决；②搁置；③终止审议。

> **命题提示**
>
> ①审议的范围"非常广泛"；②审议的结果不一定要表决，还包括搁置和终止。

(三) 法律草案的表决与通过

这是立法程序中具有决定意义的步骤。表决是有立法权的机关和人员对议案及法律草案表示最终的态度：赞成、反对或弃权。

我国宪法的修改由全国人民代表大会以全体代表的 2/3 以上的多数通过；法律和其他议案由全国人民代表大会以全体代表的过半数通过。

(四) 法律的公布

法律的公布是生效的前提。法律通过后，凡是未经公布的，都不能产生法律效力，法律的公布必须由特定的机关或人员采取特定的方式进行。我国法律的公布权是由国家主席根据最高权力机关的决定行使的。

> **命题提示**
>
> 我国法律的公布并不是"谁制定谁公布"。

扫雷 大练习

1. 下列关于我国立法程序的表述，正确的是（　　）。① (2020年单选10)

A. 立法程序包含了立法的步骤与方法

B. 立法程序只能由《立法法》予以规定

C. 立法程序在实际立法环节中可以调整甚至省略

D. 法律的公布施行"谁制定，谁公布"原则

2. 法律草案表决通过后，该法律（　　）。② (2005年单选7)

A. 自通过之日就有了法律效力　　B. 在公布之前不产生法律效力

C. 必须自公布之日起产生法律效力　　D. 只对赞成其通过的人具有法律效力

---

① 答案：A。

② 答案：B。

第九章 法律实施

第一节 法律实施与法律实现

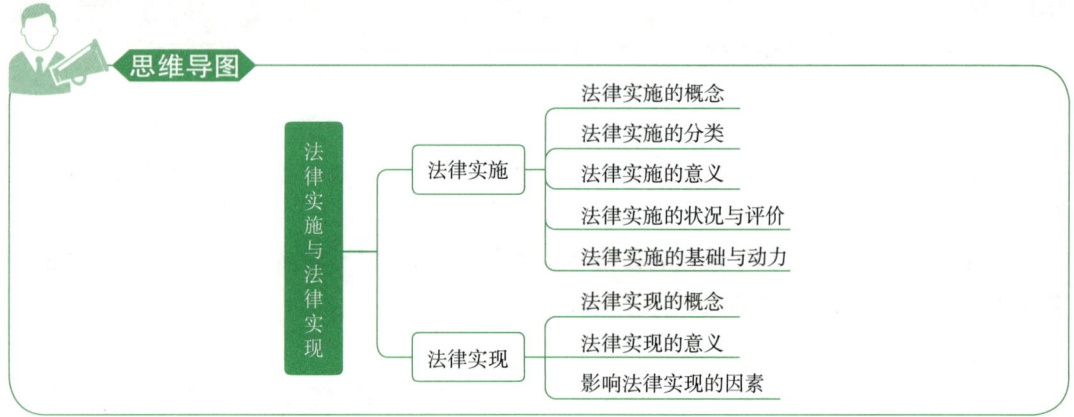

一、法律实施

（一）法律实施的概念

法律实施，也称法的实施，是指法在社会生活中被人们实际施行，即在社会生活中通过人们的执法、司法、守法等方式对法律的贯彻落实。

法的实施就是使法律从书本上的法律变成行动中的法律，使它从抽象的行为模式变成人们的具体行为，从应然状态进入实然状态。

（二）法律实施的分类

通常以实施法律的主体和法的内容为标准，将法律实施的方式分为三种：法律的遵守、法律的执行和法律的适用。

> **命题提示**
> 一般认为，法律实施包括执法、司法和守法；如果加上法律监督，也是正确的。

（三）法律实施的意义

1) 法律实施是实现法的作用与目的的条件，是实现立法者的立法目的、实现法律的作用的前提，是实现法的价值的必由之路。

2）法律实施是建立法治国家的必备条件。亚里士多德认为"法治应包含两重意义：已成立的法律获得普遍的服从，而大家所服从的法律又应该本身是制定得良好的法律"。当前我国要加强宪法和法律实施，维护社会主义法制的统一、尊严、权威，形成人们不愿违法、不能违法、不敢违法的法治环境，做到有法必依、执法必严、违法必究。

> **命题提示**
> 这是命题重点，考生应按照论述题准备；至于扩写技巧，在本书配套课程中会讲解。

（四）法律实施的状况与评价

研究法律实施，就要对法律实施的状况作出评价或评估，对法律实施进行评价主要有以下标准：人们按照法律规定的行为模式行为的程度；刑事案件的发案率、案件种类、破案率及对犯罪分子的制裁情况；各类合同的履约率与违约率；普通公民和国家公职人员对法律的了解程度，他们的法律意识及法制观念的提高或提高的程度；社会大众对社会生活中安全、秩序、自由、公正、效率等法的价值的切身感受；法律的社会功能和社会目的是否有效实现及其程度；有关法律活动的成本与收益的比率。

改革开放以来，我国法律实施的情况不断变好，但仍存在一些问题和不足：保证宪法实施的监督机制和具体制度还不健全；有法不依、执法不严、违法不究的现象在一些地方和部门仍然存在；关系人民群众切身利益的食品药品安全、环境保护、生产安全等执法司法问题还比较突出；滥用职权、失职渎职、执法犯法甚至徇私枉法，严重损害国家法律权威。

> **命题提示**
> 这是了解型考点，考生需要了解法律实施的评价标准：只要属于法律实施环节的事项（不包括立法环节），均属于评价标准。

（五）法律实施的基础与动力

1）**法律的人民性是法律实施的根本基础与动力**。法律实施需要人民的拥护和信赖。我国宪法和法律秉持以人为本的基本理念，以尊重人民主体地位、增进人民利益福祉、促进人的全面发展、保障和改善民生、确保改革成果的广泛公平分享为核心价值，必将获得人民群众发自内心的拥护和支持，进而不断增强宪法法律实施的内生动力，提升宪法和法律实施的水平和效果。

2）**法律的公正性是法律实施的前提和基础**。公正是法律的生命线，保障和维护社会公正是法治的核心价值。法律公正是良法善治的基本标志，也是法律有效实施的基本前提。只有公正的法律才能获得人民群众的认可、接受和遵守。在法治的范畴内，法律公正主要包括权利公平、机会公平、规则公平等。

3）**法律的权威性是法律实施的根本保障和动力**。法律的权威性是指在国家生活中法律应当有至上的效力和尊严，宪法和法律拥有足够的力量规范权力运行、制约权力任性，维护宪法和法律秩序，维护国家制度安全。法律权威的重要标志和基本保障在于，法律由国家强制力保证实施。

> **命题提示**
> 本考点虽然是重要考点，但 2020 年刚考过论述题，因此，本考点考生了解即可。

二、法律实现

（一）法律实现的概念

法律实现是指法律的要求在社会生活中被转化为现实，达到法律设定的权利和义务的目的。

法律实现与法律实施、法律实效不同。

1）法律实施是使法从应然状态到实然状态的过程和活动。

2）法律实现是法律实施活动的直接目的。

3）法律实现也不同于法的实效，法的实效是法律被人们实际施行的状态和程度。法律实现是一个将法律实施的过程性与法律实效的结果性结合的概念。

> **命题提示**
> 这是重要考点，考生要注意区分法律实施（过程）、法律实现（目的及结果）、法律实效（实现的程度）。

（二）法律实现的意义

法律实现有着重要的意义。

1）法作为一种通过规定人们的权利、义务关系来调整人们行为或社会关系的社会规范，只有将抽象的行为模式转化为人们现实的权利、义务关系，才能发挥其应有的功能。

2）法律实施并不必然意味着法的要求能够实现，在法律实施过程中可能有各种因素阻碍着法的功能的发挥，因而不能产生立法者希望达到的结果。而要使法律产生实效，又必须以法律实施和法律监督为条件。只有将法律实施和法律监督与对法的实效的追求结合起来，使法真正得到实现，才能发挥法在社会生活中应有的作用。

> **命题提示**
> 如果本考点作为主观题，考生直接套用法律实施的意义即可。

（三）影响法律实现的因素

根据辩证唯物主义的事物之间普遍联系的观点，与法律实施过程相联系的各种社会因素都会影响法律在社会生活中的实现。

其中有重要影响的因素有：国家的阶级本质，法律、法规等规范性法律文件反映统治阶级（在社会主义国家是工人阶级领导的广大人民）意志的程度，现行法律与社会生活、归根到底与经济发展相适应的程度，国家机关活动中贯彻法治原则的程度，社会成员的法律意识、法律文化水平等。影响法律实现的因素很多，应针对具体问题作具体分析。法律监督和法治评估对法律实现具有重要意义。

> **命题提示**
>
> 这不是重要考点,考生需要了解的是:所有与法律有关的事项,都是影响因素。

扫雷 大练习

1. 下列选项中,不属于法的实施方式的是（　　）。① （2010 年单选 15）
A. 法的制定　　　　B. 法的适用　　　　C. 法的执行　　　　D. 法的遵守

2. 请结合实际,论述影响法律实现的主要因素。（2012 年法学论述 35）

第二节　执　法

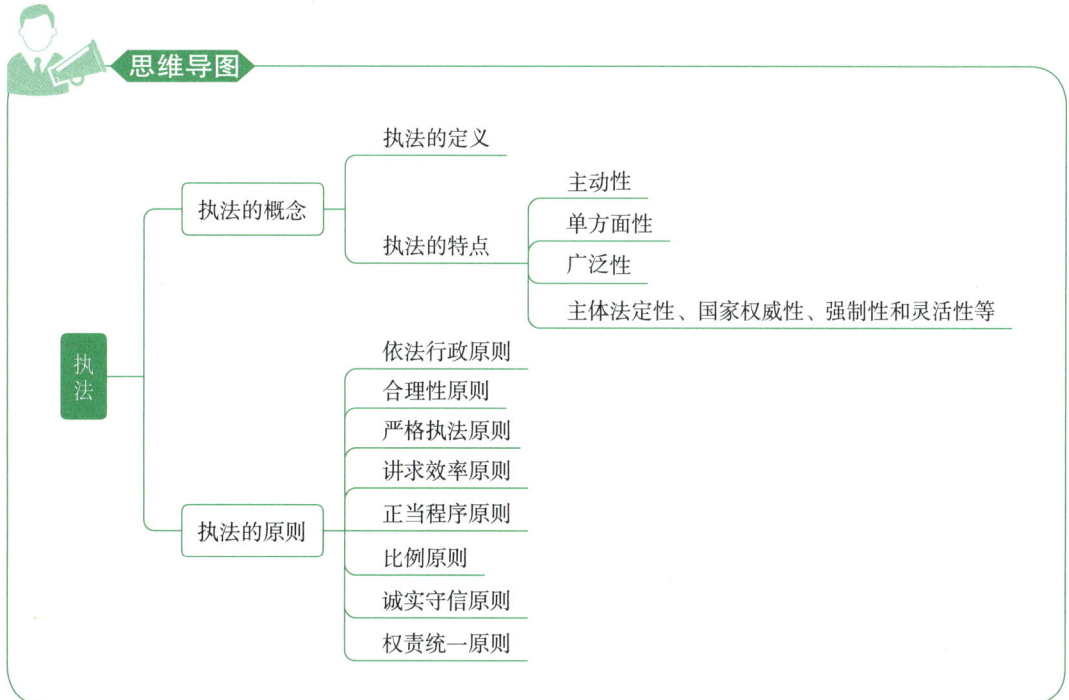

一、执法的概念

（一）执法的定义

执法是法的执行的简称,包括广义和狭义。

1) 广义上的执法是指所有国家行政机关、司法机关和法律法规授权、行政主体委托的组织及其公职人员依照法定职权和程序贯彻实施法律的活动,包括一切执行法律、适用法律的活动。

2) 狭义上的执法则专指国家行政机关和法律法规授权、行政主体委托的组织及其公职人员依照法定职权和程序行使行政管理职权、履行职责、实施法律的活动。本章在狭义上使用执法的概念。

---

① 答案：A。

> **命题提示**
> 广义的执法＝行政执法＋司法；狭义的执法＝行政执法。

（二）执法的特点

与司法等法律实施活动相比较，执法的特点主要包括：执法的主动性、执法的单方面性、执法内容具有广泛性。

1. 执法活动具有主动性

在执法中，国家行政机关大多主动采取各种措施。

> **命题提示**
> 司法则是"被动性"。

2. 执法活动具有单方面性

行政机关代表国家，其意思表示和处分行为对于该法律关系具有决定意义。

> **命题提示**
> 司法则是"交涉性"。

3. 执法内容具有广泛性

执法是以国家名义对社会实行全方位的组织和管理。

> **命题提示**
> 司法则仅"处理案件"。

4. 其他特点

执法活动还具有主体法定性、国家权威性、强制性和灵活性等特点。

> **命题提示**
> 考生应掌握执法的概念和特点，按照简答题准备。

注意：执法与司法的区别在于：是否具有主动性、单方性、全面性；相同点在于：国家权威性、国家强制性、灵活性等。

二、执法的原则

（一）依法行政原则

依法行政原则，是指行政机关必须依照法定的权限、法定程序和法治精神进行管理，越权无效。这是最基本的原则。该原则的具体要求包含以下几方面。

1. 执法的主体合法

国家行政机关的设立及其职权必须有法律依据，必须在法律规定的职权范围内活动，越权违法，越权无效。

2. 执法的内容合法

执法活动是根据法律的规定进行的，执法的具体内容也要符合法律的规定。

3. 执法的程序合法

要严格按照法定的步骤、顺序和时限进行执法，不得任意改变、省略和超越。

> **命题提示**
>
> 这是重要考点，考生要按照简答题备考。

（二）合理性原则

执法的合理性原则是指执法主体在执法活动中，特别是在行使自由裁量权进行行政管理时，必须做到适当、合理、公正，即符合法律的基本精神和目的，具有客观、充分的事实根据和法律依据，与社会生活常理相一致。

行政合理性原则要求：

第一，执法主体要平等地对待行政相对人，对于实施了同样或类似行为的行政相对人应给予公平对待处理。

第二，行使自由裁量权时要以法律精神为指导，考虑相关因素，兼顾各方利益，在多方利益之间衡量时要合情合理，禁止偏袒，禁止谋私，严格控制自由裁量权的行使。

第三，对于法律只有原则规定或没有法律规定的，应以客观、充分的事实根据为基础，依据法律的基本精神和目的，遵循与社会公理相一致原则，公平合理地处理，执法要符合当地的善良风俗。

第四，对于不适当、不合理等显失公平的执法行为应该依法及时予以纠正，宣布无效并予以撤销。

> **命题提示**
>
> 这是重要考点，考生要按照分析题备考，尤其是要注意：合理性原则要以坚持依法行政为前提；不得借合理执法原则来违背法律的规定或法律的精神。

（三）严格执法原则

严格执法是对政府机关及其公职人员提出的重要执法原则，它与依法行政属于同一范畴，其具体要求包括以下几方面。

1）执法者应当严谨、严肃、严明、公正地执法。

2）应当在准确理解法律精神的基础上，严格规范地遵循法律，依法裁量当事人的行为，准确判断其是否符合法律的规定，是否需要依法惩处。

3）反对任性执法、选择性执法、钓鱼式执法等非正常执法模式，强调执法者通过严格执法来维护法律权威。

> **命题提示**
>
> 这是2022年大纲新增考点，是主观题的命题重点。其命题角度在于："严格执法"与"合理执法"并不矛盾，二者是统一的，即"严格"并不否定"自由裁量"——它否定的是"任意裁量"，反对的是违背法律精神的裁量。

（四）讲求效率原则

讲求效率原则是指行政机关应当在依法行政的前提下，讲求效率，主动有效地行使其权能，以尽可能低的成本取得最大的行政执法效益。

与国家立法机关、司法机关相比，行政机关更强调效率，要求执法主体从保护公民权利和国家权益出发，对行政相对人的各项请求及时作出相应反应，对各种行政事务及时通过执法作出反应。

当然，执法主体必须严格按照法定程序和法定权限执法，不能以效率为借口而违反法律规定，效率原则是建立在行政合法性原则基础之上的。

> **命题提示**
>
> 行政机关也要重视"公正为主，兼顾效率"，只不过比司法机关对"效率兼顾得多一些"。

（五）正当程序原则

执法的正当程序是指执法机关在实施行政执法行为的过程中，必须遵循法定的步骤、方式、形式、顺序和时限，具体包括两方面。

1) 不单方面接触行政相对人。
2) 不在事先未通知和听取行政相对人申辩意见的情况下作出对相对人不利的处理。

该原则的目的是使执法行为公平、公开、民主，保障公民、法人和非法人组织的合法权益，促进行政权行使的合法性和合理性，提高行政效率。

> **命题提示**
>
> "不单方接触"又可称为"回避"。

（六）比例原则

比例原则是指行政机关实施行政行为应兼顾行政目标的实现和保护相对人的权益，如果为了实现行政目标可能对相对人权益造成某种不利影响，应使这种不利影响限制在尽可能小的范围和限度，使二者处于适度的比例。其内涵分为三个方面。

1) 妥当性（适当性）原则，指行政行为对于实现行政目的、目标是适当的。
2) 必要性原则，指行政行为应以达到行政目的、目标为限，不能给相对人权益造成过度的不利影响，即行政权的行使只能限于必要的度，以尽可能使相对人权益遭受最小的侵害。
3) 比例性原则，指行政行为的实施应衡量其目的达到的利益与侵犯相对人的权益二者孰轻孰重。只有前者重于后者时，其行为才具合理性，行政行为在任何时候均不应给予相对人权益以超过行政目的、目标本身价值的损害。

> **命题提示**
>
> 这是主观题重要考点，尤其以分析题为重。

（七）诚实守信原则

1. 行政信息真实原则

1）行政机关公布的信息应当全面、准确、真实。

2）无论是向普通公众公布的信息，还是向特定人或者组织提供的信息，行政机关都应当对其真实性承担法律责任。

2. 保护公民信赖利益原则

1）非因法定事由并经法定程序，行政机关不得撤销、变更已经生效的行政决定。

2）因国家利益、公共利益或者其他法定事由需要撤回或者变更行政决定的，应当依照法定权限和程序进行，并对行政管理相对人因此而受到的财产损失依法予以补偿。

> **命题提示**
>
> 这是分析题的重要考点，尤其以"信赖利益"为重。

（八）权责统一原则

1. 行政效能原则

行政机关依法履行经济、社会和文化事务管理职责，要由法律、法规赋予其相应的执法手段，保证政令有效。

2. 行政责任原则

行政机关违法或者不当行使职权，应当依法承担法律责任。这一原则的基本要求是行政权力和法律责任的统一，即执法有保障、有权必有责、用权受监督、违法受追究、侵权须赔偿。

> **命题提示**
>
> 不能以"强化行政责任"为由，得出"行政机关的行政权也要扩大"的结论。我国对行政权的基本态度是"加大限制"。

> **总命题提示**
>
> 1）考生应掌握执法原则的具体含义，按照分析题或论述题准备。
> 2）考生在具体细节上要注意：①合法行政、严格执法与合理行政并不矛盾；②程序与效率并不矛盾。
> 3）比例原则、诚信原则、严格执法是考试重点。

扫雷大练习

1. 某市的城市规划方案频繁变更，导致一些企业的房地产项目无法按计划正常进行。该地方政府违反的执法原则是（　　）。① （2017年法学单选4）

　　A. 讲求效率原则　　B. 诚实守信原则　　C. 正当程序原则　　D. 比例原则

---

① 答案：B。

2. 执法的主要原则包括（　　）。① （2004年多选51）

A. 依法行政原则　　　　　　　　B. 平衡原则

C. 讲求效能原则　　　　　　　　D. 发展原则

3. 下列关于行政执法的表述正确的是（　　）。② （2022年单选）

A. 依法行政是行政执法活动最基本的原则

B. 被动性和终局性是行政执法的突出特点

C. 正当程序原则与讲求效率原则是相互矛盾的

D. 善良风俗不是行政执法合理性原则要考虑的因素

4. 简述执法的基本原则。（2012年简答64）

第三节　司　法

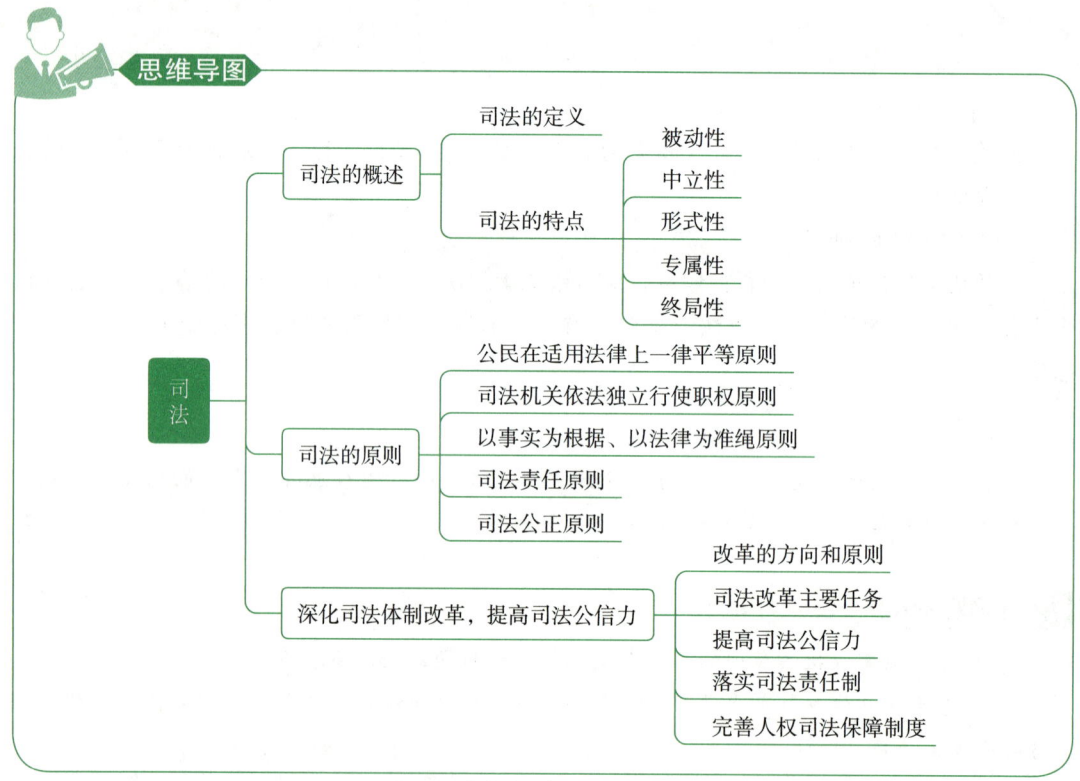

一、司法和司法权的概念

司法又被称为"法的适用"，通常指国家司法机关依照法定职权和程序，具体应用法律处理案件的专门活动。司法活动不同于国家行政机关、社会组织和公民实施法律的活动，它具有被动性、中立性、形式性、专属性和终局性等特点。

---

① 答案：AC。

② 答案：A。

司法权是指对案件事实和法律的判断权和裁决权。根据宪法及相关法律规定，我国的司法权包括审判权和检察权。审判权是适用法律处理案件，作出判决和裁定的司法权；检察权包括代表国家批准逮捕、提起公诉、不起诉、抗诉等司法权。

在许多情况下，只要公民和社会组织依照法律行使权利并履行义务，法律就能够在社会实际生活中得以实现，而无需法的适用。只有在两种情况下，才需要法的适用：

1）当公民、社会组织和其他国家机关在相互关系中发生了自己无法解决的争议，致使法律规定的权利义务无法实现时，需要司法机关适用法律裁决纠纷，解决争端。

2）当公民、社会组织和其他国家机关在其活动中遇到违法、违约或侵权时，需要司法机关适用法律制裁违法犯罪，恢复权利。

法的适用对实现立法目的、发挥法律的作用具有重要意义，同时也是依法治国方略的重要环节。

命题提示

①考生应结合具体实例来判断是否属于司法，判断的要点是：司法机关＋处理案件＋（将要）形成司法文书；②司法在两种情况下方可使用：解决纠纷＋制裁违法犯罪。因此，司法并不是全面的社会管理活动。

扫雷 大练习

下列选项中，属于我国司法活动范畴的是（　　）。① (2013年单选10)

A. 交通警察处罚交通违章者
B. 司法局审查发放律师执业证
C. 检察机关批准逮捕涉嫌盗窃的犯罪嫌疑人
D. 最高人民法院向全国人民代表大会做工作报告

二、司法的原则

（一）司法平等原则

司法平等原则又称"公民在适用法律上一律平等"原则。

1. 基本含义

在法的适用领域，公民在法律面前一律平等的基本含义包括以下几方面。

1）在我国，法律对于全体公民，不分民族、种族、性别、职业、社会出身、宗教信仰、财产状况等，都是统一适用的，所有公民依法享有同等的权利并承担同等的义务。

2）任何权利受到侵犯的公民一律平等地受到法律的保护，不能歧视任何公民。

3）在民事诉讼和行政诉讼中，要保证诉讼当事人享有平等的诉讼权利，不能偏袒任何一方当事人；在刑事诉讼中，要切实保障诉讼参与人依法享有的诉讼权利。

4）对任何公民的违法犯罪行为，都必须追究法律责任，依法给予相应的法律制裁，不允许有不受法律约束或凌驾于法律之上的特殊公民，任何超出法律之外的特殊待遇都是违

---

① 答案：C。

法的。

2. 该原则的意义

该原则的意义在于：①发展社会主义市场经济的必然要求；②建设社会主义民主政治的重要保证；③社会主义精神文明的必要条件；④建设社会主义法治国家的应有之义。

3. 该原则的要求

包括：①在法治实践中坚决反对封建特权思想；②司法工作者在司法活动中必须忠于事实，忠于法律，忠于人民；③要正确认识这一原则与资产阶级的法律面前人人平等原则的区别和联系。

> **命题提示**
>
> ①考生应掌握"法律面前人人平等"原则的内容、意义及要求，按照简答题、分析题或论述题备考。②考生在具体细节上需要注意的是：所有公民都应同等对待（同等地享有权利、同等地履行义务），但这并不意味着所有公民都应按照同一个标准对待。原因在于：事实上人们无法实现绝对的平等，因此，司法平等也承认合理差别。

扫雷 大练习

运用法理学的知识，并适当结合我国现行宪法和古代法律制度的有关规定，论述当代中国公民在法律适用上一律平等原则。（2004年论述70）

（二）司法机关依法独立行使职权原则

1. 基本含义

（1）司法权的专属性

国家的司法权只能由国家各级审判机关和检察机关统一行使，其他任何机关、团体和个人都无权行使此项权利。

（2）司法权行使的独立性

人民法院、人民检察院依照法律独立行使自己的职权，不受行政机关、社会团体和个人的干涉。

（3）司法权行使的合法性

司法机关审理案件必须严格依照法律规定，正确适用法律，不得滥用职权，枉法裁判。

2. 该原则的意义

①是发扬社会主义民主、维护国家法制统一的需要；②是保证司法机关正确适用法律的前提和正常行使职权的基本条件；③是维护社会主义司法公正的重要条件。

3. 该原则的要求

坚持司法机关独立行使职权原则，并不意味着司法机关行使司法权可以不受任何监督和约束。司法权同其他任何权力一样，都要接受监督和制约。对司法权的监督表现在以下几个方面。

1）司法权要接受党的领导和监督，这是司法权正确行使的政治保证。

2）司法权要接受国家权力机关的监督，司法权由国家权力机关产生，并对国家权力机关负责。

3）司法机关的上下级之间以及同级之间也存在监督和约束，这种监督和约束是通过司法制度中的一系列制度来体现和实现的。

4）司法权要接受行政机关、监察机关、企事业单位、社会团体、民主党派和人民群众的监督，还要接受舆论的监督。这些种类广泛的监督形式和监督机制，有利于更好地行使司法权，并防止司法权的滥用等司法腐败现象和行为。

> **命题提示**
>
> 考生务必全面掌握该原则的内容、要求及意义，按照论述题或分析题备考（2015年已考过简答题），尤其是分析题，要联系当前法律热点展开分析，例如：建立跨行政区划的法院检察院、最高法院设立巡回法庭、建立领导人员过问案件的记录和追责制度等，都是该原则的直接体现。

扫雷 大练习

材料1：

人民法院依照法律规定独立行使审判权，不受行政机关、社会团体和个人干涉。

人民检察院依照法律规定独立行使检察权，不受行政机关、社会团体和个人干涉。

一切国家机关和国家工作人员必须依靠人民的支持，经常保持同人民的密切联系，倾听人民的意见和建议，接受人民的监督，努力为人民服务。——摘自《中华人民共和国宪法》

材料2：

最高人民法院对全国人民代表大会和全国人民代表大会常务委员会负责并报告工作。地方各级人民法院对本级人民代表大会及其常务委员会负责并报告工作。下级人民法院的审判工作受上级人民法院监督。——摘自《中华人民共和国人民法院组织法》

材料3：

最高人民检察院对全国人民代表大会和全国人民代表大会常务委员会负责并报告工作。地方各级人民检察院对本级人民代表大会和本级人民代表大会常务委员会负责并报告工作。最高人民检察院领导地方各级人民检察院和专门人民检察院的工作，上级人民检察院领导下级人民检察院的工作。——摘自《中华人民共和国人民检察院组织法》

请阅读上述材料，运用法理学知识和原理回答下列问题：（2009年分析67）

（1）材料反映了我国法的适用中的哪一项基本原则？

（2）该基本原则的内容和要求是什么？

（3）结合材料分析如何正确适用这一原则？

（三）司法法治原则

司法法治原则又称"以事实为依据、以法律为准绳"原则。

1. 基本含义

（1）以事实为根据

以事实为根据，就是指司法机关审理一切案件，都只能以与案件有关的事实作为依据，而不能以主观臆断作依据。这里的"事实"包括被合法证据证明的事实和依法推定的事实。

第一，证据事实。属于客观事实范畴，即是已经被具有证明力的、合法的证据所确定的事实。

第二，推定事实。推定事实是在案件客观事实真相无法查明的情况下，依照法律中有关举证责任和法律原则推定的事实。尽管这种事实可能与客观事实有所不同，但是，在法律上能够引起同样的效果。

(2) 以法律为准绳

以法律为准绳，就是指司法机关在司法过程中，要严格按照法律规定办事，把法律作为处理案件的唯一标准和尺度。具体要求如下：

第一，在查办案件的全过程中，都要按照法定权限和法定程序。

第二，要依据法律的有关规定，确定案件性质，区分合法与违法、一般违法和犯罪等，并根据案件的性质，给予恰当正确的裁决。

总之，以法律为准绳，意味着在整个司法活动中，法律是最高的标准，这是社会主义法治对司法提出的必然要求。

2. 基本要求

1) 坚持实事求是、从实际出发的思想路线，重证据，重调查研究，不轻信口供。

2) 维护法律的权威和尊严，不仅要严格遵守实体法，而且要严格执行程序法。

3) 正确处理依法办事与坚持党的政策的指导作用的关系。一方面，不能将二者对立起来，另一方面，也不能以政策改变、代替法律甚至取消法律，而是应当将两者统一起来。

> **命题提示**
>
> 1) 考生应掌握该原则的基本含义和要求，按照简答题、论述题或分析题备考。
> 2) 考生在具体细节上需要注意：①"事实"不限于客观事实，还包括推定事实；②以"法律"为准绳的"法律"应当作广义理解，即不限于狭义的"法律"，还包括行政法规、地方性法规等其他形式的法律渊源；③注意政策对法律的"指导"作用；④注意非正式渊源对法律的参照作用。

扫雷 大练习

1. 某法院在审理一起网络侵权案件时，采纳了司法鉴定机构提供的鉴定意见，这里体现的司法原则主要是（　　）。① (2018年单选5)

　　A. 司法平等　　　　　　　　　　B. 依法独立行使司法权

　　C. 公平优先，兼顾效率　　　　　D. 以事实为依据，以法律为准绳

2. 在我国贯彻"以事实为依据，以法律为准绳"这一司法原则时，（　　）。② (2006年单选11)

　　A. 可以不再以党的政策为指导　　B. 仍然要以党的政策为指导

　　C. 有时也要以党的政策为指导　　D. 由司法机关决定是否受党的政策指导

3. 马某与赵某系生意上的朋友。2002年7月8日，两人在饭店喝酒，马某说起现在生意难做，不讲信义的人越来越多。赵某随声附和。一向爱开玩笑的马某说："老兄，凭咱们的关系，我就是给你张借条玩玩都放心。"马某随即写了"今借赵某人民币6 000元"的字条，

---

① 答案：D。
② 答案：B。

签署自己的姓名后放在饭桌上。不料,几日后,马某收到法院送达的起诉状,方知赵某竟以该"借条"为据将他起诉到了法院,要求他偿还借款 6 000 元。法院审理后认为,马某向赵某出具了借据,又没有证据证明自己非出于真实意思表示,故双方债权债务关系成立。支持赵某的诉讼请求。

请根据法理学的有关知识和原理,谈谈你对法院判决的认识。(2004 年分析 67)

(四) 司法责任原则

1. 基本含义

司法责任原则,是指司法机关和司法人员在行使司法权过程中侵犯了公民、法人或者其他组织的合法权益,造成严重后果而承担责任的制度。

2. 主要意义

1) 该制度符合权力与责任相统一原则,只有将司法权力与司法责任结合起来,才能更好地增强司法机关和司法人员的责任感。

2) 有效防止司法过程中的违法行为。

3) 有利于对违法行为进行法律制裁。

4) 有利于维护社会主义司法的威信和社会主义法制的权威和尊严。

> 📶 命题提示
>
> 司法责任制原则在 2022 年考过论述题,考生今年仅作一般了解即可。

(五) 司法公正原则

1. 基本含义

司法公正原则是指司法机关及其司法人员在司法活动中应坚持和体现公平和正义原则,包括实体公正和程序公正。

1) 实体公正主要是指司法裁判的结果公正,当事人权益得到保障,违法犯罪者受到制裁。

2) 程序公正主要是指司法过程公正,司法程序具有正当性,当事人在司法过程中受到公平的对待。

示例:刑事诉讼法中规定的"会见、阅卷""质证、辩论""回避""公开"等,均是程序公正原则的具体要求,是其项下的具体原则。

2. 重要意义

1) 司法活动的合法性、独立性、有效性,裁判人员的中立性,当事人地位的平等性以及裁判结果的公正性,都是司法公正的必然要求和体现。

2) 司法公正是司法的生命和灵魂,是司法的本质要求和终极价值准则。追求司法公正是司法的永恒主题,也是民众对司法的期望。

> 📶 命题提示
>
> 这是重要考点,考生主要按照论述题准备;如果说司法法治原则是司法中最基本的原则,那么司法公正原则则是司法领域的终极原则,是其他司法原则的目标。

扫雷 大练习

1. 下列关于我国司法权的表述，正确的是（ ）。① （2016年单选9）
   A. 我国司法权包括审判权和检察权两种
   B. 司法权独立意味着司法权不受一切机关和个人的监督
   C. 司法权的终局性意味着一切纠纷最终都应由司法机关作出裁决
   D. 司法权的专属性要求司法权只能由国家各级审判机关统一行使

2. 到2020年，我国裁判文书上网公开累计1.2亿份，庭审直播累计1159万场，阳光司法机制产生深远影响，受到海内外广泛关注。这主要体现的司法原则是（ ）。② （2022年单选1）
   A. 司法平等原则　　　B. 司法公开原则　　　C. 司法法治原则　　　D. 司法责任制

三、深化司法体制改革，提高司法公信力

司法体制改革是指在宪法规定的司法体制基本框架内，国家司法机关和国家司法制度实现自我创新、自我完善和自我发展，建设中国特色社会主义现代司法体系和司法制度。

（一）司法体制改革的方向和原则

1. 坚持正确的政治方向

深化司法体制改革，必须在党的统一领导下进行，坚持党的领导，关键是坚持党对政法工作的领导，坚持党管政法干部的原则，坚持走中国特色社会主义司法改革之路，努力创造更高水平的社会主义司法文明。

2. 坚持以宪法为根本遵循

深化司法体制改革，不仅不能违反宪法的规定，更重要的是把宪法规定落实到位。

3. 坚持以提高司法公信力为根本尺度

深化司法体制改革，以矛盾纠纷得到公正解决、权益得到维护为目标，确保取得人民满意的改革实效。

4. 坚持符合国情和遵循规律相结合

深化司法体制改革，必须从社会主义初级阶段的基本国情出发，必须坚持从司法规律出发设计改革方案。

5. 坚持统筹兼顾

这是指既要加强中央顶层设计，又要鼓励各地因地制宜地开展试点；既要坚持整体推进，又要善于抓住重点事项进行攻坚。

6. 坚持依法有序推进

凡是同现行法律规定不一致的改革举措，必须先提请立法机关修改现行法律规定，然后再开展改革。

> **命题提示**
>
> 这是了解型考点，考生了解大体框架即可。

---

① 答案：A。
② 答案：B。

（二）司法改革主要任务

1. 保证公正司法、提高司法公信力

重点包括推进以审判为中心的诉讼制度改革，改革法院案件受理制度，探索建立检察机关提起公益诉讼制度，实行办案质量终身负责制和错案责任倒查问责制，完善人民陪审员和人民监督员制度等。探索设立跨行政区划的人民法院和人民检察院，办理跨地区案件。完善行政诉讼体制机制，合理调整行政诉讼案件管辖制度，切实解决行政诉讼立案难、审理难、执行难等突出问题。

2. 增强全民法治观念、推进法治社会建设

重点包括发展中国特色社会主义法治理论，把法治教育纳入国民教育体系和精神文明创建内容，完善守法诚信褒奖机制和违法失信行为惩戒机制，推进公共法律服务体系建设，构建对维护群众利益具有重大作用的制度体系，完善多元化纠纷解决机制等。

3. 加强法治工作队伍建设

重点包括完善法律职业准入制度，加快建立符合职业特点的法治工作人员管理制度，建立法官、检察官逐级遴选制度，健全法治工作部门和法学教育研究机构人员双向交流与互聘机制，深化律师管理制度改革。

> **命题提示**
>
> 这不是主观题重点，考生按照一般选择题准备即可。

（三）提高司法公信力

1. 完善确保依法独立公正行使审判权和检察权的制度

主要有：①建立领导干部干预司法活动、插手具体案件处理的记录、通报和责任追究制度；②健全尊重法院裁判制度；③建立健全司法人员履行法定职责保护机制等举措。

2. 优化司法职权配置

主要有：①推动实行审判权和执行权相分离的体制改革试点；②统一刑罚执行体制；③探索实行法院、检察院司法行政事务管理权和审判权、检察权相分离；④最高人民法院设立巡回法庭；⑤探索设立跨行政区划的人民法院和人民检察院；⑥探索建立检察机关提起公益诉讼制度等举措。

3. 推进严格公正司法

主要有：①推进以审判为中心的诉讼制度改革；②实行办案质量个人负责制和错案责任倒查问责制等举措。

4. 保障人民群众参与司法

主要有：①完善人民陪审员制度；②构建开放、动态、透明、便民的阳光司法机制等举措。

5. 加强人权司法保障

主要有：①健全落实罪刑法定、疑罪从无、非法证据排除等法律原则的法律制度；②完善对限制人身自由司法措施和侦查手段的司法监督等举措。

6. 加强对司法活动的监督

主要有：①完善检察机关行使监督权的法律制度；②完善人民监督员制度；③建立终身

禁止从事法律职业制度等举措。

> **命题提示**
>
> 这是重要考点，考生要按照应对简答题来背诵；同时，这也是司法领域的中国措施。

（四）落实司法责任制

党的十九大报告指出，要深化司法体制综合配套改革，全面落实司法责任制，努力让人民群众在每一个司法案件中感受到公平正义。正如培根所言："一次不公正的裁判，其恶果甚至超过十次犯罪。"这一论述鲜明地展现了司法公正的重大意义。

司法责任制改革被视为司法体制改革的关键必须牢牢牵住的"牛鼻子"。司法公正的实现，离不开德才兼备的高素质司法队伍；全面落实司法责任制改革的各项要求，也需要加强司法队伍建设：①针对"审者不判、判者不审"问题对症下药，明确要求法官、检察官对案件质量终身负责；②通过改革，形成以法官、检察官依法独立办案为前提，以法官、检察官员额制为配套，以完善法官、检察官职业保障为条件，以主客观相统一为追责原则的司法权力运行机制。

对于全面落实司法责任制，还应当完善一系列配套性措施：①完善法官、检察官入额遴选办法，加强编制和员额的省级统筹、动态调整，有条件的地方探索跨院入额；②配套员额退出实施办法，让办案绩效不符合要求的法官、检察官退出员额；③科学配置办案团队，专业化与扁平化相结合；④推广科学办案方法，以随机分案为主、指定分案为辅；⑤加强领导干部办案情况分级考核和定期通报；⑥多措并举增补辅助人员，努力做到省级层面达到1∶1比例配置；⑦对司法辅助事务进行内部集约化管理和外部社会化购买；⑧利用信息化、大数据等辅助法官办案，建立类案与关联案件检索机制；⑨对边疆民族地区，有序确定放权事项和步骤，研究制定边疆民族地区人员招录、待遇保障等特殊政策，加大民族地区双语法官、检察官培训力度，加强边疆民族地区人才培养。

> **命题提示**
>
> 这是重要考点，但是2022年已经考过论述题，考生今年主要按照选择题备考即可。

（五）完善人权司法保障制度

完善人权司法保障制度要正确处理打击犯罪与保护人权、程序公正与实体公正、追求公正与注重效率的关系，确保人民群众有尊严地参加诉讼，及时得到公正的裁判结果。完善人权司法保障需要做到以下几方面。

1. 要注重对法治原则的遵循

法治原则要求良法善治，坚持法律面前人人平等。加强对人权的司法保障要以宪法和法律为依据，逐步健全人权司法保障的法律法规，完善制度设计，细化保障措施。

2. 要体现对基本人权的尊重

国家尊重和保障人权是宪法的明确要求，要始终贯彻尊重和保障人权的理念，切实保护公民的人身权利、财产权利、民主权利等合法权益。

3. 要突出对司法权力的制约

在司法活动中，当事人及诉讼参与人的权利相对于司法机关的公权力，处于弱势地位，容易受到侵犯。完善人权司法保障就要强化对司法权力的限制和制约，防止滥用权力侵犯人权。

4. 要强化对诉讼权利的保障

树立理性、平和、文明、规范的执法理念，严禁刑讯逼供、体罚虐待。

5. 要加强对公民权利的救济

完善人权司法保障，既要有效防止侵权行为的发生，又要切实保障公民权利在受到侵犯后，能及时得到有效救济。

> **命题提示**
>
> 这虽然是重要考点，但 2020 年刚刚考过论述题，再考的可能性较低，考生按照简答题准备，理解框架即可。

第四节　守　法

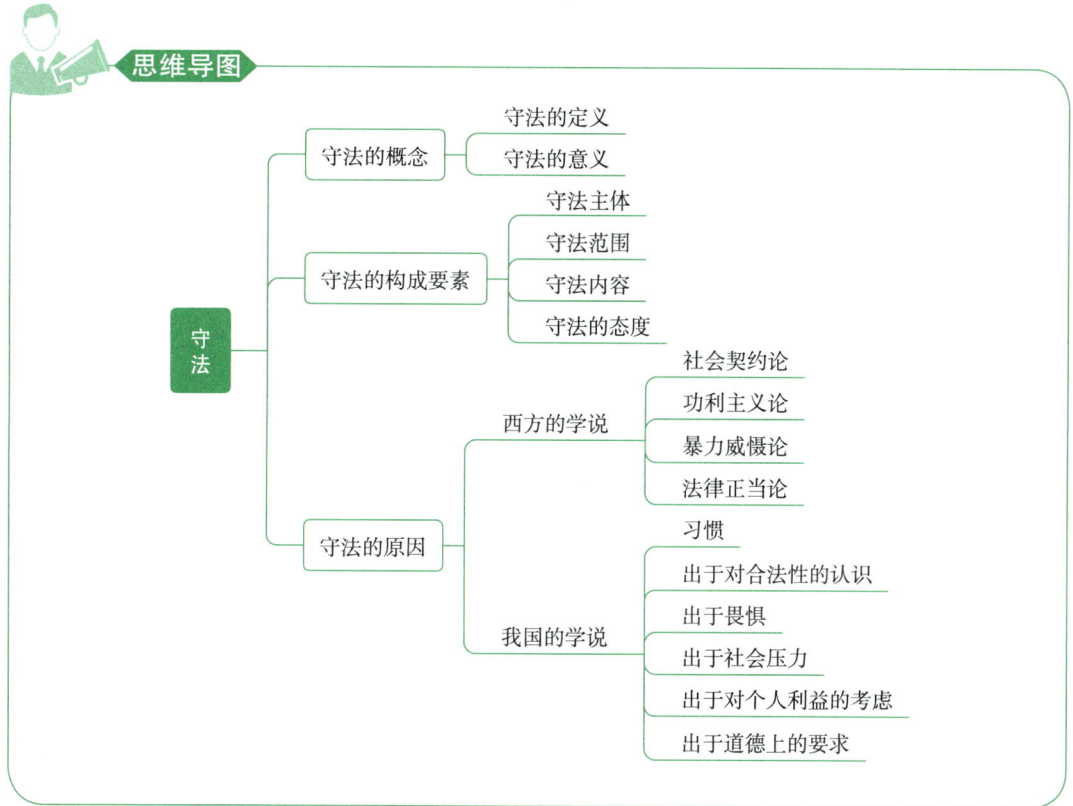

一、守法的概念

（一）守法的定义

法的遵守有广义和狭义之分。广义上的法的遵守，就是法的实施。狭义的法的遵守，又称守法，专指公民、社会组织和国家机关以法律为行为准则，依照法律行使权利、履行义务的活动。法的遵守包括积极守法和消极守法（不违法）两种状态。

> 📶 命题提示
>
> ①广义的"法的遵守"＝执法＋司法＋狭义的守法；狭义的守法不包括"执法和司法"。②积极行使权利和消极履行义务都属于守法。例如，面对被侵权的情况，忍气吞声，也是守法。

（二）守法的意义

1) 守法是维护社会秩序、实现法律目的的需要。
2) 守法是人民实现自己根本利益的必然要求，只有严格遵守法律，才能使体现在法律中的人民根本利益得到实现，才能真正实现立法的目的。

> 📶 命题提示
>
> 守法的意义是重要考点，考生套用前边提到的"法的实施"的意义即可，具体怎么展开，现阶段不用学习。主观题阶段会专门讲解"扩写"技巧。

二、守法的构成要素

守法包括守法主体、守法范围、守法内容和守法状态等构成要素。

（一）守法主体

守法主体是指在一个国家和社会中应当遵守法律的主体，即一定守法行为的实施者。按照宪法的规定，在我国，守法的主体包括：一切国家机关、武装力量、政党、社会团体、企业事业组织，中华人民共和国公民，在我国领域内的外国组织、外国人和无国籍人。

> 📶 命题提示
>
> 考生应按照选择题备考本考点，要明确：①外国人、无国籍人，只要在我国境内，必须遵守中国法律，这是属地主义的表现；②中国人不在中国境内，也要遵守中国法律，这是属人主义的表现。

（二）守法范围

守法范围是指守法主体必须遵守的行为规范的种类。守法范围直接决定于一个国家法的渊源。

在我国，守法的范围并不限于各种制定法，还包括有法律效力的非规范性法律文件，如人民法院的判决书、调解书、裁定书等。

> 📶 命题提示
>
> 考生应按照选择题备考本考点，要明确：守法的"法"，既包括规范性法律文件，也包括非规范性法律文件；但不包括"法律领域之外"的文件，例如，遵守党的政策，不是守法。

（三）守法内容

守法内容包括履行法律义务和行使法律权利。

1) 履行法律义务可分为两种不同的形式：一是履行消极的法律义务。这是指人们遵守法律规范中的禁止性规范，不作出一定的行为。二是履行积极的法律义务。这是指人们遵守法律规范中的命令性规范，作出一定的行为。

2) 行使法律权利是指人们通过自己作出一定的行为或者要求他人作出或不作出一定的行为来保证自己的合法权利得以实现，只有依法行使权利才属于守法内容。

> **命题提示**
>
> 本考点以前考过主观题，考生今年按照选择题备考，要明确：①履行消极法律义务＝依法"不作为"；②履行积极法律义务＝依法"作为"；③行使法律权利＝自己做与不做＋要求别人做与不做（例如：请求权）。

（四）守法的态度（状态）

守法的态度是指人们对法律的遵守程度和状态，包括最低状态、中层状态和高级状态这三种类型。

1) 守法的最低状态是不违法犯罪。
2) 守法的中层状态是依法办事，形成统一的法律秩序。
3) 守法的高级状态是守法主体不论是外在的行为，还是内在动机，都符合法的精神和要求，严格履行法律义务，充分行使法律权利，从而真正实现法律调整的目的。

> **命题提示**
>
> 考生应按照分析题备考本考点，要明确：守法状态≠守法内容。例如，即便是履行消极法律义务，也可能是"自愿、主动、积极地"履行"消极法律义务"。例如：自愿主动地"不盗窃、不奸淫"等。

注意：人们的守法状态往往受到多种因素的影响和制约，如主体的心理状态和法律意识水平、主体所处的客观社会环境等。

三、守法的原因

守法原因是指人们遵守法律的理由。守法的理由问题是法理学的重要理论命题。

（一）西方的学说

西方不同的法哲学流派就此分别提出了不同的学说，主要有社会契约论、功利主义论、暴力威慑论和法律正当论四种。

1. 社会契约论

社会契约论将公民的守法理由归于自己的同意和承诺。公民都是社会契约的当事人，作为这个契约的当事人，应该遵守契约的内容，遵守自己同意的政府和法律。

2. 功利主义论

功利主义论认为，当法律能给公民或社会带来更多的利益或者能更好地防范风险并因此而减少可能的损失时，公民就遵守法律。

3. 暴力威慑论

暴力威慑论把公民的守法理由归结于国家强制力的威慑和惩戒作用。这种理论认为，公民之所以守法是因为畏惧国家暴力，为了避免违反法律所招致的暴力制裁或经济损失，公民才采取遵守法律的行为。

4. 法律正当论

法律正当论则从公民法律信仰的角度回答公民为什么遵守法律。这种理论认为，公民之所以守法，是因为法律具有形式合法和内容合法的要件。法律是由具有合法性和权威性的国家机关或官员遵照法定程序制定的，而且法律与社会所认同的价值或道德即公平正义原则相符不悖。对于这样的法律，公民就有服从的义务。

> **命题提示**
>
> 考生应将本考点作为选择题备考：契约论的题眼是"同意"；功利论的要点是"利益"；威慑论的要点是"国家暴力"；正当论的要点是"内心的拥护和信仰"。

（二）我国的学说

我国学者们对守法的理由主要有如下一些解释。

1. 习惯

绝大多数人从一生下来起，就被教导要遵守法律，遵守法律成为人们心理的组成要素和习惯。

2. 出于对合法性的认识

由于法律是具有合法性和权威性的国家机关依照法定正当程序作出的，人们会相信它们是合法的，并因此遵守它们。

3. 出于畏惧

在一个法律秩序正常的社会，违法行为通常都会受到法律制裁，畏惧心理迫使人们产生服从法律的动机。

4. 出于社会压力

由于人们普遍鄙视越轨行为，不服从法律可能会引起某种羞耻感。这也是一些人遵守法律的理由。

5. 出于对个人利益的考虑

守法往往会产生肯定效果，即使守法不会直接产生出物质利益，也会提高个人的形象和威望。

6. 出于道德上的要求

认为守法是道德义务的当然要求。

上述各种理论和观点解释了人们守法的不同理由，但是每一种解释又都不全面。一般而言，社会成员遵守法律往往出于多方面的考虑。在一个现代文明不太发达的社会里，守法多出于对习惯、畏惧和道德等因素的考虑，而在法治文明较为发达的社会里，人们守法一般出于对法律的认同甚至信仰的考虑。

> **命题提示**
>
> 这是重要考点，考生要按照论述题备考，需要明确：①我国的守法理由中没有"契约论"；②既然守法原因是多样的，那么，为实现守法，就不能仅仅只强调一个方面，要"综合治理"——培养守法习惯、培养守法道德、强调法律正当性，等等。

扫雷大练习

1. 下列关于守法的表述,能够成立的有( )。① (2010年法学多选24)

A. 守法的最低限度是不违法

B. 守法的范围与一个国家的正式法律渊源密切相关

C. 守法不仅指依法履行法律义务,而且包括依法行使法律权利

D. 守法仅指对规范性法律文件的遵守,不包括对非规范性法律文件的遵守

2. 某法院公布失信被执行人名单,以督促其履行义务。不少失信人在得知姓名被公布后迫于"面子"和舆论压力,找到法院配合执行。对此,下列表述正确的是( )。② (2019年法学单选3)

A. 法院公布失信被执行人名单属于司法裁判活动

B. 公布失信人名单有助于形成尊重法律权威的社会氛围

C. 法院未经被执行人同意就公布其姓名信息侵犯了当事人的隐私权

D. 失信人迫于"面子"和舆论压力配合执行不属于守法行为

3. 某省会城市的市政府出台规范"共享单车"的规章,将"共享单车"纳入法治化管理轨道。对此,下列说法正确的有( )。③ (2020年非法学多选42、2020年法学多选22)

A. 该政府出台规章属于广义的立法范畴

B. 政府部门依据该规章管理"共享单车",属于法的适用

C. 该规章须报市人大常委会备案,这体现了权力监督的法治原则

D. 公民、企业依据该规章行使权利、履行义务是守法的表现

第五节 法律监督

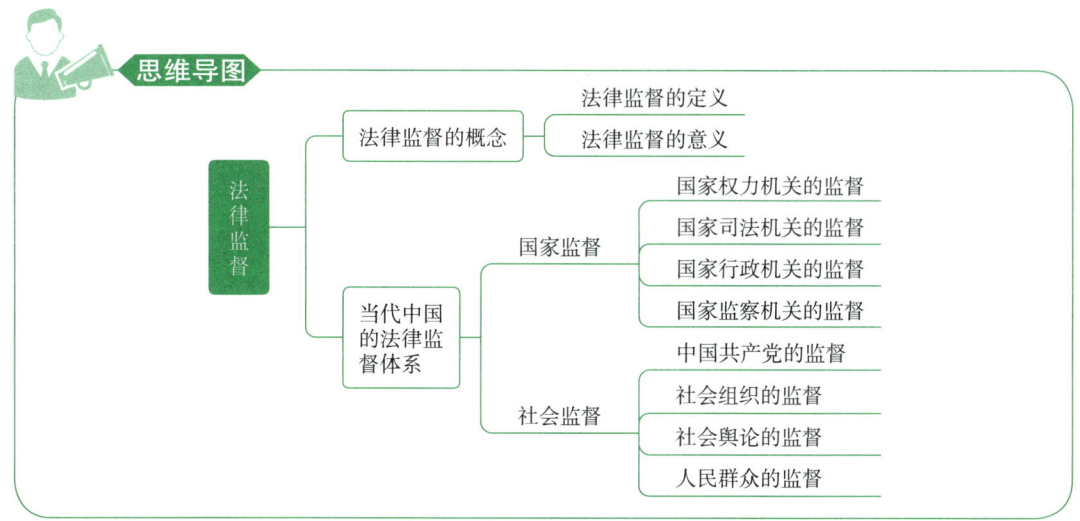

---

① 答案:ABC。
② 答案:B。
③ 答案:ACD。

一、法律监督的概念

（一）法律监督的定义

法律监督通常有狭义和广义两种理解。狭义上的法律监督，是指由特定的国家机关依照法定职权和法定程序，对立法、执法和司法活动的合法性进行的监督。广义上的法律监督，是指由所有的国家机关、社会组织和公民对各种法律活动的合法性所进行的监督。法理学中通常在广义上研究和使用法律监督这一概念。

> **命题提示**
>
> 考生应按照选择题备考本考点，要明确：狭义的法律监督≈国家监督，但二者不能完全等同，狭义的法律监督＜国家监督。

（二）法律监督的意义

法律监督是现代法治不可缺少的特殊组成部分，它贯穿于法律运行的全过程，对社会生活和经济生活有着广泛的影响。

1）法律监督是社会主义民主政治的保障和重要组成部分。
2）法律监督是依法治国、建设社会主义法治国家的保证。
3）法律监督是建立和完善社会主义市场经济的需要。

> **命题提示**
>
> 考生应按照论述题备考本考点，具体如何扩写，要在主观题阶段再学习。需要指出的是，该考点极易和其他相关考点结合命题，例如：①共产党的领导和监督；②司法机关依法独立行使司法权与法律监督的关系；③检察机关是法定的"法律监督机关"，往往通过批捕、起诉、抗诉等方式进行法律监督；④法院上下级之间是"监督"关系，通过"二审""再审""复核"等方式进行法律监督；⑤人大系统的上下级之间是"监督"关系，通过改变或撤销等方式来进行法律监督。

扫雷 大练习

1. 下列关于法律监督的表述，正确的是（ ）。① （2008年单选11）
   A. 政党监督属于社会监督
   B. 民众与社会团体的监督没有实质作用
   C. 法律监督只能在监督对象作出行为后进行
   D. 法律监督可以杜绝执法中的违法行为
2. 结合实际，论述我国法律监督的现实意义。（2009年论述70）

二、当代中国的法律监督体系

法律监督体系是由一个国家各种形式的法律监督构成的有机联系的系统。受具体国情的

---

① 答案：A。

影响，世界各国的法律监督体系有各不相同的特点。依据监督主体的不同，我国的法律监督体系由国家监督和社会监督两大系统构成。

（一）国家监督

国家监督包括国家权力机关的监督、国家司法机关的监督、国家行政机关的监督和国家监察机关的监督。

1. 国家权力机关的监督

国家权力机关的监督是指各级人民代表大会及其常务委员会为全面保证国家法律的有效实施，通过法定程序，对由它产生的国家机关实施法律的监督。这种监督在国家监督乃至全部法律监督中都处于核心和主导地位。

国家权力机关的监督内容是非常广泛的，习惯上，人们将这种监督概括为法律上的监督和工作监督两种。

（1）法律上的监督

法律上的监督是指全国人大以及地方人大及其常委会对法律进行的监督，可分为立法监督和对宪法和法律实施的监督。

1）立法监督是国家权力机关对享有立法权的国家机关的立法活动及其结果的合法性所进行的监督。监督的方式有批准、备案、发回、宣布无效、改变或撤销等。

2）对宪法和法律实施的监督范围广泛，方式主要有罢免、质询、调查等。

（2）工作上的监督

工作上的监督主要是指对政府、检察机关和审判机关工作的监督，往往通过听取工作报告的形式进行工作监督。

> **命题提示**
>
> 国家权力机关的监督由各级人大及其常委会负责，监督的内容包括"法律上的监督"和"工作上的监督"。法律上的监督又包括"对立法的监督"和"对宪法和法律实施的监督"，例如，国务院向全国人大常委会提出针对某法规的"审查要求"，属于权力机关监督中的"立法监督"。需要说明的是，官方教材认为，这里的法律监督仅仅指对"实施"的监督，没有列出对"立法"的监督——此处之所以加上"对立法的监督"，主要是因为如果不加，则与宪法中的知识相冲突，并且也与历年真题相冲突。

2. 国家司法机关的监督

国家司法机关的监督是以国家司法机关为主体进行的监督。在我国，国家司法机关的监督包括检察机关的监督和审判机关的监督。

1）检察机关的监督被称为检察监督，是一种专门监督。检察机关的监督分为三类：刑事诉讼、民事诉讼和行政诉讼监督。

2）审判机关的监督也叫作法院的监督，分为三种：①人民法院系统内的监督；②人民法院对检察机关的监督；③人民法院对行政机关的监督。

注意：①司法机关的监督包括审判监督、检察监督；②检察机关是唯一一个由我国宪法明文规定的"法律监督机关"，属于专门监督。

3. 国家行政机关的监督

国家行政机关的监督是指以行政机关为主体所进行的监督。

(1) 从监督的对象和内容看，包括两个方面。

1) 对行政机关的行政行为的合法性和合理性的监督，其中监督的重点是行政机关的行政行为的合法性。

2) 对行政相对人（社会组织和公民行为）的合法性的监督。

(2) 行政机关监督的一般分类

1) 一般行政监督，即由上级行政机关对下级行政机关进行的监督。监督的具体形式有：改变或撤销不适当的规章、决定、命令和指示；日常的工作检查。

2) 专门行政监督，即行政系统内部的专门监督机关对国家行政机关及其工作人员执行法律、政策和命令等情况以及违法违纪行为所进行的监督，主要是审计监督。

3) 行政复议，是指行政相对人认为行政主体的具体行政行为侵犯其合法权益，依法向行政复议机关提出复查该具体行政行为的申请，行政复议机关依照法定程序对被申请的具体行政行为进行合法性、适当性审查，并作出行政复议决定的一种法律制度。

4) 行政监管，是指行政机关对其辖区内某些事务的监督和管控。例如：国务院期货监督管理机构可以对期货公司及其董事、监事和高级管理人员采取谈话、提示、记入信用记录等。

> 📶 **命题提示**
>
> ①考生要区分一般行政监督和专门行政监督，一般行政监督的特点在于："上级对下级进行监督"；专门行政监督的特点在于："内设机构进行监督"（主要是审计监督）。②考生了解第3）和4）的概念即可。

4. 国家监察机关的监督

国家监察机关的监督是指由国家监察机关作为主体进行的监督，依据宪法和监察法规定，监察机关监督的对象是所有履行公权力的公职人员；监督的内容是调查职务违法和职务犯罪。

监督的对象，具体来讲包括以下人员：

1) 中国共产党机关、人民代表大会及其常务委员会机关、人民政府、监察委员会、人民法院、人民检察院、中国人民政治协商会议各级委员会机关、民主党派机关和工商业联合会机关的公务员，以及参照《中华人民共和国公务员法》管理的人员。

2) 法律、法规授权或者受国家机关依法委托管理公共事务的组织中从事公务的人员。

3) 国有企业管理人员。

4) 公办的教育、科研、文化、医疗卫生、体育等单位中从事管理的人员。

5) 基层群众性自治组织中从事管理的人员。

6) 其他依法履行公职的人员。

> 📶 **命题提示**
>
> 考生主要掌握监察委的监督对象和监督内容，具体的人员作为一般了解即可，以应对选择题。

> **总命题提示**
>
> 四种国家监督的概念考生需要背诵，按照简答题备考。

（二）社会监督

社会监督，即非国家的监督，指由各政党、各社会组织和人民群众依照宪法和有关法律，对各种法律活动的合法性所进行的监督。

在我国，根据社会监督的主体不同，可以将其分为政党的监督、社会组织的监督、社会舆论的监督、人民群众的监督。社会监督的主体范围十分广泛，民主性比较突出，虽然不具有法律效力，但发挥着非常重要的作用。

1. 中国共产党监督

中国共产党是执政党，其政治监督显得尤其突出和具有成效。中国共产党的监督体现为各级党组织的监督与各级党的纪律检查委员会的监督。后者甚至直接体现为纪委与国家监察机构合署办公，成为国家监督的重要组成部分。

2. 社会组织的监督

社会组织的监督，主要指人民政协、民主党派、社会团体以及其他社会组织的监督。

（1）人民政协监督

这在政治协商和民主监督方面发挥着重要作用。

（2）民主党派监督

民主党派作为参政党，可以通过多种形式、多种途径积极地开展法律监督的工作，是法律监督的一支重要的社会力量。

（3）社会团体监督

这主要是指由工会、青年团、妇女联合会以及城市居民委员会、农村村民委员会、消费者保护协会等社会组织所进行的监督。这类监督作为一种集体监督，可以在某些特定的领域发挥重要的监督作用。

（4）其他社会组织监督

这是指依法登记的社会组织所进行的法律监督，随着法治社会建设的逐步推进，此类监督的价值越来越受到重视。

3. 社会舆论的监督

社会舆论的监督，主要指借助传媒手段进行的新闻舆论的监督。

它既是宪法规定的公民享有言论、出版自由在法律监督领域的具体应用，也是人民群众的监督在新闻、出版领域中的体现。舆论监督最能体现社会监督的广泛性、公开性和民主性，能够十分有效地影响国家机关及其工作人员的行为，起到其他监督形式无法替代的作用。

4. 人民群众的监督

人民群众的监督，是指由人民群众直接进行的法律监督。

这种监督的主体是公民个人，客体是所有国家机关及其工作人员、政党、社会团体、社会组织、大众传媒。人民群众的监督行为是一种法律行为，它或者直接促使监督客体纠正错误、改进工作，或者可以启动诉讼程序或国家权力机关的监督。

> **命题提示**
>
> 考生应掌握社会监督的种类，按照简答题或论述题备考。其中要注意的细节是：①社会监督没有法律效力，但有实际意义。②共产党的监督主要是政治监督，属于社会监督；但纪检委往往与国家监察委联合办案，此时的纪检委监督属于国家监督的组成部分。③最能体现社会监督广泛性、公开性的监督是社会舆论监督。

三、《监察法》立法的主要原则和意义

（一）《监察法》制定的意义

1）是深化国家监察体制改革决策部署的重大举措。

制定《监察法》，贯彻落实党中央关于深化国家监察体制改革决策部署，使党的主张通过法定程序成为国家意志，对于创新和完善国家监察制度，实现立法与改革相衔接，以法治思维和法治方式开展反腐败工作，意义重大、影响深远。

2）是坚持和加强党对反腐工作的领导，构建集中统一、权威高效的国家监察体系的必然要求。

《监察法》是反腐败工作国家立法成果，是一部对国家监察工作起统领性和基础性作用的法律。为整合反腐败资源力量，加强党对反腐败工作的集中统一领导，实现对所有行使公权力的公职人员监察全覆盖提供法律依据。

3）是坚持党内监督与国家监察有机统一，坚持走中国特色监察道路的创制之举。

通过立法方式保证依规治党与依法治国、党内监督与国家监察有机统一，将党内监督同国家机关监督、民主监督、司法监督、群众监督、舆论监督贯通起来，不断提高党和国家的监督效能。

4）是加强宪法实施，丰富和发展人民代表大会制度，推进国家治理体系和治理能力现代化的战略举措。

> **命题提示**
>
> 这是重要考点，但是2021年考过论述题，因此，考生今年主要了解大体框架即可。

（二）《监察法》立法的原则

1）坚持正确政治方向。严格遵循党中央确定的指导思想、基本原则和改革要求，把坚持和加强党对反腐败工作的集中统一领导作为根本政治原则贯穿立法全过程和各方面。

2）坚持与宪法修改保持一致。宪法是国家各种制度和法律法规的总依据。《监察法》相关内容及表述均与《宪法》关于监察委员会的各项规定相衔接、相统一。

3）坚持问题导向。着力解决我国监察体制机制中存在的突出问题。

4）坚持科学立法、民主立法、依法立法。坚决贯彻落实党中央决策部署，充分吸收各方面意见，回应社会关切，严格依法按程序办事，使《监察法》内容科学合理、协调衔接。

第九章 法律实施

> 📶 **命题提示**
>
> 这不是重要考点，考生了解即可。

扫雷大练习

1. 王某发现当地个别政府工作人员有违法行为，遂将收集的证据材料交给电视台。电视台报道后，引起广泛关注。当地政府为此组成调查组进行调查，认定报道反映的问题属实，依法对相关责任人进行了处理。该事件涉及的法律监督形式包括（ ）。① （2017 年法学单选 6）

   A. 社会舆论监督、政党监督和行政机关监督
   B. 权力机关监督、人民群众监督和社会舆论监督
   C. 人民群众监督、社会舆论监督和行政机关监督
   D. 社会组织监督、社会舆论监督和人民群众监督

2. 下列关于法律监督的表述，正确的是（ ）。② （2015 年单选 9）

   A. 某检察院对同级法院的判决提起抗诉，属于国家监督
   B. 政协委员张某在"两会"期间对地方政府提出批评，属于行政监督
   C. 某省纪律检查委员会对有贪污嫌疑的赵某进行调查，属于司法监督
   D. 某省人大常委会工作人员孙某举报其领导以权谋私，属于权力机关监督

3. 下列关于法律实施的表述，正确的有（ ）。③ （2015 年多选 51）

   A. 法律实施是使法律从书本上的法律变成行动中的法律
   B. 公安机关对涉嫌嫖娼的黄某采取强制措施属于法的执行
   C. 某省人大常委会对该省地方性法规进行解释属于法律监督
   D. 某出租车司机向公安机关举报宁某吸毒的行为属于法的适用

4. 在我国法律监督体系中，属于社会监督的有（ ）。④ （2010 年法学多选 23）

   A. 中国共产党的监督　　　　B. 民主党派的监督
   C. 新闻媒体的监督　　　　　D. 全国人民代表大会的监督

---

① 答案：C。
② 答案：A。
③ 答案：AB。
④ 答案：ABC。

第十章 法律职业与法律方法

第一节 法律职业

一、法律职业的概念和特征

法律职业是指以法官、检察官、律师为代表的，受过专门的法律专业训练，具有娴熟的法律技能与法律伦理的法律人所构成的自治性共同体。从狭义上说，法律职业主要包括法官、检察官、律师三种具体的职业。从广义上说，法律职业还包括一切受过法律专业训练、从事法律工作的人员。

法律职业具有以下特征（这也是一国法律职业成熟的标志）。

1. 法律职业的技能特征

对于从事法律职业的人来说，职业技能是通过正规的法科专业学习与系统训练而养成的，它以系统而统一的法律学问为基础，并在职业实践中不间断地培训、学习和进取。

> **命题提示**
> 这个特征表明，法律职业具有理论性和实践性的特征。

2. 法律职业的伦理特征

法律职业伦理有别于大众伦理和其他职业伦理，因为它受法律活动规律的制约，受法律职业技能的影响。

> **命题提示**
> 法律职业伦理上尤其强调"忠诚、公正、廉洁、文明以及人权保障"，这些伦理高于普通职业伦理，例如律师不得因委托人罪恶深重而拒绝接受委托，法官应当"文明"对待刑事被告，无罪推定等。

3. 法律职业的自治特征

法律人从事法律活动，具有相当大的自主性或自治性；对法律自治的追求派生了职业主义的倾向，因而也就造就了专业化的法律人，进而也就出现了法律职业的专门逻辑。

4. 法律职业的准入特征

法律职业具有限制性、垄断性特征，未经专门训练，未掌握特殊的技能与伦理的人不得进入这个职业的殿堂。所以需要设定职业准入制度以检测申请者的素养。

> **总命题提示**
>
> 本考点近几年考过主观题，因此考生今年按照选择题准备。

二、法律职业人员的分类

（一）法 官

1. 法官的种类

法官是依法行使国家审判权的审判人员，包括最高人民法院、地方各级人民法院和军事法院等专门人民法院的院长、副院长、审判委员会委员、庭长、副庭长和审判员。

2. 法官的职责

法官的根本职责是参加合议庭审判案件或者独任审判案件。要实现司法审判的公正和效率，法官起着决定性作用。在很大程度上讲，只有高素质的法官队伍才能确保审判的公正和效率。

3. 法官的分级

法官等级分为十二级，依次为首席大法官、一级大法官、二级大法官；一级高级法官、二级高级法官、三级高级法官、四级高级法官；一级法官、二级法官、三级法官、四级法官、五级法官。

4. 不得担任法官的条件

曾因犯罪受过刑事处罚，曾被开除公职，被吊销律师、公证员执业证书或者被仲裁委员会除名的，不得担任法官（和检察官）。

> **命题提示**
>
> 不是重要考点，考生按照选择题备考，了解法官的职责、法官的任职条件。

（二）检察官

1. 检察官的种类

检察官是依法行使国家检察权的检察人员，包括最高人民检察院、地方各级人民检察院和军事检察院等专门人民检察院的检察长、副检察长、检察委员会委员、检察员。

2. 检察官的职责

检察官的职责是依法进行法律监督工作，代表国家进行公诉和对法律规定由人民检察院直接受理的刑事案件进行侦查。

3. 检察官的分级

依照我国法律，检察官的级别分为十二级，依次为首席大检察官、一级大检察官、二级大检察官；一级高级检察官、二级高级检察官、三级高级检察官、四级高级检察官；一级检察官、二级检察官、三级检察官、四级检察官、五级检察官。

4. 竞业禁止

1）检察官（及法官）从人民检察院（或人民法院）离任后两年内，不得以律师身份担任诉讼代理人或者辩护人。

2）检察官（及法官）从人民检察院（或人民法院）离任后，任何时候不得担任原任职检察院（或法院）办理案件的诉讼代理人或者辩护人。

3）检察官（及法官）的配偶、子女不得担任该检察官（及法官）所任职检察院（或法院）办理案件的诉讼代理人或者辩护人。

> 📡 **命题提示**
> 这不是重要考点，考生按照选择题备考，了解检察官职责、竞业禁止的条件。

（三）律 师

1. 律师的定义

律师是指依法取得律师执业证书，接受委托或者指定，为当事人提供法律服务的执业人员。律师应当维护当事人合法权益，维护法律正确实施，维护社会公平和正义。

2. 律师的特点

①律师必须是受过法律专业训练，具备丰富法律知识的人；②律师必须是依法取得律师执业证书的人；③律师是为社会提供法律服务的执业人员。

3. 律师权利保障

律师在执业活动中的人身权利不受侵犯。律师在法庭上发表的代理、辩护意见不受法律追究。但是，发表危害国家安全、恶意诽谤他人、严重扰乱法庭秩序的言论除外。律师应当保守在执业活动中知悉的国家秘密、商业秘密，不得泄露当事人的隐私。

> 📡 **命题提示**
> 这不是重要考点，考生按照选择题备考，了解律师的定义及权利保障。

（四）其他法律职业

我国的法律职业还有以下几类：立法部门的专职工作人员、公证员、公职律师、国有企业的公司律师、仲裁员（法律类）及政府部门中从事行政处罚决定审核、行政复议、行政裁决的人员，这些法律职业的从业者应当取得国家统一法律职业资格。

> 🧨 **扫雷大练习**

1. 下列关于我国法律职业的说法，正确的有（　　）。① （2017年法学多选23、2017年多选48）

A. 最高人民检察院检察长是首席大检察官

B. 法官的职责之一是参加合议庭审判案件或独任审判案件

C. 律师是依法取得律师职业证书，为社会提供法律服务的国家工作人员

D. 狭义的法律职业从业者包括法官、检察官、律师和法学教学研究人员四大类

2. 我国法官法规定，法官应当勤勉尽责，清正廉明，恪守职业道德。初任法官采用考试、考核的办法，按照德才兼备的标准，从具备法官条件的人员中择优提出人选。上述条文体现的法官职业特征有（　　）。② （2022年多选43）

A. 独立特征　　　　B. 准入特征　　　　C. 伦理特征　　　　D. 技能特征

---

① 答案：AB。
② 答案：BCD。

第二节 法律职业伦理

职业伦理是人类社会生活关系的规范、原理、规则的总称，其基础建立在个人的良心、社会舆论以及习惯之上，法律职业伦理是法律人在职业实践中必须遵守的道德律。

一、审判伦理及法官义务

《法官职业道德基本准则》从五个方面对法官职业道德准则提出要求，强调法官职业道德的核心是公正、廉洁、为民。其基本要求是忠诚司法事业、保证司法公正、确保司法廉洁、坚持司法为民、维护司法形象。

根据《法官法》第10条规定，法官应当履行下列义务：

1) 严格遵守宪法和法律。
2) 秉公办案，不得徇私枉法。
3) 依法保障当事人和其他诉讼参与人的诉讼权利。
4) 维护国家利益、社会公共利益，维护个人和组织的合法权益。
5) 保守国家秘密和审判工作秘密，对履行职责中知悉的商业秘密和个人隐私予以保密。
6) 依法接受法律监督和人民群众监督。
7) 通过依法办理案件以案释法，增强全民法治观念，推进法治社会建设。
8) 法律规定的其他义务。

> **命题提示**
>
> 这不是重要考点，考生按照选择题备考，了解法官职业道德的核心。

二、检察伦理和检察官义务

根据《检察官职业道德基本准则》的要求，检察伦理的基本要求包括：

1) 坚持忠诚品格，永葆政治本色。
2) 坚持为民宗旨，保障人民权益。
3) 坚持担当精神，强化法律监督。
4) 坚持公正理念，维护法制统一。
5) 坚持廉洁操守，自觉接受监督。

根据《检察官法》第10条规定，检察官应当履行下列义务：

1) 严格遵守宪法和法律。
2) 秉公办案，不得徇私枉法。
3) 依法保障当事人和其他诉讼参与人的诉讼权利。
4) 维护国家利益、社会公共利益，维护个人和组织的合法权益。
5) 保守国家秘密和检察工作秘密，对履行职责中知悉的商业秘密和个人隐私予以保密。
6) 依法接受法律监督和人民群众监督。

7）通过依法办理案件以案释法，增强全民法治观念，推进法治社会建设。
8）法律规定的其他义务。

> **命题提示**
> 这不是重要考点，考生需要了解：检察官职业伦理比法官职业伦理多了"担当"。

三、律师伦理的相关内容

1. 律师的主要义务

1）律师应当维护当事人合法权益，维护法律正确实施，维护社会公平和正义。
2）律师执业必须遵守宪法和法律，恪守律师职业道德和执业纪律。
3）律师执业必须以事实为根据，以法律为准绳。
4）律师执业应当接受国家、社会和当事人的监督。
5）律师依法执业受法律保护，任何组织和个人不得侵害律师的合法权益。
6）司法行政部门依照《律师法》对律师、律师事务所和律师协会进行监督、指导。
7）律师在执业活动中的人身权利不受侵犯。律师在法庭上发表的代理、辩护意见不受法律追究。但是，发表危害国家安全、恶意诽谤他人、严重扰乱法庭秩序的言论除外。
8）律师应当保守在执业活动中知悉的国家秘密、商业秘密，不得泄露当事人的隐私。

2. 律师职业道德

全国律协于2014年专门出台了《律师职业道德基本准则》，主要包括以下六个方面内容。

1）忠诚。律师应当坚定中国特色社会主义理想信念，坚持中国特色社会主义律师制度的本质属性，拥护党的领导，拥护社会主义制度，自觉维护宪法和法律尊严。
2）为民。律师应当始终把执业为民作为根本宗旨，全心全意为人民群众服务，通过执业活动努力维护人民群众的根本利益，维护公民、法人和其他组织的合法权益。
3）法治。律师应当坚定法治信仰，牢固树立法治意识，模范遵守宪法和法律，切实维护宪法和法律尊严。
4）正义。律师应当把维护公平正义作为核心价值追求，为当事人提供勤勉尽责、优质高效的法律服务，努力维护当事人合法权益。
5）诚信。律师应当牢固树立诚信意识，自觉遵守执业行为规范，在执业中恪尽职守、诚实守信、勤勉尽责、严格自律。
6）敬业。律师应当热爱律师职业，珍惜律师荣誉，树立正确的执业理念，不断提高专业素质和执业水平，注重陶冶个人品行和道德情操，忠于职守、爱岗敬业，尊重同行，维护律师的个人声誉和律师行业形象。

> **命题提示**
> 这不是重要考点，考生一般了解大体框架即可。

第三节 法律解释

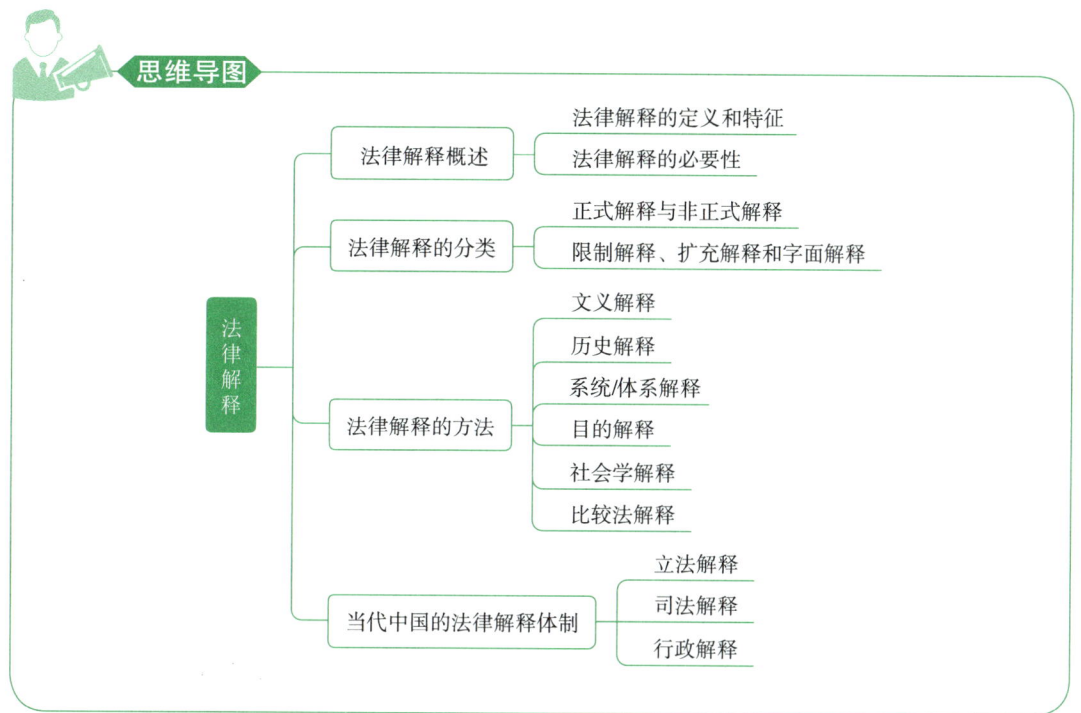

一、法律解释概述

(一) 法律解释的定义和特征

法律解释是指一定的人或组织对法律规定的含义的说明。

法律解释既是人们日常法律实践的重要组成部分，又是法律实施的重要前提。与一般解释相比，法律解释的特点主要表现为以下几个方面。

1. 法律解释的对象是法律规定

法律解释的任务是要通过研究法律文本及其附随情况（制定时的经济、政治、文化、技术等方面的背景情况），探求它们所表现出来的法律意旨。

> **命题提示**
>
> 这是重要考点，考生需要注意：法律解释的对象是"法律规定"，但如果说"仅限法律规定，无须考虑其他因素"，则是错误的。

2. 法律解释与具体案件密切相关

法律解释往往由待处理的案件所引起，法律解释需要将条文与案件事实结合起来进行。

> 📶 **命题提示**
>
> 这是重要考点,考生需要注意:虽然与具体案件相关,但并不意味着所有的法律解释都是根据实际案件作出的;这里之所以说与具体案件密切相关,主要是说"法官判案环节"。

3. 法律解释具有一定的价值取向性

法律解释的过程是一个价值判断和价值选择的过程。人们创制并实施法律是为了实现一定的目的,而这些目的又以某些基本的价值为基础。这些目的和价值就是法律解释所要探求的法律意旨。

> 📶 **命题提示**
>
> 这是重要考点,考生需要注意:法律解释必然蕴含着价值判断和选择,但这并不能得出"法律解释是纯粹的主观活动"的结论,原因在于,法律解释仍然有其客观性。

4. 法律解释受解释学循环的制约

解释学循环是解释学中的中心问题,它是指整体只有通过理解它的部分才能得到理解,而对部分的理解又只能通过对整体的理解来实现,也就是"法律人的目光要在事实与规范之间、前提与结论之间来回流转"。

> 📶 **命题提示**
>
> 这是重要考点,考生需要注意:之所以要进行"解释学循环",就是为了使案件结论既有合法性,又有合理性。

> 📶 **总命题提示**
>
> 对于法律解释的特征,考生要按照选择题和简答题备考。

(二) 法律解释的必要性

法律解释的必要性是由法律调整的特殊性及其运作的规律所决定的,它有助于解决法律实施中原则性与灵活性、一般与具体的矛盾,是完善立法的需要。

1) 法律具有概括性、抽象性的特点,需要法律解释化抽象为具体,变概括为特定。

法律规范是抽象的、概括的行为规则,只能规定一般的适用条件、行为模式和法律后果,它不可能也不应该对一切问题都作出详尽无遗的规定。在法律实施过程中,要把一般的法律规定适用于千差万别的具体情况,对各种具体的行为、事件和社会关系作出处理,就必须对法律作出必要的解释。

> 📶 **命题提示**
>
> 这是重要考点,考生需要注意:所有的"规范"其实都有抽象性、概括性,都会遇到"抽象与具体""概括与特定"的不对应问题,因此,"解释是必然存在的",即便是对于司法解释、立法解释,也需要在判案中再进行解释。

2）人们在认识能力、认识水平以及利益与动机上有差别，需要有权威性的法律解释来统一人们的理解，保证法的实施的统一性。

法律规范是以严格的、专门的法律概念、术语表述出来的，有时会与实际生活用语含义不同，不易为人们所理解；同时，由于社会主体的社会地位、生活环境和文化水平等特定原因，对于同一法律规范也会产生不同理解，这就需要权威性的解释。

> **命题提示**
>
> 这是重要考点，考生需要注意："权威性法律解释"并不限于"国家机关的解释"，例如学术权威人士作出的法律解释——只不过这种解释没有直接法律效力而已。

3）立法存在漏洞或矛盾，需要通过法律解释改正、弥补法律规定的不完善。

法律规范是由不同的国家机关创制的，分属于不同的法律部门，在现实的法律运作过程中，属于不同法律部门的各种法律规范之间，有时会发生矛盾或冲突；而且，在任何法律体系中都不可避免地存在着应规定的未作规定、规定不够准确清晰或界限不明等诸如此类的法律漏洞，为了弥补法律漏洞，使法律规范得以实施，有效地进行法律调整，法律解释就是必不可少的手段。

> **命题提示**
>
> 这是重要考点，考生需要注意：法律解释有弥补法律漏洞、解决法律冲突的作用。

4）法律具有滞后性，需要通过法律解释解决法律的稳定性与社会发展之间的矛盾。

法律规范是相对稳定、定型的规则，而社会生活却是不断发展变化的，要把相对确定的法律规定适用于不断变化的法律实际，就需要对法律规范作出必要的解释，以期在保证法律体系和基本原则的稳定性的同时，能够适时根据法律规范的基本原则、精神和规定，对新情况、新问题作出符合实际的处理。

> **命题提示**
>
> 这是重要考点，考生需要注意：法律解释可以赋予法律规定以"新含义"，例如刑法中的扩大解释。既然如此，当法律出现滞后性时，"修改"不是唯一解决手段。

5）普法教育的需要。通过法律解释普及法律知识，开展法制教育。

在中国目前民主法制还不健全的社会主义初级阶段，由法学工作者和法律界人士进行的，旨在普及法律知识、开展法制宣传教育的法律解释工作，对全面推进依法治国、建设社会主义法治国家的伟大进程具有重要的意义。

> **总命题提示**
>
> 考生需要重点掌握法律解释的必要性，按照选择题、简答题备考。

扫雷 大练习

1. 下列关于法律解释的表述，能够成立的有（　　）。① （2009年多选50）

---

① 答案：ACD。

A. 法律解释一般由待处理的案件引起
B. 法律解释是一个客观的过程，不具有价值取向性
C. 并不是所有的法律解释都具有法律效力
D. 法律解释有时可以起到弥补立法不足的作用

2. 联系我国法治建设的需要，论述法律解释的必要性。（2011年论述70）

二、法律解释的分类

（一）正式解释与非正式解释

法律解释根据解释主体和解释的效力不同，可以分为正式解释与非正式解释两种——是否具有法律上的约束力是区别正式解释与非正式解释的关键。

1. 正式解释

正式解释，通常也称法定解释、有权解释，是指由特定的国家机关、官员或其他有解释权的人对法律作出的具有法律上约束力的解释。根据解释的国家机关的不同，法定解释又可以分为立法解释、司法解释和行政解释三种。

> **命题提示**
>
> 正式解释是重要考点，考生需要明确：①我国现阶段的正式解释，不包括"官员"或"个人"作出的解释。历史上存在过官员或个人的"正式解释"，例如张斐、杜预解释晋律；西方也存在这种解释，例如古罗马时期的五大法学家的解释；以及判例法国家法官依职权对法律的解释。②这类解释有普遍的法律约束力，因此属于"规范性法律文件"，有规范性、普遍性、国家强制性等特征。③正式解释是否属于正式渊源？学界有争议，通说认为属于"我国法的正式渊源"。考生在初试阶段无须深入思考此类问题。

2. 非正式解释

非正式解释，通常也称学理解释，一般是指由学者或其他个人及组织对法律规定所作的不具有法律约束力的解释。这种解释是学术性或常识性的，不被作为法律实施的依据。虽然如此，非正式解释在法律适用、法学研究、法学教育、法制宣传以及法律发展方面还是有着很重要的意义。

（二）限制解释、扩充解释与字面解释

根据解释尺度的不同，法律解释可以分为限制解释、扩充解释与字面解释三种。

1. 限制解释

限制解释是指在法律条文的字面含义显然比立法原意广时，作出比字面含义窄的解释。它是在法律条文的字面含义与立法意图、社会发展需要明显不符时，为贯彻立法意图，反映社会发展的实际需要而设定的解释方法。

例如："子女对父母有赡养扶助的义务"中的"子女"是指"成年子女"。

2. 扩充解释

扩充解释是指在法律条文的字面含义显然比立法原意窄时，作出比字面含义广的解释。在我国，扩充解释不是任意扩大法律的内容，它是为更好地实现法律文字未能包含的立法意

图而设定的解释方法。因此，它始终必须以立法意图、目的和法律原则为基础。

例如：将 ATM 自动取款机解释为金融机构。

3. 字面解释

字面解释是指严格按照法律条文字面的通常含义解释法律，既不缩小，也不扩大。

> **命题提示**
>
> 法律解释的分类是选择题、分析题常考的考点，考生务必重点掌握。

三、法律解释的方法

法律解释的方法是解释者在进行法律解释时为了达到解释的目标所使用的方法。对于法律解释的方法，大陆法系国家和普通法法系国家的概括和表述有所不同，国内学者以往的概括也多有不同。

法律解释的方法大体上可概括为文义解释、历史解释、系统解释、目的解释等方法，这些方法可以综合使用。

（一）文义解释

文义解释也称语法解释、文法解释、文理解释，指严格遵循法律规范的字面含义的一种以尊重立法者意志为特征的解释。

这种解释按照法律条文的语言表述的字义、语法和通用的表达方式以及逻辑规律进行解释，目的在于使人们正确理解法律规范的含义和立法语言的含义。这种解释的特点是将解释的焦点集中在语言上，而不顾及根据语言解释出的结果是否公正、合理。

> **命题提示**
>
> 这是重要考点，考生需要明确：①文义解释侧重从"语法、通用理解"等角度找理由；②文义解释不是随意解释，也要尊重立法者意志；③文义解释不关心"案件结果是否公正、是否合理"。

（二）历史解释

历史解释是指通过对法律文件制定的时间、地点、条件等历史背景材料的研究，或者通过将这一法律与历史上同类法律规范进行比较来阐明法律规范的内容和含义。

进行历史解释的目的，主要是探求某一法律概念如何被接受到法条中来，立法者是基于哪些价值作出决定的。

> **命题提示**
>
> 这是重要考点，考生需要明确：①历史解释侧重从"历史的客观背景"或"历史演变"等角度找理由；②如果是从立法者"之前的想法"中找理由，则不属于"历史解释"。

（三）系统解释

系统解释又称体系解释，是指通过分析某一法律规范在整个法律体系和所属法律部门中的地位和作用，来揭示其内容和含义。

这种解释之所以必要，是因为每一个法律规范都是统一的法的整体的一部分，也是某一法律部门的一部分。它是在与相关法律规范的相互配合下发挥作用的。因此，要正确了解和适用某一法律规范，就必须同其他法律规范联系起来理解，以便更好地了解它的真实内容和含义。

> **命题提示**
>
> 这是重要考点，考生需要明确：①系统解释侧重从"上下文"中找理由——此处的"上下文"可能是其他"条款"，也可能是其他"部门法"；②系统解释之所以可以使用，原因在于"法律规范具有统一性"。

（四）目的解释

目的解释是指从制定某一法律的目的来解释法律。这里讲的目的不仅是指原先制定该法律时的目的，也可以是探求该法律在当前条件下的需要；既可以指整部法律的目的，也可以指个别法条、个别制度的目的。

按照目的解释的方法，在解释法律时应当首先了解立法机关在制定法律时所希望达到的目的，然后以这个目的或这些目的为指导，去说明法律的含义，尽量使目的得以实现；但是如果由于社会关系发展变化，原先的立法目的不能适应新的社会情势的需要，解释者可以通过这种解释方法，根据需要确定该法律的新的目的。

> **命题提示**
>
> 这是重要考点，考生需要明确：目的解释侧重从"立法者当时的想法"（简称"老目的"）、"法律当下的目的"（简称"新目的"）找理由——如果说，老目的是"怀念过去"，新目的就是"活在当下"。

（五）社会学解释

社会学解释是指着重于社会效果的预测和社会利益的衡量，根据各种社会因素对法律规范的社会目的和社会效益进行解释，以更深刻地理解法律的社会内容和利益所在，适应社会的发展变化，使法律适用符合社会政策。

> **命题提示**
>
> 这是重要考点，考生需要明确：社会学解释侧重从"社会现实"找理由，例如是否能促进经济发展，是否能促进政治稳定，等等。

（六）比较法解释

比较法解释是指通过比较外国的立法和判例及其原则、经验和效果，对本国法律进行解释。其不仅有助于在法的适用中准确理解立法原意，同时有助于弥补法律漏洞。

> **命题提示**
>
> 这是重要考点，考生需要明确：比较法解释侧重从"外国"找理由。

> **总命题提示**
>
> 解释方法是非常重要的考点，考生要按照选择题、分析题准备。

扫雷大练习

1. 四位法学院的学生旁听了法院审理的一起刑事案件后，用不同方法对该案件涉及的刑法条文进行了解释。对此，下列说法正确的是（　　）。①（2018年法学单选5、2018年单选10）

   A. 甲学生根据最高人民法院1985年发布的案例进行了解释，属于历史解释
   B. 乙学生结合法律的上下文作出解释，属于目的解释
   C. 丙学生结合立法时的社会背景进行解释，属于体系解释
   D. 丁学生按照法律条文的字面含义进行解释，属于文义解释

2. 下列关于法律解释的表述，正确的是（　　）。②（2016年单选13）

   A. 国家机关对法律所做的解释均为有权解释
   B. 我国法律解释体系包括立法解释和司法解释两种形式
   C. 历史解释方法既可用于正式解释，也可用于非正式解释
   D. 按解释尺度的不同可以将法律解释分为文义解释与体系解释

3. "不可抗力是指不能预见和不能避免的因素。"这一法律解释运用的主要方法是（　　）。③（2008年单选10）

   A. 语义解释　　　　　　　　　　B. 历史解释
   C. 目的解释　　　　　　　　　　D. 系统解释

四、当代中国的法律解释体制

法律解释体制是指国家法律解释权限划分的制度。根据宪法和相关法律的规定，我国建立了以全国人大常委会的解释权为核心和主体的、各机关分工配合的法律解释体制。相应地，法律解释分为立法解释、司法解释和行政解释三种形式。

（一）立法解释

1. 立法解释的概念

广义上的立法解释，泛指有权制定法律、法规的国家机关或其授权机关对自己制定的法律、法规所作的解释。狭义上的立法解释有两种不同的观点：一种认为专指全国人大常委会对宪法和法律（狭义的法律）的解释，另一种认为立法解释还包括有关地方人大常委会对地方性法规的解释。这里我们采用狭义的理解，在狭义的理解中又限定于国家最高立法机关——全国人民代表大会的常务委员会对法律的解释。

在我国，立法解释权属于全国人大常委会。立法解释包括对宪法的解释和对法律（这里所说的法律是指狭义的法律）的解释。凡关于法律条文本身需要明确界限或补充规定的，由全国人大常委会进行解释或用法律加以补充规定。全国人大常委会的法律解释同法律具有同

---

① 答案：D。
② 答案：C。
③ 答案：A。

等效力。

> **命题提示**
> 这是重要考点，考生需要明确：①全国人大常委会只解释"狭义的法律"。②至于对《宪法》的解释，按照学界通说，不应属于"立法解释"，而应属于"宪法解释"，这是大纲表述不严谨的地方；只不过选择题中如果出现"解释宪法和法律"，只能认为正确。

2. 立法解释的任务

在我国，立法解释的主要任务包含以下几方面。

1）阐明法律实施中产生的疑义。即对法律规定本身不清楚、不明确的条文进行说明，或者规定本身虽然清楚明确，但实施法律的人不了解立法者的立法精神，因此需要立法解释。

2）适应社会发展，赋予法律规定以新含义。即在没有对原法律进行修改、补充、废止之前，通过赋予法律规定新含义的方法补充法律。

3）解决法条冲突以及司法解释之间的冲突。一方面，当出现法条冲突却不能用法条竞合的一般规则来解释时，需要全国人大常委会进行立法解释；另一方面，根据我国现行法律解释体制，最高人民法院和最高人民检察院都有权进行司法解释，如果它们的司法解释发生冲突，应当报请全国人大常委会作出最终解释。

4）由全国人大常委会负责解释我国整个法律制度的核心部分，即宪法和法律，表明它在我国法律解释体制中应当占有主体地位。

其他国家机关对法律的解释，效力都低于全国人大常委会所作的法律解释。这是由我国的基本政治制度决定的，全国人民代表大会是我国的最高权力机关，全国人民代表大会的常务委员会是它的常设机关，它们是国家的立法机关。

> **命题提示**
> 立法解释的任务是重要考点，考生要按照选择题或简答题备考。

（二）司法解释

司法解释是国家最高司法机关对司法工作中具体应用法律问题所作的解释。司法解释分为最高人民法院的审判解释和最高人民检察院的检察解释。

1. 司法解释的种类

（1）审判解释

审判解释是指由最高人民法院对法院在审判过程中具体应用法律问题所作的解释。我国的审判解释权由最高人民法院统一行使，地方各级人民法院都没有对法律的审判解释权。

> **命题提示**
> 这是重要考点，考生需要明确：①最高院是针对"狭义的法律"的"具体应用"问题，而不是"本身"的问题；②地方法院只能作"学理解释"，不能作正式解释。

（2）检察解释

检察解释是指由最高人民检察院对人民检察机关在检察工作中具体应用法律问题所进行

的解释。如果审判解释与检察解释有冲突，则应报请全国人大常委会解释或决定。

> **命题提示**
>
> 这是重要考点，考生需要明确：全国人大常委会对有问题的司法解释，不能"撤销"——要么要求"两高"自行修改、废止，要么自己作出"立法解释"。

（3）联合解释

在司法实践中，审判机关和检察机关为了更好地协调和配合，统一认识，提高工作效率，对如何具体应用法律的问题，有时采用联合解释的形式，共同发布司法解释文件。

2. 司法解释的作用

司法解释的作用是为司法机关适用法律审理案件提供说明。这种作用具体表现为以下几方面。

1）对法律规定不够具体而使理解和执行有困难的问题进行解释，赋予概括、原则的规定以具体内容。

2）通过法律解释适应变化了的新的社会情况。法律调整应当与社会现实相协调，应当随社会的发展而赋予某类行为以相应的法律意义，作出适合社会发展的评价。

3）对适用法律中的疑问进行统一的解释。其中包括下列情况：①在适用法律过程中对具体法律条文理解不一致，通过解释，统一认识，正确司法；②为统一审理标准，针对某一类案件、某一问题或某一具体个案，就如何理解和执行法律规定而作出的统一解释。

4）对各级法院之间应如何依据法律规定相互配合审理案件，确定管辖以及有关操作规范问题进行解释。

5）通过解释活动，弥补立法的不足。

> **命题提示**
>
> 司法解释的作用在2021年考过简答题，今年不是考试重点，考生了解即可。

扫雷 大练习

最高人民法院和最高人民检察院对具体适用法律问题的解释有原则性分歧时，有权作出解释或决定的机关是（　）。①（2010年单选13）

A. 全国人民代表大会　　　　　　B. 全国人民代表大会常务委员会
C. 国务院　　　　　　　　　　　D. 中央政法委员会

（三）行政解释

行政解释指由国家最高行政机关，即国务院及其主管部门对有关法律和法规进行的解释。它包括两种情况：

1）对不属于审判和检察工作中的其他法律如何具体应用的问题所作的解释。

2）国务院及其主管部门在行使职权时对自己所制定的法规所进行的解释。

---

① 答案：B。

命题提示

这是重要考点，主要是考选择题。考生需明确：有权进行行政解释的机关包括制定行政法规的国务院以及制定行政规章的各部委。

为了保证国家法制的统一，行政解释不得与宪法和法律相抵触。全国人大常委会有权撤销国务院及其主管部门违反宪法和法律的解释。

命题提示

全国人大常委会不能直接撤销司法解释，但能直接撤销行政解释。

扫雷大练习

全国人大常委会对刑法有关规范作出解释，刑法有关文物的规定适用于具有科学价值的古脊椎动物化石、古人类化石。全国人大代表、法学教授甲认为这一解释不够全面，系统地提出了自己的解释。对此，下列选项正确的是（　　）。① （2022年单选5）

A. 全国人大常委会和甲的解释均属于限制解释
B. 全国人大常委会和甲的解释均属于立法解释
C. 全国人大常委会的解释是有权解释，甲的解释是学理解释
D. 全国人大常委会对于刑法的解释，其效力低于刑法的效力

第四节　法律推理

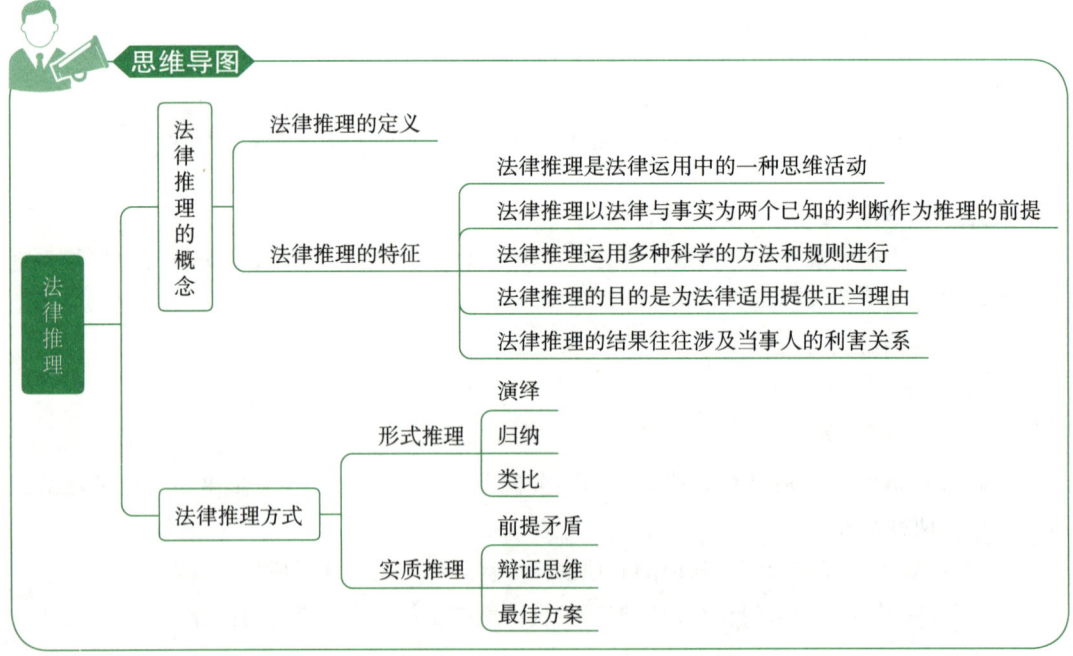

---

① 答案：C。

一、法律推理的概念

（一）法律推理的定义

法律推理通常是指以法律与事实两个已知的判断为前提，运用科学的方法和规则，为法律适用提供正当理由的逻辑思维活动。

法律推理的应用范围特别广泛，立法、执法、司法、法律监督乃至公民的法律意识中都有法律推理的活动，尤其是在法律适用过程中，法律推理占有显著的地位。

（二）法律推理的特征

法律推理与一般的推理相比，其特征主要表现在以下几方面。

1. 法律推理是法律运用中的一种思维活动

它不仅需要对抽象的法律规范进行理解和选择，而且还需要将这种抽象的法律规范应用于具体案件之中，因此，它可能是一系列复杂的推理和论证活动的综合体。

> **命题提示**
>
> 这是重要考点，考生需要明确：法律思维的复杂性体现在，要选择大前提、要甄别小前提、要把大前提涵摄到小前提上。

2. 法律推理以法律与事实为两个已知的判断作为推理的前提

在法律规范所作出的规定和已判明的法律事实之间建立合理的联系，并且以此为前提，推理论证出适用结果，也就是"以事实为根据，以法律为准绳"。

> **命题提示**
>
> 这是重要考点，考生需要明确：法律推理要受到现行法律的约束，现行法律是法律推理的前提和制约法律推理的条件，但在缺乏明确的法律规定的情况下，有时法律原则、政策、法理等也会成为法律推理的前提。

3. 法律推理运用多种科学的方法和规则进行

法律推理除了最基本的逻辑推理方法外，还需要应用一些非逻辑的分析和论证，比如价值分析判断等。

> **命题提示**
>
> 这是重要考点，考生需要明确：法律推理既包含"逻辑属性"，也含有"价值属性"，即离不开价值衡量。

4. 法律推理的目的是为法律适用提供正当理由

法律推理的结果与法律适用的理由相关，法律推理为适用结论提供正当理由，故推理过程实际上带有说明理由的成分。

> 📡 命题提示
>
> 这是重要考点，考生需要明确：法律推理的目的在于"结论有说服力"，而不是"解释大前提"，也不是"查明小前提"。

5. 法律推理的结果往往涉及当事人的利害关系

在许多情况下，法律推理的结论关涉当事人是否拥有权利、是否应承担义务、是否应负法律责任等，而这些问题直接关系到当事人的利益。

> 📡 总命题提示
>
> 这是重要考点，考生要掌握法律推理的定义和特征，按照选择题或简答题备考。

二、法律推理方式

法律推理的方法有两大类：一是形式逻辑方法，二是辩证逻辑方法。法律推理按照这两种方法可以分为形式推理和实质推理两大类。

（一）形式推理

形式推理又称分析推理，它是指运用演绎推理、归纳推理和类比推理解决法律问题的方法。

1. 演绎推理

演绎推理可称为三段论推理，它是从一般到特殊的推理形式，即从一般的知识推出特殊知识的推理活动。它是一种必然性推理。

在成文法国家，这是一种主要的法律推理方式。在法律推理过程中，演绎推理的特点是：法院有可以适用的法律规则和原则（大前提），也有通过审理确定的、可以归入该规则或原则的案件事实（小前提），由此得出一个确定的判决（结论）。

> 📡 命题提示
>
> 这是重要考点，考生需要明确：①演绎推理为大陆法系最常用的推理；②考生应掌握演绎推理的特点，按照选择题或分析题备考。

2. 归纳推理

归纳推理是从特殊到一般的推理，即从个别知识推出一般知识的推理活动。它是一种或然性推理。

归纳推理是在没有现成的对号入座的法律规则或原则的情况下，法院从以往判例中总结出法律规则或原则的活动。它主要适用于判例法国家。由于归纳推理意味着确立新的规则，因此这实际上是一种立法活动。

> 📶 命题提示
>
> 这是重要考点，考生需要明确：①归纳推理解决的是"大前提缺失"的问题；②归纳推理在我国也并未完全禁止——例如，对大前提的理解出现争议时，法官可能先归纳出其他判例对该法条的理解结果，再根据这种理解，搭配演绎推理使用。

3. 类比推理

类比推理是从个别到个别的推理，它是根据两类对象的某些属性的相似性推出它们在另一些属性方面也有相似性的推理活动，也是一种或然推理。

在法律推理中，法院有时可以在确定两个案件的事实存在相似性的情况下，推定两个案件适用的法律以及判决结果也应相似。这就是所谓的"类似案件，类似处理"。在判例法国家，这是一种基本的法律推理方法。

> 📶 命题提示
>
> 这是重要考点，考生需要明确：①我国确立了"类案检索"制度，因此也允许使用类比推理——只不过要搭配"演绎推理"使用，这一点与判例法不同，判例法国家称为"遵循先例"；②类比推理的逻辑结构是"由于事实类似→适用的法律类似→判决结果类似"。

> 📶 总命题提示
>
> 这三大推理方式是重要考点，但 2022 年已经以简答题考查了形式推理的分类。2024 年考生主要按照备考选择题或分析题来掌握，尤其是在结合案例让考生判断具体的推理方式时，考生要注意结合题眼——演绎推理的题眼是"直接以法条判案"；归纳推理的题眼是"总结多个案件的共性"；类比推理的题眼是"比较个别因素"。

（二）实质推理

实质推理又称辩证推理，它是指这样一种情形：当作为推理前提的是两个或两个以上的相互矛盾的法律命题时，借助于辩证思维，从中选择出最佳的命题，以解决法律问题。

辩证推理的作用主要是为了解决因法律规定的复杂性而引起的疑难问题。辩证推理是法官对法律或案件客观事实的辩证推理过程，它必须建立在事物的辩证法的客观基础之上，而绝不应该是从法官的主观想象中得出结论。

> 📶 命题提示
>
> 这是重要考点，考生需要明确：①实质推理也要符合"法律推理的一般特征"；②实质推理在选择题中考查时的做题技巧是："不按照一般规定判案"（即对法律的理解，不走寻常路）；③这里的"前提有矛盾"比较复杂，至少包括：大前提之间有矛盾（规则之间有矛盾、规则与原则之间有矛盾、法律规定与社会公德或法律精神有矛盾）、小前提之间有矛盾、大前提与小前提之间有矛盾（法律的滞后性、法律有漏洞）。

扫雷 大练习

1. 甲乙两家公司签约买卖合同，因卖方甲拒不履行交货义务，乙将其告上法院，法官依据我国《合同法》中"当事人一方不履行合同义务或者履行合同义务不符合约定的，应当承担继续履行、采取补救措施或者赔偿损失等违约责任"的规定，判决甲继续履行合同，法官适用的法律推理是（　）。① （2020年单选3）

   A. 演绎推理　　　　B. 归纳推理　　　　C. 类比推理　　　　D. 辩证推理

2. 关于法律推理，下列说法正确的是（　）。② （2017年法学单选3）

   A. 辩证推理是通过法官的主观想象获得合理裁判结论的推理过程
   B. 英美法系国家一般采用归纳推理，不用演绎推理
   C. "类似案件，类似处理"是类比推理的基本要求
   D. 演绎推理的大前提通常是法律事实

3. 出租车司机滕某因运送产妇就医闯红灯受到交警处罚。有评论认为，滕某虽然涉嫌违法，但情有可原，不应处罚。该评论意见的推理方式属于（　）。③ （2011年单选13）

   A. 演绎推理　　　　B. 归纳推理　　　　C. 类比推理　　　　D. 辩证推理

第五节　法律论证

一、法律论证的含义及特点

法律论证，是指在司法过程中对判决理由的正当性、合法性或合理性进行论证，即在诉讼过程中，诉讼主体运用证据确定案件事实、得出结论的思维过程。法律论证的目的，是从多种合理甚至合法的法律主张中论证出最佳选择。

法律论证的特点在于：

1）法律论证理论是对传统法律教义学和解释理论的超越。法律论证理论意识到法律三段论的局限，强调"法外"因素在法律正当性论证（证成）中的意义，这实际上与目的解释和社会学解释以及实质推理比较类似，属于演绎论证和归纳论证之外的似真论证（plausible argument），即合情理论证。

> **命题提示**
>
> 所谓似真论证，就是指"承认案件结果没有唯一正确的答案"——我们寻找的只是"更妥当"的答案。

2）法律论证一般由两部分组成，即法律问题和事实问题，但由于事实、法律、社会等因素的变化，论证的结论有可能被证伪或被修正，因此，法律论证的结论不是绝对的，具有可废止性，或称为可改写性或可证伪性。

---

① 答案：A。
② 答案：C。
③ 答案：D。

> **命题提示**
>
> 这是重要考点，考生要按照简答题备考。目前需要考生初步区分法律解释、法律推理和法律论证：①法律解释的对象最小——"作为大前提的法律规定"；②法律推理的对象较大——"大前提＋小前提→结论"；③法律论证理论则认为，"无论是法律解释还是法律推理"，其结论并不是唯一正确的（即法律论证理论有"怀疑论"的意味）。至于三者的具体区分，要到主观题阶段再展开，现阶段考生掌握到这个程度即可。

二、法律论证的正当性标准

（一）内容的融贯性

1）从法律本身来看，法律论证要达到法律价值与法律事实、法律整体与部分、法律规则与原则、法律原理与精神的系统性、连贯性和一致性。

2）从法律与社会关系看，法律论证要达到法律体系与外部社会之间的内外融贯，既追求法律意义的合法性，又要追求广泛意义上的正当性，即被社会广泛地接受。

（二）程序的合理性

法律论证理论建立在对结论的非绝对性、非唯一性认知上，论证过程的合理、公正决定着结论的正当性。因此，应建立相应的程序标准。

示例：谈判、调解、仲裁、听证会、论证会、法庭辩论和审判等各种机制和程序，各有特定的程序规则。司法程序以公开作为公正的基本标准，而非司法程序则往往以不公开为原则；司法程序注重严格性和对抗性，而非司法程序则强调灵活性和非对抗性；司法和行政执法程序以法律的运用和落实为主要目的，而民间机制则追求结果的合理性，并通过多元化和合理的程序，达到不同的正义结果。

（三）依据的客观性和逻辑有效性

1. 依据的客观性

法律论证不是完全主观和随意的主张，而是必须依据基本的法律和社会规范达成。

2. 逻辑的有效性

在论证中需要遵循基本的形式逻辑规则，如概念的一致性、逻辑的严谨性、因果关系的客观性，等等。

示例：炒作的、不确定的舆论、流言或臆测不符合法律论证的基本要求。

（四）效果最优性

当代中国法律论证，要跳出形式主义、教条主义，充分考量方案所产生的社会效果，努力实现法律效果、政治效果和社会效果的统一。

示例：终审法院对"许霆案"的最终处理，尽管与现行法律规定不尽相同，却经过了公众参与讨论、法律界的认真论证，考虑了我国公众的行为和心理、道德水准、金融服务的特点以及公共利益等多方面因素，在依据、程序和结果方面都能够为公众所接受。

总之，法律论证应注重广泛吸收公众参与，关注法外社会因素，注重协商性和实践理性，同时需要在法治精神、法律原则、民主制度以及公正程序的保障下进行，以保证法律的有效实施和与时俱进的发展，避免法律与社会的脱节，防止法律被误用。

> **命题提示**
> 这是重要考点，考生要按照简答题、分析题备考。法律论证的正当性标准，对法官的说理论证提出了更高标准：既要基于"法律规则"，也不能忽视"原则""精神""价值"以及社会公德、政策、习惯，同时还要遵守各种程序性规定。

扫雷 大练习

1. 简述法律论证的正当性标准。（2016年法学简答31）

2. 2014年，在外地打工的王某接到家中求助电话，遂到ATM机取款，遇机器故障，趁机多取走9万元。案发。法院经审理认为，王某的行为构成盗窃罪，但可对王某从轻处罚。该案数万字的判决书在网上公开，判决书的主要论证理由有：被告人主观恶性较轻；非法获取钱财的方式较平和；其行为的社会危害性较小；被告人家庭生活困苦，案发自首后，能及时归还全部所盗款项。王某对社会管理秩序心存畏惧，其案发后的行为说明他仍心存良知。因此，法院依法对王某判处有期徒刑三年，缓刑三年。大部分网友认为该判决书辨法析理，判决结果合情合理合法。

运用法理学有关理论，分析本案的法律论证是否具有正当性，为什么？（2017年法学分析论述34）

第十一章 法律关系

第一节 法律关系的含义与分类

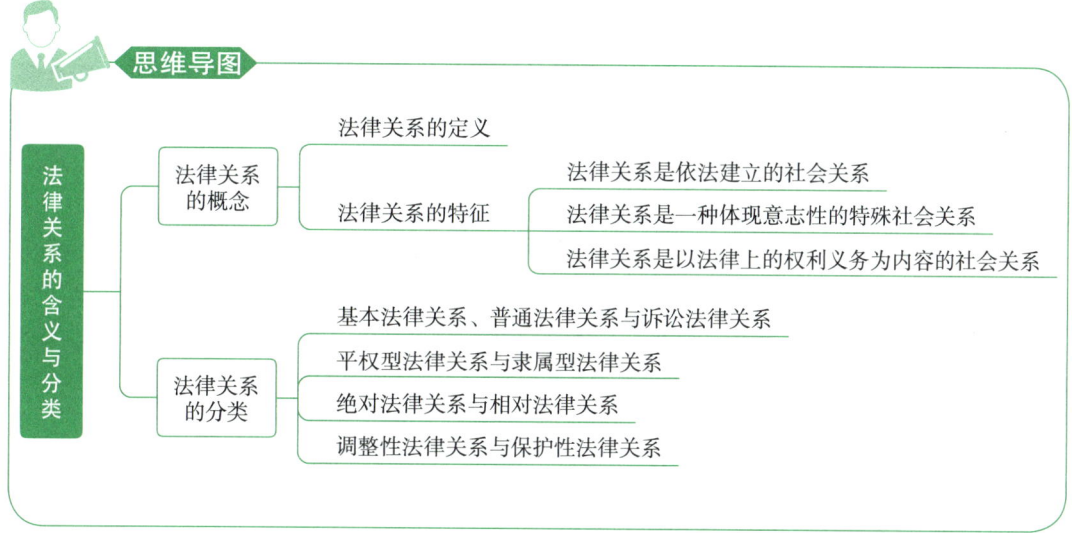

一、法律关系的概念

（一）法律关系的定义

法律关系是根据法律规范产生、以主体之间的权利与义务关系的形式表现出来的特殊社会关系，即在法律规范调整社会关系的过程中所形成的人们之间的权利和义务关系。

在历史上，法律关系的观念最早来源于罗马法中"法锁"的观念，但是直到 19 世纪，法律关系才作为一个专门的概念而存在。

> **命题提示**
>
> 考生应掌握"法锁"以及"19 世纪"这些信息要点。

（二）法律关系的特征

1. 法律关系是依法建立的社会关系

要从以下四个方面来理解。

(1) 法律规范是法律关系产生的前提

如果没有相应的法律规范的存在，就不可能产生法律关系。

> **命题提示**
>
> 这是重要考点，考生需要深入理解："法不禁止即自由"，但法律不禁止的≠法律要提供保护。例如法律没有禁止夫妻签署"同居协议"，但此类协议由于缺乏法律依据，导致不能建立法律关系，因此没有法律效力。

(2) 法律关系不同于法律规范调整或保护的社会关系本身

社会关系是一个庞大的体系，其中有些领域是法律所调整的，有些是不属于法律调整或法律不宜调整的，还有些是法律所保护的对象，这些被保护的社会关系不属于法律关系本身。

例如：夫妻关系中的法律关系≠夫妻关系。

(3) 法律关系是法律规范的实现形式，是法律规范的内容在现实生活中得到的具体贯彻

人们按照法律规范的要求行使权利、履行义务并由此而发生特定的法律上的联系，既是一种法律关系，也是法律规范的现实状态。

(4) 法律关系是人与人之间符合法律规范的社会关系

在社会生活中，往往存在着大量的事实关系，它们没有严格的合法形式，甚至完全违背法律，如非法同居关系、未经认可的收养关系、以规避法律为目的的契约关系、无效或失效的合同关系等。这些事实关系，都不能看作是法律关系。

> **命题提示**
>
> 这是重要考点，考生需要理解：有些事实可能与法律适用相关联，是法律适用过程中必须认真处理的一类法律事实，例如卖淫嫖娼。

2. 法律关系是一种体现意志性的特殊社会关系

法律关系属于思想社会关系和上层建筑现象。

(1) 法律关系是根据法律规范建立的，而法律规范是国家意志的体现

从实质上看，法律关系作为一种社会关系的特殊形式，正在于它体现了国家意志，从这个意义上讲，破坏了法律关系，其实也就违背了国家的意志。

> **命题提示**
>
> 法律关系中必然蕴含国家意志。

(2) 法律关系参加者的意志对于法律关系的建立和实现也有着重要的作用

有的法律关系的建立要根据法律关系参加者的意志，如合同法律关系的建立，除了要有一般规定外，签订合同的各方还需要意思表示一致，不能把一方的意思强加给另一方；有的法律关系的建立只需要法律关系参加者一方的意志即可成立，如绝大部分行政法律关系；有的法律关系的产生可以不通过人的意志，而仅由于某种不以当事人的意志为转移的事件发生，如出生、死亡、自然灾害等。

> 📡 **命题提示**
>
> 法律关系中不一定总是蕴含当事人意志。

需要注意的是，在法律关系产生或实现的过程中，国家意志和法律关系参加者的意志是相互作用的。

第一，法律关系参加者的意志必须符合国家意志，否则该法律关系得不到国家的确认和保护，法律关系不可能建立起来。在这个意义上，国家意志对于法律关系的产生和实现起着主导作用。

第二，体现在法律规范中的国家意志，只有通过法律关系参加者的意志才能得到实现，否则法律规范所体现的权利和义务就只能是一种抽象的可能性和必然性，不能变成现实，在这个意义上，法律关系参加者的意志对于法律规范中所体现的国家意志的实现又是必不可少的。

注意：承认法律关系的意志性，并不能否认它的客观性。法律关系的客观性主要表现在：①任何法律关系都根源于一定的经济关系，反映一定的经济关系的要求；②法律关系作为一定社会关系的特殊形式，除了受经济关系的制约外，还受其他社会关系的制约，反映一定社会关系的性质、内容和发展规律的要求；③从法律关系本身来看，其一经形成，就作为一种社会法律现象而存在，并对一定社会关系发生影响。

3. 法律关系是以法律上的权利义务为内容的社会关系

法律关系之所以属于思想社会关系，就在于它是根据法律规定而结成的权利义务关系

法律规范与法律关系都包含着主体的权利与义务，但它们在法律规范和法律关系中的表现形式不同。

1）在法律规范中，主体的权利和义务只是一种可能性，并不表明主体实际已经有了某种权利和义务。而在法律关系中，主体的权利和义务是现实的，法律规范所假定的事实已经发生，从而使主体之间产生了实际的权利义务关系。因此，法律规范中的权利与义务属于可能性的领域，而法律关系中的权利和义务属于现实性的领域。

2）在法律规范中，主体的权利和义务是针对同一类人、同一类行为的；而在法律关系中，法律所规定的事实情况、主体、权利与义务及其所指向的对象都是具体的。因此，法律规范中的权利与义务是抽象的，而法律关系中的权利与义务是具体的，法律关系是法律规范规定的权利义务在现实社会关系中的体现。没有具体法律关系主体的实际法律权利和法律义务，就不可能有法律关系的存在。在此，法律权利和义务的内容是法律关系区别于其他社会关系的重要标志。

> 🎯 **扫雷大练习**

1. 关于法律关系，下列说法不正确的是（　　）。① (2018年法学单选3、2018年单选8)

A. 民事法律关系均为相对法律关系

B. 法律规范是法律关系产生的前提

---

① 答案：A。

C. 在法律关系中，主体的权利和义务属于现实性领域

D. 法律关系是以法律上的权利义务为内容的社会关系

2. 下列关于法律规范与法律关系的表述，能够成立的是（　　）。① （2011年单选14）

A. 法律规范是法律关系的前提　　　　B. 法律规范是法律关系的结果

C. 法律关系是法律规范的基础　　　　D. 法律关系是法律规范的根据

二、法律关系的分类

（一）基本法律关系、普通法律关系与诉讼法律关系

基本法律关系、普通法律关系与诉讼法律关系是按法律关系所体现的社会内容的性质所作的分类。

1. 基本法律关系

基本法律关系是由宪法或宪法性法律所确认或创立的、直接反映该社会经济制度和政治制度基本性质的法律关系。

基本法律关系主要包括公民与国家的关系、国家机构之间的关系、中央与地方的关系、民族之间的关系、所有制关系和分配关系等内容。基本法律关系是社会中根本性的权利和义务关系，直接反映社会基本利益结构，并构成其他法律关系的基础。

2. 普通法律关系

普通法律关系是依据宪法以外的法律而形成的，存在于各类权利主体和义务主体之间的法律关系。法律关系中的大部分是普通法律关系。

3. 诉讼法律关系

诉讼法律关系是依据诉讼法律规范而形成的、存在于诉讼程序之中的法律关系。当基本法律关系和普通法律关系受到破坏或引起当事人之间的争议时，由于提起诉讼，诉讼法律关系便产生了。诉讼法律关系既存在于在诉讼程序中出现的各司法机关之间，也存在于各诉讼参与人之间，还存在于各司法机关和诉讼参与人之间。

> 📶 命题提示
>
> 基本法律关系是指"宪法部门"中的法律关系；普通法律关系是指除宪法、诉讼以外的法律关系。

（二）平权型法律关系与隶属型法律关系

平权型法律关系与隶属型法律关系是按照法律关系主体的法律地位是否平等所作的分类。

1. 平权型法律关系

平权型法律关系是存在于法律地位平等的当事人之间的法律关系。

所谓法律地位平等，指的是当事人之间没有隶属关系，也就是既不存在职务上的上下级关系，也不存在一方当事人可以依据职权而支配对方的情形。

---

① 答案：A。

这种平权型的法律关系以民事法律关系最为典型。当然，在民事行为领域之外也存在许多种平权型法律关系。

> **命题提示**
>
> 公司负责人与员工之间的关系是平权型法律关系。

2. 隶属型法律关系

隶属型法律关系是一方当事人可依据职权而直接要求他方当事人为或不为一定行为的法律关系。

隶属型法律关系既存在于具有职务关系的上下级之间，也存在于依法享有管理职权的国家机构和在其管辖范围内的各种主体之间。在这种法律关系中，行使职权的机关可通过单方面的意思表示而要求相对人服从。绝大部分行政法律关系属于隶属型法律关系，在这种法律关系中，行使职权的机关可以通过单方面的意思表示要求相对人服从。

> **命题提示**
>
> 这是重要考点，常考选择题和分析题。考生在做题时区分二者的标准是：一方是否有单方处分另一方的权利。

（三）绝对法律关系与相对法律关系

绝对法律关系与相对法律关系是按法律关系主体是否完全特定化所作的分类。

1. 绝对法律关系

绝对法律关系指的是权利主体特定而义务主体不特定的法律关系。

绝对法律关系的特点是，只有权利主体是特定的、具体的，而义务主体则是不特定的、不具体的。绝对法律关系以"一个人对一切人"的形式表现出来，即一个特定的人与其他相对人之间的法律关系。

> **命题提示**
>
> 典型的绝对法律关系是"基于物权形成的法律关系""基于人格权形成的法律关系"等。

2. 相对法律关系

相对法律关系是存在于特定的权利主体和特定的义务主体之间的法律关系。

相对法律关系的特点是参加法律关系的双方或数方均是特定的、具体的人，其表现形式是"某个人对某个人"。

> **命题提示**
>
> 典型的相对法律关系是"基于债权形成的法律关系"，考生做题时的判断标准是：双方都是特定的人。

（四）调整性法律关系与保护性法律关系

调整性法律关系与保护性法律关系是按法律关系产生的依据、作用和实现规范的内容不同所作的分类。

1. 调整性法律关系

调整性法律关系是基于人们的合法行为产生的、发挥法的调整作用的法律关系，它所实现的是法律规则的行为模式的内容。

调整性法律关系不需要适用法律制裁，法律主体之间即能够依法行使权利、履行义务，如各种依法建立的民事法律关系、行政合同关系等。

2. 保护性法律关系

保护性法律关系是由于违法行为而产生的、旨在恢复破坏的权利和秩序的法律关系，如刑事法律关系，它发挥着法的保护作用，所实现的是法律规则的法律后果的内容，是法的实现的非正常形式。

> **命题提示**
>
> 考生做题时的判断标准是：国家是否进行"法律制裁"。

> **总命题提示**
>
> 法律关系的分类是非常重要的考点，考生既要掌握分类标准，也要结合具体案例来判断，按照选择题备考。

扫雷 大练习

1. 某日，交警甲在乙的小饭馆吃午餐，付给乙餐费100元。当天下午，乙驾车到超市购物时违章停车，甲依法对乙处以100元的罚款并出具罚单。根据法律关系原理，上述"吃饭"与"罚款"两次活动所引发的法律关系分别是（　　）。① （2015年法学单选5）

    A. 基本法律关系与普通法律关系　　　　B. 实体法律关系与程序法律关系
    C. 绝对法律关系与相对法律关系　　　　D. 平权型法律关系与隶属型法律关系

2. 甲骑摩托车未戴头盔，被警察乙发现后，对甲进行教育并给予处罚，甲在回家途中，协助交警丙抓了抢劫他人的丁，各主体间的法律关系是（　　）。② （2022年单选2）

    A. 甲乙是平权型法律关系　　　　　　　B. 丙丁是隶属型法律关系
    C. 乙丙是平权型法律关系　　　　　　　D. 甲丁是隶属型法律关系

3. 甲驾车闯红灯，将正常过马路的孕妇乙蹭倒，被公安机关交通管理部门罚款200元。乙虽未受伤，但因受惊吓，在送往医院途中，产下一子丙。上述事件中，甲与公安机关交通管理部门之间、乙与丙之间分别产生了何种性质的法律关系？从主体地位的角度看，这两种法律关系有何区别？（2011年分析67）

---

① 答案：D。
② 答案：B。

第二节 法律关系的构成要素

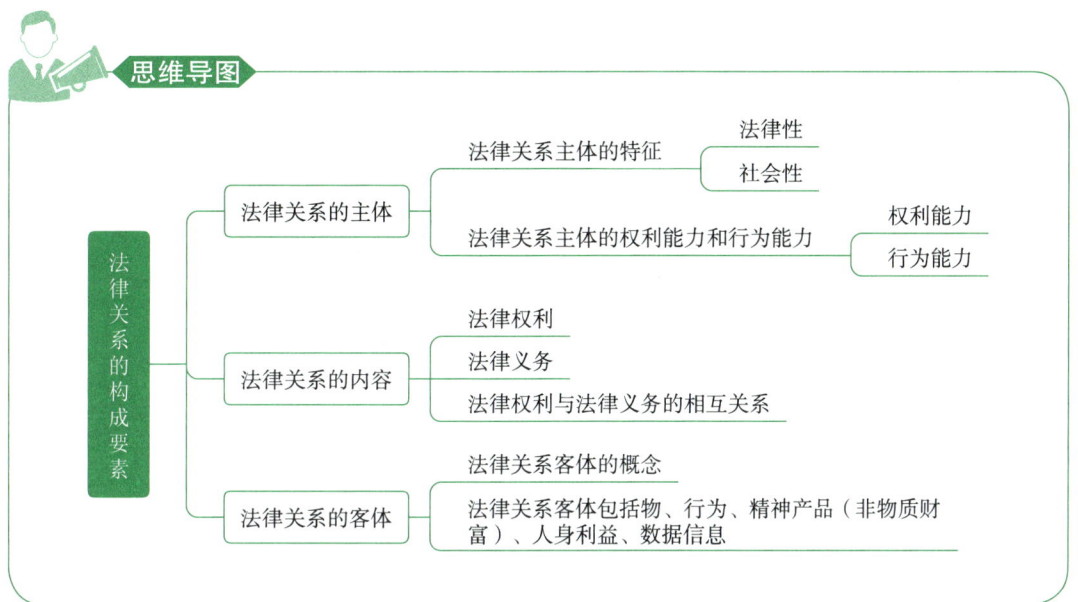

一、法律关系的主体

(一) 法律关系主体概述

1. 法律关系主体的概念和特征

法律关系主体是指法律关系的参加者,即法律关系中权利的享有者和义务的承担者。

法律关系主体的特征,主要表现为具有法律性和社会性。

(1) 法律关系主体的法律性

这是指法律关系主体是由法律规范所规定的,不在法律规定的范围内,不得任意参加法律关系,成为法律关系的主体。例如,低于法定结婚年龄的人不得成为婚姻法律关系的主体。

(2) 法律关系主体的社会性

这是指法律规范规定什么人和社会组织能够成为法律关系主体不是任意的,而是由一定的物质生活条件决定的。

例如:在奴隶制国家的法律中,只有自由民才是法律关系的主体,奴隶不是法律关系的主体。这一法律规定是由奴隶制生产方式决定的。再如,智能人在未来也可能成为法律关系主体。

命题提示

法律关系主体的概念和特征,考生要按照简答题备考。

2. 法律关系主体的范围

在我国,能够参与法律关系的主体包括:自然人(公民)、法人、其他社会组织和国家。

第一,自然人是指有生命并具有法律人格的个人,包括中国公民、居住在中国境内或在中国境内活动的外国公民和无国籍人。在我国，外国公民和无国籍人参加法律关系的范围是有限制的，以我国有关法律以及我国与有关国家签订的条约为依据。

第二，法人是与自然人相对称的概念，指具有法律人格，能够以自己的名义独立享有权利或承担义务的组织，是由法律赋予人格并将其视同自然人一样有独立的意志和利益的社会组织体。

第三，有时国家也作为特殊的法人参加民事法律关系或国际法律关系。

> **命题提示**
>
> 这是了解型考点，考生需了解：①外国人、无国籍人也可作为法律关系主体；②法人、其他组织以及国家，都可作为法律关系的主体。

（二）法律关系主体的权利能力和行为能力

1. 权利能力

（1）权利能力的概念

权利能力是权利主体享有权利和承担义务的能力，它反映了权利主体取得享有权利和承担义务的资格。

（2）权利能力的分类

1）公民的权利能力。可分为一般权利能力和特殊权利能力两种。

第一，一般权利能力。这为所有公民普遍享有，始于出生，终于死亡，如人身权利能力等。

第二，特殊权利能力。这须以一定的法律事实出现为条件才能享有，如参加选举的权利能力须以达到法定年龄为条件。

2）法人的权利能力。这始于法人依法成立，终于法人被解散或撤销。法人权利能力的内容和范围与法人成立的目的直接相关，并由有关法律和法人组织的章程加以规定。

2. 行为能力

行为能力是权利主体能够通过自己的行为取得权利和承担义务的能力。

行为能力以权利能力为前提，自然人有权利能力并不一定有行为能力，法人的权利能力和行为能力是一致的。

> **命题提示**
>
> ①权利能力是行为能力的前提，但不能说"有行为能力就一定有权利能力"，原因在于：权利能力有一般权利能力和特殊权利能力之分；②法人的权利能力与行为能力是一致的；③有权利能力和行为能力，不一定有"实际的权利"。

二、法律关系的内容

（一）法律权利

1. 法律权利的概念和特征

法律意义上的权利一词最早来源于罗马法。从形式意义上讲，法律权利的一般含义是：作为法律关系主体即权利主体或享有权利人，依法具有自己这样行为或不这样行为，或要求他人这样或不这样行为的能力或资格。其特征在于：

1）法定性。法律意义上的权利与其他性质上权利的主要区别在于，它是体现国家意志的法律、法规所承认和保护的。

2）社会性。权利和法一样，都受社会经济关系的制约，权利永远不能超出社会的经济结构以及由经济结构所制约的社会文化发展，法定权利不过是社会经济关系的法律形式即法权关系。

3）任意性。法定权利指向"行为自由"，行为人可以自行选择行使或放弃。

4）关联性。法定权利与法定义务相关，相辅相成，有权利就有义务，有义务就有权利。

> **命题提示**
>
> 这是重要考点，考生要按照简答题备考。同时，考生要区分法定权利和非法定权利，区分标准是：是否有明确的法律规定。例如：恋爱、悼念等，是权利，但不是法定权利。

2. 法律权利与权力（2023年论述题）

广义上的法律权利包含了权力，从字面上讲，职权、权限、权力等词与权利一样，也可以理解为法律关系主体具有自己这样行为或不这样行为，或要求他人这样行为或不这样行为的能力或资格。但是在实际使用中，它们与权利的主要区别在于：

1）使用场景不同。在我国现行宪法中，对中央国家机关使用职权一词，对地方国家机关使用权限一词，对公民则使用权利一词。

2）适用的主体不同。权利主体一般是公民与法人和其他社会组织，权力主体则只能是被授予权力的国家机关及其特定的工作人员。

3）权利和权力的自由度不同。权利主体对其享有的某些权利是可以转让或放弃的，职权不能放弃、不可让与。

4）强制性的角度不同。权力的强制性是直接的，权利的强制性则是以权力为中介的，是间接的。

> **命题提示**
>
> 试考点2023年已经考过论述题，2024年的考生仅按照选择题备考即可。

扫雷 大练习

1. 下列关于权利的相关表述，正确的是（　　）。① （2015年单选11）

A. 法律关系主体的权利就是权利能力

B. 一般而言，法律权利的主体不能主动放弃权利

C. 通常情况下，有权利即有义务，有义务即有权利

D. 权利的强制性是直接的，权力的强制性是间接的

2. "法不禁止即自由；法无明文规定不可为。"

请结合上述法谚，论述权利和权力的关系。（2023年法学论述）

---

① 答案：C。

(二) 法律义务

法律义务是指作为法律关系主体即义务主体或承担义务人依法应这样行为或不得这样行为的限制和约束。这就是说，法律或者积极地规定或承认人们必须这样行为，或者消极地规定或承认人们不应这样行为。

(三) 法律权利与法律义务的相互关系

1. 总体关系

法律权利和法律义务是一对表征法律主体关系和状态的范畴，是法学范畴体系中最基本的范畴。义务是权利的关联词或对应词，两者相辅相成：有权利即有义务，有义务即有权利；没有无权利的义务，也没有无义务的权利，二者互为目的，互为手段。

2. 相互依存关系

权利是指法律保护的某种利益，它表现为要求相对人可以怎样行为、必须怎样行为或不得怎样行为，权利的实现离不开义务的履行，它反映着主体在社会关系中独立自主和相互协作的关系的状态。

3. 本质上有共同的社会基础

1) 人是社会生活的主体，也是社会发展的主体，同时，人又是社会发展所要保护和实现的目标，每个人都有生存的需求，有满足自己基本利益和需求的愿望，人的生活需求既是一切社会活动的动机，也是权利概念存在的前提。

2) 由于社会分工和利益资源的制约，每个人自身利益的实现和满足又离不开他人的协作和帮助，每个人必须为社会承担一定的责任，这就构成了义务概念存在的客观基础。

> **命题提示**
>
> 这是重要考点，考生要按照论述题备考。

三、法律关系的客体

(一) 法律关系客体的概念

法律关系客体是指法律关系主体之间权利和义务所指向的对象。法律关系客体与权利客体既有区别又有联系。

法律关系客体是一个历史的概念，随着社会历史的不断发展，其范围和形式、类型也在不断地变化。总体看来，由于权利和义务类型的不断丰富，法律关系客体的范围和种类有不断扩大和增多的趋势。归纳起来，法律关系客体包括物、行为、精神产品（非物质财富）、人身利益和数据信息。

扫雷大练习

在法律关系中，权利与义务所指向的对象是（ ）。[①]（2011年法学单选6）

A. 法律事实 B. 法律关系的主体
C. 法律关系的客体 D. 法律关系的内容

[①] 答案：C。

（二）法律关系客体的种类

1. 物

法律意义上的物是指法律关系主体支配的、在生产上和生活上所需要的客观实体。它可以是天然物，也可以是生产物；可以是活动物，也可以是不活动物。

作为法律关系客体的"物"与物理意义上的"物"，既有联系，又有不同，它不仅具有物理属性，而且应具有法律属性。物理意义上的物要成为法律关系客体，须具备以下条件：①应得到法律的认可（毒品不能成为法律关系客体）；②应为人类所认识和控制，不可认识和控制之物（如地球以外的天体）不能成为法律关系客体；③能够给人们带来某种物质利益，具有经济价值（空气不能成为法律关系客体）；④须具有独立性，不可分离之物（如道路上的沥青、桥梁之构造物、房屋之门窗）一般不能脱离主物，故不能单独作为法律关系客体存在。

> 命题提示
>
> 这是了解型考点，考生需了解：物一般是物权的客体。

2. 行　为

在很多法律关系中，其主体的权利和义务所指向的对象是行为。作为法律关系客体的行为是特定的，即义务人为满足权利人的利益要求而完成的行为，包括作为和不作为，又称积极行为和消极行为。

> 命题提示
>
> 这是了解型考点，考生需了解：行为一般是债权的客体；这里的行为其实是"义务"。

3. 精神产品

精神产品是人通过某种物体（如书本、砖石、纸张、胶片、磁盘）或大脑记载下来并加以流传的思维成果。精神产品不同于有体物，其价值和利益在于物中所承载的信息、知识、技术、标识（符号）和其他精神文化。同时它又不同于人的主观精神活动本身，是精神活动的物化、固定化。精神产品属于非物质财富。

> 命题提示
>
> 这是了解型考点，考生需了解：精神产品一般是知识产权的客体。

4. 人身利益

人身利益是指民事主体依法享有的，与其自身利益不可分离也不可转让的没有直接财产内容的利益。人身是由各个生理器官组成的生理整体（有机体），它是人的物质形态，也是人的精神利益的体现。

在现代社会，随着现代科技和医学的发展，人身利益不仅是人作为法律关系主体的承载者，而且在一定范围内成为法律关系的客体。但须注意的是：

1）活人的（整个）身体，不得视为法律上之"物"，不能作为物权、债权和继承权的客体，禁止任何人（包括本人）将整个身体作为"物"参与有偿的经济法律活动，不得转让或买卖。

2）权利人对自己的人身不得进行违法或有伤风化的活动，不得滥用人身，或自贱人身和人格。

3）对人身行使权利时必须依法进行，不得超出法律授权的界限，严禁对他人人身非法强行行使权利。

人身（体）部分（如血液、器官、皮肤等）利益的法律性质是一个较复杂的问题。它是属于人身，还是属于法律上的"物"，不能一概而论，应从三方面分析：①当人身的一部分尚未脱离人的整体时，即属人身本身；②当人身之部分自然地从身体中分离，已成为与身体相脱离的外界之物时，亦可视为法律上的"物"；③当该部分已植入他人身体时，即为他人人身之组成部分。

> **命题提示**
>
> 这是重要考点，考生应按选择题或分析题备考，需掌握：①"冻卵"问题。冻卵属于"物"，可以被继承，但属于限制流通物。②人造器官问题：方便从人身摘取的，属于"物"；不方便摘取的，属于"人身利益"。

5. 数据信息

作为法律关系客体的数据信息，是指以数据形式存在的有价值的情报或资讯，如工商业情报、国家机密、个人信息等，其中既有人工处理的数据信息，也包括很多自然生成的数据信息。因此它既不是物，也不等同于智力成果。随着以互联网、物联网、数码存储和处理技术的发展为主要表征的信息新时代的到来，数据信息作为法律关系客体的地位将愈加重要。

> **命题提示**
>
> 这五种分类一般考选择题居多，考生能结合具体的案例区分即可。除了上述常见的五种客体，还包括"权利"——民法上，权利可以成为质押的客体；由此可见，权利和义务是法律关系的"内容"，但有些权利、义务可以作为法律关系客体。

扫雷 大练习

下列法律概念中，属于客体概念的是（　）。① （2009年单选1）

A. 原告　　　　　　　　　B. 人民法院
C. 动产　　　　　　　　　D. 不可抗力

---

① 答案：C。

第三节 法律关系的产生、变更与消灭

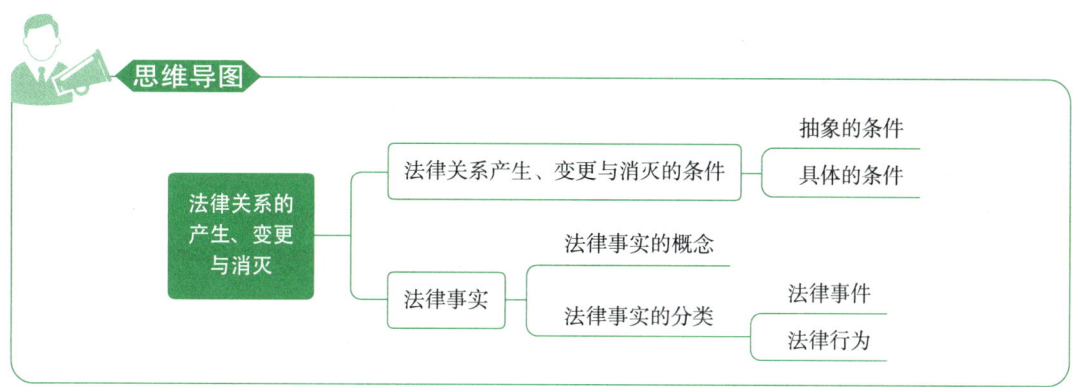

一、法律关系产生、变更与消灭的条件：抽象的条件与具体的条件

法律关系的产生、变更与消灭称为法律关系的演变。由于社会生活本身是不断变化的，法律关系也就不能不具有某种流动性，每一种法律关系自产生后都可能在一定条件下趋于变更或消灭。

法律关系的产生、变更与消灭不是随意的，必须符合两方面的条件。

第一，抽象的条件，即法律规范的存在，这是法律关系形成、变更与消灭的前提和依据。

第二，具体的条件，即法律事实的存在，它是法律规范中假定部分所规定的各种情况，一旦这种情况出现，法律规范中有关权利和义务的规定以及有关行为法律后果的规定就发挥作用，从而使一定的法律关系产生、变更或消灭。

> **命题提示**
>
> 该考点考查较少，考生一般按照选择题准备。法律关系演变的两个条件是抽象条件与具体条件，对应的就是法律推理的大前提和小前提，司法原则中的"以事实为根据、以法律为准绳"与此也是对应的。

二、法律事实

（一）法律事实的概念和特征

法律事实是指能够引起法律关系产生、变更或消灭的各种事实的总称。

法律事实与一般意义上的事实有重要区别——法律事实是一种具有法律意义的事实，其特征在于：

1）法律事实是一种规范性事实，没有法律规范就不会有法律事实。

2）法律事实是一种能用证据证明的事实。这意味着法律事实不仅是客观事实，而且它还是能用证据证明的客观事实。需要说明的是，特殊情况下还包括推定事实。

> **命题提示**
> 该考点考查较少，考生按照一般的选择题准备，了解框架即可。

（二）法律事实的分类

按照法律事实是否与当事人的意志有关，可以把法律事实分为法律事件和法律行为，这是一种最基本、最重要的分类。

1. 法律事件

法律事件，是法律规范规定的、与当事人意志无关的，且能够引起法律关系产生、变更或消灭的客观事实。根据事件是否由人们的行为而引起可以划分为绝对事件和相对事件。

1）绝对事件不是由人们的行为而是由某种自然原因引起的。

例如：人的自然死亡和出生、时间的流逝等自发性质的现象，属于绝对事件。人的死亡引起婚姻法律关系的消灭、劳动关系的消灭，人的出生引起父母与子女的法律关系的产生等。

2）相对事件是由人们的行为引起的，但它的出现在该法律关系中并不以权利主体意志为转移。

例如：罢工引起合同迟延履行。

总之，事件的出现与当事人的意志无关，不是由当事人的行为所引发的。导致事件发生的原因，既可以来自社会，也可以来自自然，另外也可能来自时间的流逝，如各种时效的规定等。

2. 法律行为

从法律关系的角度看，法律行为指的是与当事人意志有关的，能够引起法律关系产生、变更或消灭的作为和不作为，在法理上，法律行为不限合法行为，还包括违法行为。

法律行为与事件的不同之处在于：当事人的主观因素成为引发此种事实的原因。因此，当事人既无故意又无过失，而是由于不可抗力或不可预见的原因而引起的某种法律后果的活动，在法律上不被视为行为，而被归入意外事件。

> **命题提示1**
> 这是重要考点，但2021年考过简答题，考生今年按照选择题备考即可。考生要掌握法律事件与法律行为的分类标准："当事人意志"。

> **命题提示2**
> 需要说明的是：法理上的"法律行为"与民法上的"民事法律行为"不能画等号。大体而言，法理上的"法律行为"＝民法上的"民事法律行为"＋"事实行为"。

命题提示3

同一个法律事实可以引起多种法律关系的产生、变更与消灭。例如，工伤致死，不仅可以导致劳动关系、婚姻关系的消灭，而且也会导致劳动保险合同关系、财产继承关系的产生。有时候一个法律关系的产生、变更或消灭需要同时有两个或两个以上的法律事实。在法学上，人们常常把两个或两个以上的法律事实所构成的一个相关整体称为"事实构成"。

扫雷大练习

1. 下列引起法律关系产生、变更或消灭的情形中，属于法律行为的是（　　）。① （2020年单选8）

　　A. 地震造成人员伤亡引发保险理赔

　　B. 某国爆发战争导致投资合同无法如期履行

　　C. 小李与小张依法进行婚姻登记结成夫妻关系

　　D. 大刘死亡致其与所在单位的劳动关系消灭

2. 甲驾车闯红灯，将正常过马路的孕妇乙蹭倒，被公安机关交通管理部门罚款200元。乙虽未受伤，但因受惊吓，在送往医院途中，产下一子丙。

请结合上述材料，运用法理学中法律关系的理论回答下列问题：

（1）上述事件中，甲与公安机关交通管理部门之间、乙与丙之间分别产生了何种性质的法律关系？从主体地位的角度看，这两种法律关系有何区别？

（2）导致甲与公安机关交通管理部门之间、乙和丙之间的法律关系产生的法律事实各是什么？这两种法律事实有何不同？

---

① 答案：C。

第十二章 法律责任与法律制裁

第一节 法律责任

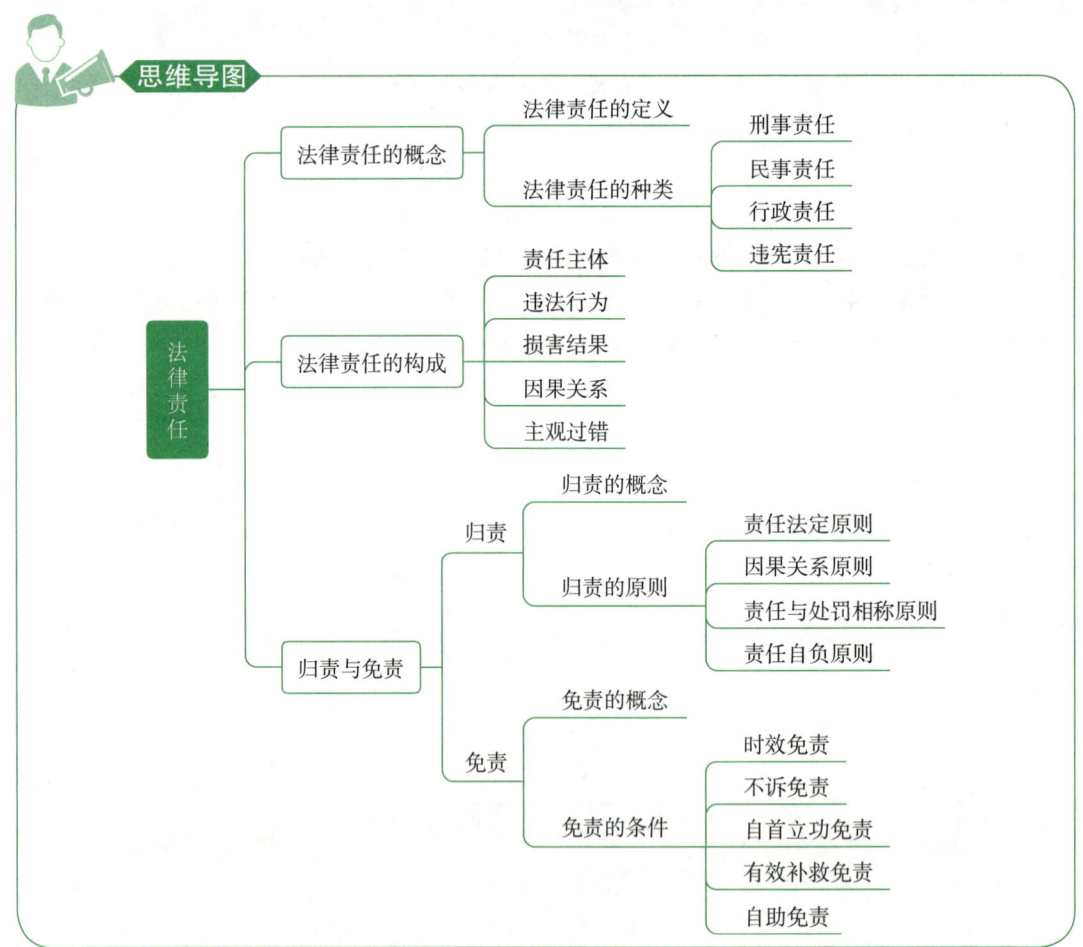

一、法律责任的概念

（一）法律责任的定义

法律责任是指行为人由于<u>违法行为、违约行为或者由于法律规定</u>而应承受的某种不利的法律后果。法律责任是社会责任的一种，但是承担法律责任的最终依据是法律，法律责任具有国家强制性。

法律责任的目的在于：保障法律上的权利、义务、权力得以生效，在它们受到阻碍，从而使法律所保护的利益受到侵害时，通过适当的救济，使对侵害发生有责任的人承担责任，消除侵害并尽量减少未来发生侵害的可能性。法律责任的目的是通过其惩罚、救济和预防三个功能的发挥来实现的。

> **命题提示**
>
> ①考生重点掌握法律责任产生的三个原因，其中，"由于法律规定"导致的责任，是指公平责任、无过错责任；②考生要了解法律责任的三个功能。

（二）法律责任的种类

法律责任包括刑事责任、民事责任、行政责任、违宪责任。

1. 刑事责任

刑事责任是指行为人因其犯罪行为所必须承受的，由司法机关代表国家所确定的否定性法律后果。

1）刑事责任是犯罪人向国家所负的一种法律责任，刑事法律是追究刑事责任的唯一法律依据。

2）刑事责任是一种惩罚性的责任，是所有法律责任中最严厉的一种。刑事责任通常由个人承担，也有一些刑事责任由法人或其他组织承担。

2. 民事责任

民事责任是指行为人由于违反民事法律、违约或者由于民法规定所应承担的一种法律责任，可以分为违约责任和侵权责任。

1）民事责任主要是一种救济责任，其功能主要在于救济当事人的权利，赔偿或补偿当事人的损失。当然，民事责任也具有惩罚的功能，比如违约金本身就含有惩罚的意思。

2）民事责任主要是一种财产责任，比如赔偿损失、支付违约金等都是以财产为内容的。民事责任主要是一方当事人对另一方当事人的责任，在法律允许的情况下，民事责任可以由当事人协商解决。

3. 行政责任

行政责任是指因违反行政法规定或因行政法规定而应承担的法律责任，承担行政责任的主体是行政主体和行政相对人。

产生行政责任的原因是行为人的行政违法行为或法律法规的规定。与刑事责任和民事责任相比，行政责任的承担方式较为多样化，可以是行为责任、精神责任、财产责任，甚至还可以是人身责任。这些责任方式共同执行着行政责任惩罚、救济和预防的功能。

4. 违宪责任

违宪责任是指由于有关国家机关制定的某种法律、法规和规章与宪法规定相抵触，或有关国家机关、社会组织或公民从事了与宪法规定相抵触的活动而产生的法律责任。违宪责任产生的原因是违宪行为。

> **命题提示**
>
> 法律责任的分类，多以选择题考查；在非法学分析题中偶有考查，考生需要掌握基本概念。

判断题

1. 关于法律责任的评论：
(1) 违法就应承担法律责任，不违法就不承担法律责任。（　）
(2) 过错责任既要承担行为上的责任，也要承担思想上的责任。（　）
2. 关于民事责任的评论：
(1) 民事责任主要是一种财产责任。（　）
(2) 民事责任的功能是救济当事人的权利，不具有惩罚的功能。（　）
3. 关于刑事责任的评论：
(1) 在刑法上，法律义务就是法律责任。（　）
(2) 刑事责任是犯罪人向被害人所负的一种法律责任。（　）
4. 关于行政责任及违宪责任的评论：
(1) 财产责任也是承担行政责任的一种方式。（　）
(2) 行政责任的主体是行政主体和行政相对人。（　）
(3) 行政责任产生的原因是行政违法行为或法律法规的规定。（　）
(4) 行政责任是指行政机关违反行政法规所应承担的法律责任。（　）
(5) 在我国，承担违宪责任的主体主要是国家机关。（　）

二、法律责任的构成

法律责任的构成要件是指承担法律责任必须具备的各种条件或必须符合的标准，它是国家机关要求行为人承担法律责任时进行分析、判断的标准。根据违法行为的一般特点，我们把法律责任的构成要件概括为责任主体、违法行为、损害结果、因果关系、主观过错五个方面。

（一）责任主体

责任主体是指承担法律责任的主体。责任主体必须具有法定责任能力。

能够成为违法主体并且承担法律责任的自然人必须是达到法定年龄并具有责任能力的人；能够成为违法主体并且承担法律责任的组织必须是能够独立承担民事责任或具备刑事责任能力的法人或组织。

（二）违法行为

违法行为是指违反法律所规定的义务、超越权利的界限行使所谓的权利以及侵权行为的总称。广义上的违法行为包括一般违法行为和犯罪行为。狭义上的违法行为仅指除犯罪以外的一般违法行为。

一般情形或多数情形下，违法行为是法律责任产生的前提，没有违法行为就没有法律责任。但在特殊情况下，法律责任的承担不以违法行为为构成条件，而是以法律规定为构成条件。

（三）损害结果

损害结果是指由于违法行为所导致的损失和伤害的事实，包括人身、财产和精神方面的损失和伤害。

损害应当具有确定性，必须是一个确定的现实存在的事实。有些法律责任的承担不以实际损害结果的存在为条件，比如危害国家安全犯罪。财产损害一般包括实际损害、丧失所得利益及预期可得利益。

（四）因果关系

因果关系即违法行为与损害结果之间的因果关系，它是存在于自然界和人类社会中的各种因果关系的特殊形式。法律归责原则上要求证明违法行为与损害结果之间的因果关系。

（五）主观过错

主观过错指承担法律责任的主体在主观上存在的故意或者过失。

故意和过失在不同的法律领域中具有不同的意义。在刑事法律领域，行为人故意或过失的心理状态是判定其主观恶性的重要依据，也是区别罪与非罪、此罪与彼罪、罪轻与罪重的重要依据。在民事法律领域，故意和过失被统称为过错，是构成一般侵权行为的要素。在行政法律领域，实行过错推定的方法，一般只要行为人实施了违法行为就视其为主观有过错，法律另有规定的除外。

> **命题提示**
>
> 该考点在选择题中考查频率较高；同时，今年考生还需要准备一道简答题。

判断题

1. 任何人都可以成为法律责任的主体。（　　）
2. 追究民事法律责任时均不需要考虑主观过错。（　　）
3. 违法行为或违约行为是法律责任的构成要件。（　　）
4. 有些法律责任的承担不需要以实际损害结果为前提。（　　）

三、归责与免责

（一）归　责

1. 归责的概念

法律责任的归责，也叫法律责任的归结，是指由特定的国家机关或国家授权的机关依法对行为人的法律责任进行判断和确认。法律责任的成立与否，取决于行为人的行为及其后果是否符合责任的构成要件。

2. 归责的原则

归责是一个复杂的责任判断过程，判断、确认、追究以及免除责任时必须依照一定的原则。归责原则是特定法律制度价值取向的体现，一方面，指导着法律责任的立法，另一方面，指导着法律实施中对责任的认定与归结。

在我国，归责原则主要包括责任法定原则、因果关系原则、责任与处罚相称原则、责任自负原则等。

（1）责任法定原则

责任法定原则，是指法律责任作为一种否定的法律后果应当由法律规范预先规定，包括在法律规范的逻辑结构之中，当出现违法行为或法定事由的时候，按照事先规定的责任性质、责任范围、责任方式追究行为人的责任。

责任法定原则的内容包括：①刑事法律是追究刑事责任的唯一法律依据，罪刑法定；②由特定的国家机关或国家授权的机构归责；③反对责任擅断；④反对有害追溯；⑤同时，允许人民法院行使一定的自由裁量权，准确认定和归结行为人的法律责任。

> **命题提示**
>
> 这是重要考点，考生要按照简答题或分析题准备。责任法定原则并不意味着僵化——国家机关在遵守责任法定的前提下，可以行使自由裁量权，这里的自由裁量权既包括"幅度上的裁量"，也包括具体执行措施上的变通。

（2）因果关系原则

因果关系原则是指：①在认定行为人违法责任之前，应当首先确认行为与危害或损害结果之间的因果关系；②在认定行为人违法责任之前，应当确认意志、思想等主观方面因素与外部行为之间的因果关系；③在认定行为人违法责任之前，应当区分这种因果关系是必然的还是偶然的，直接的还是间接的。

> **命题提示**
>
> 这是重要考点，一般考选择题。

（3）责任与处罚相称原则

责任与处罚相称原则，是指法律公正精神在法律责任归结上的具体表现。其含义是指：①法律责任的性质与违法行为性质应当相适应；②法律责任的轻重和种类应当与违法行为的危害或者损害相适应；③法律责任的轻重和种类还应当与行为人主观恶性相适应。

> **命题提示**
>
> 这是重要考点，考生要按照简答题或分析题准备，尤其注意"民事案件刑事化"违反的即是该原则。

（4）责任自负原则

责任自负原则是指：①违法行为人应当对自己的违法行为负责，不能让没有违法行为的人承担法律责任，即反对株连或变相株连；②要保证责任人受到法律追究，也要保证无责任者不受法律追究，做到不枉不纵；③在某些特殊情况下，为了法律秩序特别是财产保护上的需要，也产生责任转承问题，比如监护人对被监护人承担替代责任，上级对下级承担替代责任等。

> **总命题提示**
>
> 归责原则不但是选择题的命题重点,同时也是简答题和分析题的命题重点,考生要记忆四大原则的基本概念。

扫雷 大练习

下列情形中,体现责任自负原则的有( )。① (2011年多选)

A. 冯某因盗窃被判有期徒刑三年
B. 陈某饲养的狗咬伤邻家小孩,陈某为此赔偿五百元
C. 褚某因下属官员的渎职行为承担领导责任被撤职
D. 卫某因冒名顶罪被司法机关以包庇罪判处有期徒刑一年

(二) 免 责

1. 免责的概念

免责,也称法律责任的减轻和免除,是指法律责任由于出现法定条件被部分或全部地免除,需注意以下两个问题。

1) 免责不同于"不负责任"或"无责任",因为免责以法律责任的存在为前提,而后两者并不存在责任。不应把未达到法定责任年龄、精神失常、正当防卫、紧急避险等不负法律责任的条件当作免除责任的条件。

2) 免责并不意味着被免责的违法行为是合理的、法律允许的或法律不管的,更不意味着被免责的行为是法律所赞成或支持的。

2. 免责的条件

在我国的法律规定和法律实践中,免责的条件和情况是多种多样的。免责的条件主要包括时效免责、不诉免责、自首立功免责、有效补救免责、自助免责等。

(1) 时效免责

时效免责,指违法者在其违法行为发生一定期限后不再承担强制性法律责任,如果没有法律的特别规定,违反法律的行为超过一定的期限不再被追究法律责任,法律责任因时间流逝而消失。

(2) 不诉免责

不诉免责,即所谓"告诉才处理""不告不理"。在我国,不仅大多数民事违法行为是受害当事人或有关人员告诉才处理,而且有些刑事违法行为也是不告不理;不告不理意味着当事人不告,国家就不会把法律责任归结于违法者,亦即意味着违法者实际上被免除了法律责任。

(3) 自首立功免责

自首立功免责,指对那些违法之后有自首或立功表现的人,免除其部分或全部法律责任。

(4) 有效补救免责

有效补救免责,指对于那些实施违法行为,造成一定损害,但在国家机关归责之前采取及时补救措施的人,免除其部分或全部责任。

---

① 答案:ABCD。

(5) 自助免责

自助免责，指对自助行为所引起的法律责任的减轻或免除。所谓自助行为是指权利人为保护自己的权利，在情势紧迫而又不能及时请求国家机关予以救助的情况下，对他人的财产或自由施加扣押、拘束或其他相应措施，而为法律或公共道德所认可的行为。自助行为可以免除部分或全部法律责任。

> **命题提示**
>
> 免责的条件在考试中考查得较多，但难度不大，考生基本可以结合案例进行辨认。考生需要注意的是：①免责的前提必须是有责任；若无责任，就谈不上免责。②大纲列举的免责条件是五种，但实际上不限这五种，例如还有"坦白""犯罪中止""协议免责"等。

> **判断题**
>
> 1. 免责制度的立法目的在于保证无责任者不受法律追究。（　）
> 2. 下列构成免责条件的情形有：
> （1）14周岁的刘某盗窃他人财物。（　）
> （2）赵某犯罪后，有重大立功表现。（　）
> （3）王某恶意诽谤孙某，孙某念及两人往日情谊没有起诉王某。（　）
> （4）李某在火锅店用餐时被烫伤，三年后李某起诉火锅店要求民事赔偿。（　）
> （5）甲因琐事与乙发生冲突，将乙打伤。甲赶紧打120电话，并随救护车将乙送往医院，乙被诊断为轻伤，经及时救治痊愈出院，甲支付了乙的医疗费等费用。事后，甲未被追究法律责任。（　）

第二节　法律制裁

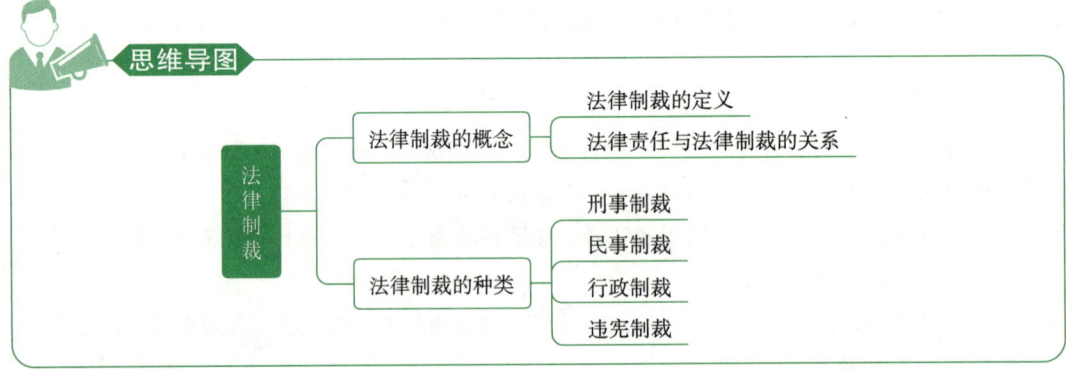

一、法律制裁的概念

（一）法律制裁的定义

法律制裁是由特定的国家机关对违法者（或违约者）依其所应承担的法律责任而实施的

强制性惩罚措施。根据违法行为、违约行为和法律责任的性质不同，法律制裁可以分为刑事制裁、民事制裁、行政制裁和违宪制裁。

(二) 法律责任与法律制裁的关系

法律责任与法律制裁具有密切关系。

1）法律制裁是承担法律责任的重要方式之一。应承担法律责任是实施和接受法律制裁的前提，法律制裁是具体承担法律责任的结果或体现。

2）法律责任与法律制裁又有明显的区别。法律责任并不等于法律制裁，有法律责任并不一定就有法律制裁。

> **命题提示**
>
> 二者的关系是重要考点，考生应按照简答题备考，还要注意：①法律制裁的主要特征在于"国家施加的惩罚"，因此，公平责任不属于制裁；②有法律责任不一定有法律制裁，但有法律制裁必须有法律责任。

扫雷 大练习

关于法律责任与法律制裁的关系，下列表述正确的是（　　）。① （2018年单选2）

A. 有法律责任就有法律制裁　　　　　　B. 有法律制裁必有法律责任
C. 法律责任是法律制裁的体现　　　　　D. 法律制裁和法律责任互为条件

二、法律制裁的种类

(一) 刑事制裁

刑事制裁是司法机关对于犯罪者根据其所应承担的刑事责任而确定和实施的强制性惩罚措施。

刑事制裁以刑罚为主，是一种最严厉的法律制裁。承担刑事责任的主体既可以是公民，也可以是法人或其他组织。

根据我国刑法规定，刑罚分为主刑和附加刑两类：主刑包括管制、拘役、有期徒刑、无期徒刑、死刑；附加刑包括罚金、剥夺政治权利和没收财产等。

(二) 民事制裁

民事制裁是由人民法院所确定并实施的，对民事责任主体依其所应承担的民事责任而给予的强制性惩罚措施。

我国现行民事制裁的方式主要有：停止侵害，排除妨碍，消除危险，返还财产，恢复原状，修理、重作、更换，继续履行，赔偿损失，支付违约金，消除影响、恢复名誉、赔礼道歉。这些方式可以单独适用，也可以合并适用。

我国人民法院审理民事案件，除适用以上制裁方式外，还可以对违法者予以训诫、责令具结悔过、收缴进行非法活动的财物和非法所得等。

民事制裁在制裁目的、制裁程序和制裁方式上不同于刑事制裁。民事制裁是以财产关系

---

① 答案：B。

为核心的、适用范围最为广泛的法律制裁形式。

（三）行政制裁

行政制裁是指国家行政机关对行政违法者所实施的强制性惩罚措施。

根据行政违法的社会危害程度、实施制裁的方式等不同，行政制裁又可分为行政处分、行政处罚。

1) 行政处分是国家行政机关或其他组织依照行政隶属关系，对于违法失职的国家公务员或所属人员所实施的惩罚措施，主要有警告、记过、记大过、降级、撤职、开除等形式。

2) 行政处罚是由特定机关依法对违反行政法规的公民或社会组织所实施的惩罚措施，其处罚方式主要有：①警告、通报批评；②罚款、没收违法所得、没收非法财物；③暂扣许可证件、降低资质等级、吊销许可证件；④限制开展生产经营活动、责令停产停业、责令关闭、限制从业；⑤行政拘留等。

（四）违宪制裁

违宪制裁是对违宪行为所实施的一种强制措施。

在我国，监督宪法实施的全国人民代表大会及其常务委员会是行使违宪制裁权的机关。

承担宪法责任的主体主要是国家机关及其领导干部。

宪法制裁措施有撤销或改变同宪法相抵触的法律、行政法规、地方性法规，罢免违宪的国家机关领导成员等。

判断题

1. 罚金和拘留是一种刑事制裁。（　）
2. 开除公职是一种行政制裁。（　）
3. 没收财产属于行政制裁。（　）
4. 开除党籍属于行政制裁。（　）

扫雷大练习

许某和常某就"暗刷流量"达成合意，签订合同，常某提供服务，许某未按约定支付报酬，常某诉至法院，法院经审理认为，"暗刷流量"行为侵害了不特定市场竞争者利益，故双方订立的合同无效，判决驳回常某请求，以下不正确的是（　）。①（2023年单选回忆版）

A. 契约行为应受到法律的规范
B. 该判决有助于净化网络环境
C. 流量可以成为法律关系的客体
D. 判决驳回诉讼请求是对常某的法律制裁

---

① 答案：D。

第十三章 法治

第一节 法治的含义

一、法治的内涵

法治是一种治国方略，是依法办事的原则，是将国家权力的行使和社会成员的活动纳入完备的法律规则系统。在不同的时代，人们赋予法治不同的社会内涵和意义。在各种不同的表达方式中，法治包含着多种内涵和意义。

第一，法治意指一种治国方略或社会调控方式，在这个意义上，法治是相对于人治而言的。

第二，法治意指依法办事的原则，法治作为一个动态的或能动的社会范畴，其基本的意义是依法办事。

第三，法治意指良好的法律秩序，无论是作为治国方略，还是作为依法办事的原则，法治最终要表现为一种良好的法律秩序。

第四，法治代表某种包含特定价值规定性的社会生活方式，法治不是单纯的法律秩序，而是有特定价值基础和价值目标的法律秩序。

> **命题提示**
>
> 法治的概念在以往的考试中考查得较少，对于 2024 年考试，考生要理解法治概念的多样性，作为论述题的储备型原理。

二、法治与法制

法制一词具有多种含义。但是，其通常在两种意义上使用：一种是静态意义上的法制，即法律和制度；另一种是动态意义上的法制，即指立法、执法、司法、守法和法律监督的活动和过程。

法治与法制相比，两者的不同主要表现在以下几个方面。

第一，法治不仅包括形式意义上的法律制度及其实施，更强调实质意义上的法律至上、权利保障的内涵；而法制则侧重于形式意义上的法律制度及其实施。

第二，法治关注法律制度的内容，讲究"良法"之治，强调法律的至高权威，强调法律的公正性、稳定性、普遍性、公开性和平等性，以及对权力的制约与对人权的保障；而法制则侧重于关注法的规范性和有效性，要求严格依法办事，以实现立法者期望的法律秩序，对法律本身的内容和价值取向并无特殊的规定性。只要有法律和制度存在就有法制存在，但这不一定就是法治。

第三，法治与人治是相对立的，法治要求"法律的统治"，将法律置于统治者的权力之上，要求公共权力必须依法取得和行使；而法制与人治并不截然对立，历史上的专制君主和法西斯独裁统治者为了建立有利于他们的统治秩序，也可以在一定时期建立或推行法制。

第四，法治的政治基础是民主政治，其根本意义在于制约国家权力以确认和保障公民的权利和自由，实现公民对国家和社会事务的管理。在没有民主和宪政的时代，不可能有真正的法治；法制的问世则先于法治，早在没有民主和宪政的时候，就已经存在法制。古代东方和西方都有倡导法制者，那时的法制与民主和宪政无关，而是专制和主权的统治工具。

> **命题提示**
>
> 法治与法制的区别，主要是选择题的考点，因此考生要结合波浪线标注的重点字句，侧重理解细节。

> **判断题**
>
> 1. 法治的核心在于保障人权。（ ）
> 2. 依法治国的重心是依法治权。（ ）
> 3. 法治与法制的区别在于，前者是一种治国方略，而后者是一种依法办事的原则。（ ）
> 4. 法治与法制的主要区别在于：法治强调动态和静态，法制则侧重强调静态。（ ）
> 5. 法治排斥和反对德治。（ ）

三、法治与人治

法治是与人治对立的治国方略。这种对立在古代和近代的内容和表现形式是不尽相同的。

1）在古代中国，法治论者强调把社会关系纳入法律的轨道，用带有权威性、强制性的法律规范或严刑峻法治理社会，这种法治论与近现代意义上的法治论有着本质上的区别，实际上属于法制的范畴。人治论者则认为"为政在人"（出自《论语·为政》），强调重视人的作用。

2）在古希腊，法治强调法律的理性及其一般的指引作用，人治则强调圣贤的智慧及其解决具体问题的个别指引作用。

3）近代以来，法治与人治的对立主要表现为主权在民与主权在君、法律与当权者个人意志之间的对立。

①法治是民主政治，人治一般是君主专制或贵族政治；②法治依据的是反映众人意志的法律，人治依据的是统治者个人或少数人的意志；③当法律与当权者个人的意志发生冲突时，法治国家中的法律高于个人意志，而在人治国家中则相反。

> **命题提示**
>
> 这不是重要考点，考生仅需一般了解，按照选择题备考。

第二节　法治与民主

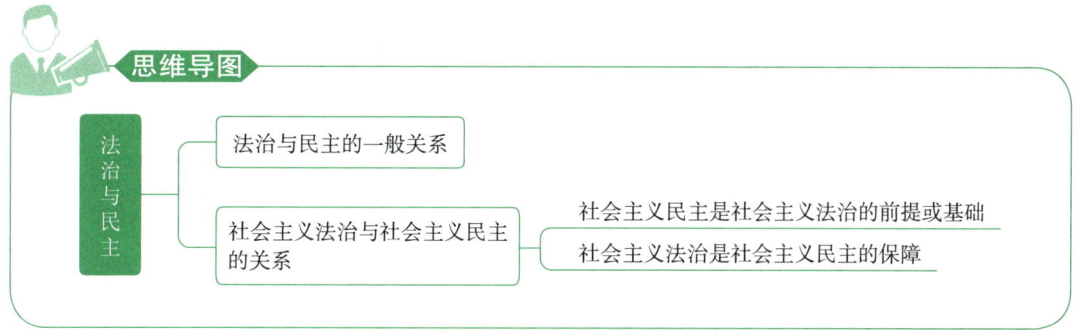

一、法治与民主的一般关系

"民主"一词源于古希腊，其最初的含义就是"人民的权力"或"多数人的统治"，指的是一种国家制度、政治制度。民主的最大特点在于，它以公民的意志作为其政治合法性的基础。作为政治制度，民主不仅指国家的组织形式，即政体，而且也指国家的本质，即国体，即什么阶级在国家有支配地位。

1. 民主与法治存在矛盾

民主与法治是现代文明政治制度的主要支柱，但民主与法治并不是天然统一的，在某种意义上民主与法治之间也存在着矛盾。

1) 法治的前提是国家里没有一个最高的权威和力量，如果有，只有作为妥协的法律是最高的权威。

2) 民主的前提是国家中有一个最高权威——公意或多数，而公意是可以随时变化的，如果法律沦为工具，法治就不可能真正实现。这是民主与法治的根本区别。

2. 民主与法治可以融合

民主与法治的区别不等于它们的必然对立。相反，民主与法治都是人类文明进步一直追求的价值目标，现代民主制可能是最易与法治原则相融合的制度。

1) 法治是一种以民主宪政为核心的政治法律制度，法治与民主息息相关，没有民主就没有法治，法治必须建立在民主基础上，民主化是实现法治的先决条件。

2) 从民主的发展史来看，民主理念要在国家统治中得到实现，离不开法治。

第一，法治用程序保障了民主制的正常运行，没有法治及相关的意识形态建设，民主政治就无法立根，甚至会走向反面。

第二，法治的确立有助于培养与民主相适应的思想和道德。

第三，法治将民主制度化、法律化，为民主创造一个可操作的、稳定的运行和发展空间，把民主容易偏向激情的特性引导到理性的轨道，为民主的健康发展保驾护航。

总之，在法治社会中，民主是法治不可分割的一部分，法治支持民主，民主也兼容法治。既不能抛开民主片面地强调法治，也不能脱离法治的轨道片面地强调民主。

📡 **命题提示**

这是重要考点，考生需要按照论述题来掌握，还需要明确：法治与民主也存在矛盾，二者并非"天然统一"，但二者却是最容易结合的制度。

二、社会主义法治与社会主义民主的关系

社会主义民主是社会主义法治的前提，社会主义法治是社会主义民主的保障。社会主义法治与社会主义民主有着非常密切的关系，两者相互依存，不可分离。如果离开社会主义民主讲法治，法治就可能改变性质；如果离开社会主义法治来讲民主，民主就可能失去强有力的保障，就可能偏离社会主义方向。

1. 社会主义民主是社会主义法治的前提或基础

社会主义民主对社会主义法治的积极作用主要表现在：①从民主作为一种国家制度来看，社会主义民主是社会主义法治的政治前提或基础；②从民主作为一种公共决策方法和机制来看，社会主义民主决定着法的创制的质量；③社会主义民主是社会主义法治的力量源泉；④社会主义民主在促进社会主义法治发展方面也有重大作用。

2. 社会主义法治是社会主义民主的保障

社会主义民主内在地需要社会主义法治，要求法治原则贯穿于民主发展的全过程。没有社会主义法治也就不会有真正的社会主义民主，应当通过法治来积极推进民主的进程。

社会主义法治对社会主义民主的积极作用主要表现在：①社会主义法治确认人民群众当家作主的地位，确认国家的基本民主体制及其活动原则的合法性；②社会主义法治确认和保障广大人民群众享有广泛的民主权利和自由，为政治参与提供畅通的渠道；③社会主义法治确认和规范社会主义民主的范围以及实现社会主义民主的程序和方式；④社会主义法治是保卫社会主义民主的重要武器。

对于正在进行社会主义现代化建设的中国来说，对民主与法治的融合必须有一个清醒的认识，社会主义民主和社会主义法治的建设要受很多条件的制约。我国现阶段的民主和社会主义法治还是不完善的，但它不是静止不变的，而是在不断发展的。它的发展是一个从不完善到逐步完善的过程，这是我国社会主义民主和社会主义法治建设的一个基本特征和发展规律。

📡 **命题提示**

本部分内容，考生主要按照主观题（简答题或论述题为主）进行备考，选择题考查得较少。

注意：①在引进西方民主经验的时候，必须仔细考察它特定的孕育背景，仔细研究它与本国国情的契合条件。②在推进民主政治时，既要以各方面完备的法律体系代替对个人完美道德的预期，又要防止西方极端个人主义和无政府主义乘虚而入。③在增强民主参与意识的同时增强法治观念，逐步扩大自由、完善民主，让社会在稳定的环境中逐步实现民主政治，而不能让激情的民主淹没理性的法治。这样，民主与法治才能相互结合、相互促进，我国

"依法治国，建设社会主义法治国家"的治国方略才能真正得到实现，人民当家作主才能最终得到保障。

> **扫雷大练习**
>
> 1. 下列关于法治的表述，不能成立的是（　　）。① (2011年单选9)
> A. 法治强调良法之治　　　　　　　B. 法治的目的在于依法行政
> C. 法治要求法律得到普遍遵守　　　D. 法治的政治基础是民主政治
> 2. 联系我国实际，论述社会主义民主是社会主义法治的前提和基础。(2011年法学论述35)

第三节　法治基本原则

一、法律至上原则

法律至上原则是资产阶级在其法治建设中提出的重要口号和基本原则之一，其意在强调法律在整个社会规范体系中具有至高无上的地位，其他任何社会规范都不能否定法的效力或与法相冲突。它是法治中最基本的重要原则，是法治区别于人治的根本标志，也是法治的首要条件，其中宪法至上是法律至上原则的核心。

法律至上原则有重要意义。如果不确立法律至上原则，即使法律完全建立在民主基础上，也仅是"纸上的法律"，人权保障、法律面前人人平等、政府权力受制约等原则均无法实现。

> **命题提示**
>
> 这是命题重点，考生要按照论述题备考。

二、权利保障原则

权利保障原则的内容主要包括尊重和保障人权、法律面前人人平等和权利与义务相一致。

1. 尊重和保障人权原则

这是法治的终极性的目的价值。

1）法治的所有价值目标都可以归结为国家充分尊重和保障人权，促进公民自由意识和能力的提高。

2）对国家权力的法律限制本身就是对人权的有力保障。

3）法律至上的最终目标也是为人的权利和自由发展服务的。

2. 法律面前人人平等原则

这是民主和法治的基本要求。

1）法律面前人人平等要求在立法上平等分配各种社会资源。此外，平等还意味着尊重

---

① 答案：B。

社会主体的多元价值观和生活方式，消除歧视与偏见。

2）法治原则要求法律运用上的平等，即在执法和司法过程中，对一切公民权利和自由的平等保护，对一切主体义务的平等要求，对违法行为平等地追究法律责任，不承认任何法外特权。

3. 权利义务一致原则

确认和保障主体的权利和自由是法治的根本目的。

权利和义务具有一致性，没有无义务的权利，也没有无权利的义务，这是平等原则的必然要求，具体包括以下两方面。

1）对国家权力而言，在资源分配上不能将权利只分配给一部分人，而将义务分配给另一部分人。

2）对社会主体而言，在行使权利时，也必须尊重他人和社会的相应权利，不能只享有权利而不承担义务。

> **命题提示**
> 这是命题重点，考生要按照论述题备考。

三、权力制约原则

法治内在地要求对国家权力进行合理的分配和有效的制约——法治所强调的对国家权力进行制约，是权力之间的相互制约，让权力之间互相监督，是维护法的权威、保证国家权力的执行者不违背法律的有力措施。

1）强调权力制约的原因：①权力如何分配和制约是法治国家权力结构的基本问题；②能否实现法治，取决于国家权力结构中是否实行分配和制约；③法治的目的就在于运用法律防止国家权力的专横、恣意和腐败，保障公民的权利和自由。

2）权力制约原则特别强调对国家行政权力的制约，要求严格依法行政。其原因在于：行政机关执掌着大量日常公共生活的组织指挥权能，代表公权力，通过各种行政行为直接干预公民和社会组织的活动；行政权力行使的广泛性、主动性和强制性、单方面性等都使得对行政权的约束成为法治的重点。

四、正当程序原则

正当程序原则包含个人不能做自己的法官和法官应听取当事人的意见两项具体的内容。

1）正当程序原则的理论根据主要是自然公正原则。自然公正原则认为，任何权力的行使都必须公正，对涉及当事人利益的事项作出裁判要听取当事人的意见，平等地对待各方当事人，不偏袒任何一方。

2）确立正当程序原则的法律最早源于英国，后来美国联邦宪法修正案对"正当法律程序"作出了规定：不经正当法律程序，不得剥夺任何人的生命、自由或财产。从此，奠定了正当法律程序原则在美国的宪法地位。

3）正当程序原则主要是针对国家公权力而言的，即国家机关在行使权力时，应当按照公正的程序采取公正的方法进行。

随着我国全面依法治国方略的确立和实施,以自然公正为法律基础的正当程序原则正在被广泛地应用到立法、行政、司法等社会生活领域。

> **命题提示**
>
> 本节的四大原则是非常重要的考点,经常在主观题中直接考查:要么直接考查四大原则的内容,要么结合其他章节(例如立法、执法、司法)考查某一个原则。即便不考查,也是学习其他相关知识的理论储备,因此考生务必全面背诵。

扫雷大练习

1. 下列选项中,属于法治基本原则的有( )。①(2011年法学多选25)
   A. 法律至上原则　　B. 权利保障原则　　C. 权力制约原则　　D. 正当程序原则
2. 联系当前实际,论述现代法治应遵循的基本原则。(2013年论述70)
3. 联系我国实际,试从立法、执法和司法角度论述权利保障的法治原则及其意义。(2005年论述71)
4. 联系我国实际,论述法治的权利保障原则。(2017年法学分析论述35)

第四节　社会主义法治

一、社会主义法治的含义

社会主义法治的核心内容就是要实行依法治国。依法治国,就是广大人民群众在党的领导下,依照宪法和法律规定,通过各种途径和形式管理国家事务,管理经济文化事业,管理社会事务,保证国家各项工作都依法进行,逐步实现社会主义民主的制度化、法律化,使这种制度和法律不因领导人的改变而改变,不因领导人看法和注意力的改变而改变。

> **命题提示**
>
> 这是了解型考点,没有考过。

二、法治思维

社会主义"法治思维"是指按照社会主义法治的逻辑来观察、分析和解决社会问题的思维方式,它是将法律规定、法律知识、法治理念付诸实施的认识过程。

法治思维说到底是将法律作为判断是非和处理事务的准绳,它要求崇尚法治、尊重法律,善于运用法律手段解决问题和推进工作,至少应关注:目的是否合法、权限是否合法、内容是否合法、手段是否合法以及程序是否合法。此外,法治思维还可以从以下方面进行理解。

1)法治思维是规则思维。法律规则具有明确性、稳定性和可预测性,可以为人们提供基本的行为准绳。

---

① 答案:ABCD。

2）法治思维是平等思维。法律的一个重要价值取向便是平等，即权利平等、机会平等、规则平等。平等思维要求每一个人都抛弃特权思想，自觉将自己置于法律的监督和制约之下。

3）法治思维是权力受制约思维。权力受制约思维要求制定科学的制度机制，使权力得到制约，使权力行使具有明确边界。依据法治思维，权力体制与机制必须保证权力在相互制约的前提下相互配合。

4）法治思维是程序思维。程序思维要求分析问题特别是处理问题按照法定程序进行。

命题提示

法治思维的总体和具体要求是命题重点，鉴于2018年（非法学）刚考过论述题，2024年考生主要按照选择题和分析题来准备，主要命题方式是结合某个事例来分析是否具备法治思维。另外，考生需要注意：法治思维的四项具体要求不能绝对化，例如讲求规则思维，但不能否定法律原则；讲求程序思维，不意味着不讲求实体思维。

扫雷大练习

1. 下列关于法治思维的理解，正确的是（　　）。① （2017年法学单选5）
A. 法治思维是实体思维而不是程序思维
B. 法治思维须以合法性判断作为其核心内容
C. 法治思维主要是立法机关采用的思维方式
D. 法治思维是一种认识思维而不是实践思维

2. 法治思维是基于对法律的尊重和对法治的信念判断是非、权衡利弊、解决问题的思维方式。下列关于法治思维的表述，正确的有（　　）。② （2023年多选42）
A. 法治思维是规则思维　　　　　B. 法治思维是公平思维
C. 法治思维是人权保障思维　　　D. 法治思维是程序思维

3. "全面依法治国"要求国家工作人员善于运用法治思维处理问题，化解矛盾。结合我国实际，论述国家工作人员应具备怎样的法治思维。（2018年论述57）

三、法治方式

法治方式与法治思维是外在和内在的关系，法治方式就是法治思维实际作用于人的行为的外在表现。法治思维影响和决定着法治方式。在整个改革过程中，都要高度重视运用法治思维和法治方式，发挥法治的引领和推动作用。

第五节　习近平法治思想与全面依法治国

一、习近平法治思想的核心要义

习近平法治思想是论述深刻、内涵丰富、逻辑严密、系统完备的科学理论体系。习近平

---

① 答案：B。
② 答案：ABCD。

法治思想深刻回答了新时代为什么实行全面依法治国、怎样实行全面依法治国等一系列重大问题，指明了全面依法治国的政治方向、重要地位、工作布局、重点任务、重大关系、重要保障。习近平法治思想的主要内容和理论精髓，集中体现为习近平总书记在中央全面依法治国工作会议上提出的"十一个坚持"，从理论逻辑上可以划分为以下几个方面。

（一）指明了全面依法治国的政治方向

全面依法治国的政治方向决定法治建设的成败得失，集中体现在全面依法治国由谁领导、为了谁、依靠谁、走什么路等问题上，习近平法治思想科学回答了这些根本性问题，为我们提高法治领域的政治判断力、政治领悟力和政治执行力提供了科学指导。其主要内容包括以下几点。

1. 党的领导

"坚持中国特色社会主义法治道路，最根本的是坚持中国共产党的领导"，自觉地把党的领导贯彻到依法治国全过程和各方面，更好落实全面依法治国基本方略。

2. 以人民为中心

"以人民为中心"是社会主义法治的核心价值，全面依法治国最广泛、最深厚的基础是人民，必须坚持为了人民、依靠人民，不断增强人民群众获得感、幸福感、安全感、公平感。

3. 坚持中国特色社会主义法治道路

"中国特色社会主义法治道路，是社会主义法治建设成就和经验的集中体现，是建设社会主义法治国家的唯一正确道路"，在法治建设实践中自觉坚持党的领导、坚持中国特色社会主义制度、贯彻中国特色社会主义法治理论，要从中国国情和实际出发，走适合自己的法治道路。

> **命题提示**
>
> 这是 2022 年大纲新增内容，考生主要按照论述题备考；考生在此无须全文背诵，但需要掌握基本框架。本节下面的内容情况相同。

（二）指明了全面依法治国的重要地位

习近平法治思想从坚持和发展中国特色社会主义、实现中华民族伟大复兴的长远考虑出发，科学指明了全面依法治国的战略定位，主要内容包括以下几点。

1）全面依法治国是新时代坚持和发展中国特色社会主义的基本方略，在"五位一体"总体布局和"四个全面"战略布局中具有基础性、引领性、支撑性作用。

2）全面依法治国是国家治理的一场深刻革命，要敢于啃硬骨头、涉险滩、闯难关，大刀阔斧地推进法治领域的改革，坚决破除一切妨碍依法治国、依法执政、依法行政、依法治军、依法办事的体制机制弊端和思想观念。

3）全面依法治国既是中国特色社会主义的本质要求，也是中国特色社会主义的重要保障。我们要重视法治、厉行法治，更好发挥法治固根本、稳预期、利长远的重要保障作用，有效地运用法治应对重大挑战、抵御重大风险、克服重大阻力、解决重大矛盾。

> **命题提示**
>
> 这是2022年大纲新增内容,考生主要按照论述题备考。

(三) 指明了全面依法治国的工作布局

如何推进全面依法治国,工作布局很关键,起引领作用。习近平法治思想科学回答了全面依法治国、谋篇布局的问题,既为全面依法治国指明了总目标,又为全面依法治国推出了总抓手,主要包括以下几点。

1) 坚持在法治轨道上推进国家治理体系和治理能力现代化。
2) 坚持建设中国特色社会主义法治体系。
3) 坚持依法治国、依法执政、依法行政共同推进,法治国家、法治政府、法治社会一体建设。

> **命题提示**
>
> 这是2022年大纲新增内容,考生主要按照论述题备考。

(四) 指明了全面依法治国的重点任务

1) 全面贯彻实施宪法是全面依法治国的首要任务,要坚持依宪治国、依宪执政,更好展现国家根本法的力量,更好发挥国家根本法的作用。
2) 科学立法、严格执法、公正司法、全民守法是全面依法治国的关键环节,要坚持全面推进科学立法、严格执法、公正司法、全民守法,继续推进法治领域改革,解决好立法、执法、司法、守法等领域的突出矛盾和问题。
3) 坚持统筹推进国内法治和涉外法治,坚决维护国家主权、尊严和核心利益。

> **命题提示**
>
> 这是2022年大纲新增内容,考生主要按照论述题备考。

(五) 指明了全面依法治国的重大关系

全面依法治国涉及一系列重大辩证关系,如何正确认识和处理这些重大辩证关系,事关法治道路、法治效能和法治成败,这要求处理好政治和法治、民主和专政、改革和法治、发展和安全、依法治国和以德治国、依法治国和依规治党等关系,并一一作出了科学论述,厘清了这些问题上的模糊认识和错误观点,为正确认识和处理这些关系释明了马克思主义的立场、观点和方法。

> **命题提示**
>
> 这是2022年大纲新增内容,考生主要按照论述题备考。

(六) 指明了全面依法治国的重要保障

1) 全面依法治国需要坚强有力的保障体系,包括政治保障、制度保障、思想保障、组织保障、人才保障、运行保障、科技保障等,习近平总书记深刻论述了全面依法治国的各项保障问题。

2）基于人才强国、人才强法的基本理念，强调全面依法治国必须重视法治工作队伍建设，必须抓住领导干部这个"关键少数"，重视发挥领导干部关键作用，要求各级领导干部带头尊崇法治、敬畏法律，了解法律、掌握法律，不断提高运用法治思维和法治方式深化改革、推动发展、化解矛盾、维护稳定、应对风险的能力，做尊法学法守法用法的模范。

> **命题提示**
>
> 这是 2022 年大纲新增内容，考生主要按照论述题备考。

二、全面依法治国的意义

1）依法治国是坚持和发展中国特色社会主义的本质要求和重要保障。
2）依法治国是实现国家治理体系和治理能力现代化的必然要求。
3）依法治国事关我们党执政兴国，事关人民幸福安康，事关党和国家长治久安。
4）依法治国也是全面建成小康社会、实现中华民族伟大复兴的中国梦的必然要求。
5）依法治国是全面深化改革、完善和发展中国特色社会主义制度、提高党的执政能力和执政水平的必然要求。
6）依法治国是党领导人民治理国家的基本方略，是党的执政方式和国家治理方式的重大变革。它把坚持党的领导、发扬人民民主和严格依法办事统一起来，从制度上和法律上保证党的基本路线和基本方针的贯彻实施，保证党始终发挥领导核心的作用。这对于推进社会主义民主政治建设，促进社会主义市场经济的发展，确保国家长治久安和社会稳定等都有着极其重要的意义。

> **命题提示**
>
> 考生需要将本部分内容作为主观题的储备素材，以应对"法治"类和"意义"类论述题。

三、全面依法治国的总目标

全面依法治国的总目标即建设中国特色社会主义法治体系，建设社会主义法治国家。具体而言，在中国共产党领导下，坚持中国特色社会主义制度，贯彻中国特色社会主义法治理论，形成完备的法律规范体系、高效的法治实施体系、严密的法治监督体系、有力的法治保障体系，形成完善的党内法规体系，坚持依法治国、依法执政、依法行政共同推进，坚持法治国家、法治政府、法治社会一体建设，实现科学立法、严格执法、公正司法、全民守法，促进国家治理体系和治理能力现代化。

> **命题提示**
>
> 考生需要完全背诵总目标，同时需要注意：①总目标是"法治"体系，而不是"法律"体系；②党内法规体系属于总目标的组成部分，但是，党内法规本身不是法律。

四、全面依法治国的基本原则

1. 坚持中国共产党的领导

党的领导是中国特色社会主义最本质的特征，是社会主义法治最根本的保证。要把党的领导贯彻到依法治国的全过程和各方面。必须坚持党领导立法、保证执法、支持司法、带头守法，把依法治国基本方略同依法执政基本方式统一起来，把党总揽全局、协调各方同人大、政府、监察机关、审判机关、检察机关依法依章程履行职能、开展工作统一起来，把党领导人民制定和实施宪法法律同党坚持在宪法法律范围内活动统一起来。

2. 坚持人民主体地位

人民是依法治国的主体和力量源泉，人民代表大会制度是保证人民当家作主的根本政治制度。必须坚持法治建设为了人民、依靠人民、造福人民、保护人民，以保障人民根本权益为出发点和落脚点，保证人民依法享有广泛的权利和自由、承担应尽的义务，维护社会公平正义，促进共同富裕。

3. 坚持法律面前人人平等

平等是社会主义法律的基本属性。任何组织和个人都必须尊重宪法法律权威，都必须在宪法法律范围内活动，都必须依照宪法法律行使权力或权利、履行职责或义务，都不得有超越宪法法律的特权。

4. 坚持依法治国和以德治国相结合

必须坚持一手抓法治、一手抓德治，既重视发挥法律的规范作用，又重视发挥道德的教化作用，以法治体现道德理念、强化法律对道德建设的促进作用，以道德滋养法治精神、强化道德对法治文化的支撑作用，实现法律和道德相辅相成、法治和德治相得益彰。

5. 坚持从中国实际出发

必须从我国基本国情出发，同改革开放不断深化相适应，总结和运用党领导人民实行法治的成功经验，围绕社会主义法治建设重大理论和实践问题，推进法治理论创新。汲取中华法律文化精华，借鉴国外法治有益经验，但绝不照搬外国法治理念和模式。

> **命题提示**
>
> 本考点考查较少，主要是论述题的储备素材。考生在选择题阶段需要理解：①人民是法治的主体，但并不意味着人民行使立法权、执法权和司法权，也并不意味着人民只享受权利，不履行义务；②法治德治要结合，都要重视（如果非要选择一个，也是更重视法律的规范作用）；③从中国实际出发，与法律移植并不矛盾。

> **判断题**
>
> 1. 法治与德治相结合要求将道德统一到法律中来。（ ）
> 2. 人民主体地位原则是指一切法律活动都应当交给全体公民来完成。（ ）
> 3. 从中国实际出发原则就是要拒绝移植和借鉴其他国家的制度和经验。（ ）

第六节 全面依法治国的基本格局

坚持中国特色社会主义法治道路，既要建成一套高效严密、统一协调的法治体系，更要以此为前提，实现科学立法、严格执法、公正司法、全民守法、人才强法，促进国家治理体系和治理能力现代化，建成社会主义法治国家。

一、科学立法

这是法治的前提。科学立法的要求有以下几方面。

1. 尊重客观规律

尊重客观经济规律尤其是市场经济的价值规律、市场和自由关系的内在规定规律，还要充分反映社会规律，将社会文化以及民主政治建设和生态文明发展规律及时用法律的形式加以固定和强化。

2. 体现民意

立法应当回应人民群众的真实关切和心愿，而不是部门利益至上，利用立法搞地方保护主义。人民性是法律的最根本特征，也是衡量法律质量的根本标准。

3. 切合实际

立法以解决现实问题和现实利益诉求为导向，既要有预见性和超前性，又要增强针对性和务实性。

4. 完善程序

民主立法是科学立法的保障，科学民主的立法程序是良法产生的基本途径，拓宽立法渠道、加强开门立法，为科学立法奠定基础。

5. 符合科学

立法应当按照科学的法治原理和原则加以完善，既要吸收法治遗产，又要增强可操作性和逻辑性，克服权利义务关系不明、责任抽象、有效性不足的局限性。

二、严格执法

这是对行政机关的正当要求，是指行政机关应当严格、严明和严肃地执行国家法律。

1）严格是指行政机关及其工作人员严守法定的实质标准和程序要求，坚持在法律的轨道内按照法律的规格和标准行使行政权力、执行法律法规。

2）严明是指执法作风端正、执法纪律严明，坚决消除慵懒散，杜绝乱作为、瞎折腾。

3）严肃是对执法态度、执法精神方面的要求，执法者应当奉行法治精神、严肃认真地履行执法职责，确保公正执法、文明执法、理性执法。

法律的生命力在于实施，法律的权威也在于实施，严格执法是全面推进依法治国的重要内容。然而，在现实中，由于有的执法人员法治意识淡薄、人治思想严重，有的部门权力制约不够、自由裁量权过大，导致不执法、乱执法、选择性执法、以权谋私、执法寻租等现象依然存在，偏离了法治的轨道、妨碍了法治的实施、损害了法治的权威，不符合人民群众的诉求和期待。为此，十八届四中全会《中共中央关于全面推进依法治国若干重大问题的决定》（后文简称《决定》）指出："依法惩处各类违法行为，加大关系群众切身利益的重点领域执法力度。完善执法程序，建立执法全过程记录制度。明确具体操作流程，重点规范行政许可、行政处罚、行政强制、行政征收、行政收费、行政检查等执法行为。严格执行重大执法决定法制审核制度。"

三、公正司法

这是对司法机关的基本要求。具体包括以下内容。

1）司法是正义的最后防线，也是法治的生命线。"一次不公正的审判，其恶果甚至超过十次犯罪。因为犯罪虽是无视法律——好比污染了水流，而不公正的审判则毁坏法律——好比污染了水源。"

2）司法公信力是法治的基本要求，也是社会主体普遍关注的重点。正如习近平总书记指出的：当前，司法领域存在的主要问题是，司法不公、司法公信力不高问题十分突出，一些司法人员作风不正、办案不廉，办金钱案、关系案、人情案，"吃了原告吃被告"，等等。

3）司法公信力要求改革司法体制。司法不公的深层次原因在于司法体制不完善、司法职权配置和权力运行机制不科学、人权司法保障制度不健全。所以，必须完善司法管理体制和司法权力运行机制，规范司法行为，加强对司法活动的监督，努力让人民群众在每一个司法案件中感受到公平正义。

> **扫雷 大练习**

关于如何提高我国司法公信力，保证公正司法，下列说法正确的是（　　）。① （2017年法学单选2）

A. 加强人权的司法保障，有助于提升司法公信力
B. 提升司法公信力要求法院在裁判前必须广泛征求社会意见
C. 提升司法公信力必须推进以侦查为中心的诉讼制度改革
D. 提升司法公信力需要检察权、审判权与执行权高度统一

四、全民守法

这是法治建设的基础工程，法治根系于社会大众对法律的信守和遵从。正如卢梭所言："一切法律之中最重要的法律，既不是铭刻在大理石上，也不是刻在铜表上，而是铭刻在公民的内心里。"

全民守法是指全体社会成员和一切国家机关、政党、社会团体、企事业组织，都必须尊重宪法法律权威，都必须在宪法法律范围内活动，都必须依照宪法法律行使权力或权利、履行职责或义务，都不得有超越宪法法律的特权。必须维护国家法制统一、尊严、权威，切实保证宪法法律有效实施，绝不允许任何人以任何借口任何形式以言代法、以权压法、徇私枉法。

---

① 答案：A。

为此，必须做到以下几点。

1）开展法治宣传教育，弘扬社会主义法治精神，建设社会主义法治文化，增强全社会厉行法治的积极性和主动性。

2）依法抑恶扬善、严格公正执法司法，形成守法光荣、违法可耻的社会氛围；必须发挥法治建设的强大效能，引导人民群众按照法律的规定和程序，依法表达利益诉求、依法维护自身权益。

3）完善国家工作人员学法用法制度，坚持把领导干部带头学法、模范守法作为树立法治意识的关键，充分发挥领导干部率先垂范的带动效应，使全体人民都成为社会主义法治的忠实崇尚者、自觉遵守者、坚定捍卫者。

五、人才强法

需要加强法治队伍建设和法治人才培养。原因在于：

1）从法律大国向法治大国和法治强国的发展是治国强国的强大保障，而法治人才则是其中的主体性力量。

2）法治与人治相对，但法治社会绝不是要否定人的作用。无论是法律的制定，还是法律的实施，抑或法律的监督，在全面推进依法治国的每一个层面，都需要高素质的法治人员。

3）法治以坚持人民主体地位为重要原则，法治的本源性主体是人民，但法治的执行性主体则是党和国家机关，尤其是立法执法司法机关。法治的高度政治性、专业性和专门性以及技术性，要求必须重视法治专门人才的建设，发挥法治人才的作用。《决定》指出："全面推进依法治国，必须大力提高法治工作队伍思想政治素质、业务工作能力、职业道德水准，着力建设一支忠于党、忠于国家、忠于人民、忠于法律的社会主义法治工作队伍，为加快建设社会主义法治国家提供强有力的组织和人才保障。"

> **命题提示**
>
> 基本格局是重要考点，但由于2019年非法学考过论述题，再从主观题考查的可能性已很低。当然，由于基本格局下的五项子内容分别与"立法、执法、司法、守法、法治人才培养"等专题紧密相关，因此，应作为后期论述题的理论储备。

第七节 全面依法治国的基本途径

一、坚持依法治国、依法执政、依法行政共同推进

（一）依法治国

依法治国是党和人民治国理政的根本方略，是以法律权威至上为核心、以权力制约为机制、以人权保障为目标的治理模式。

（二）依法执政

依法执政是指党依据宪法和法律以及党内法规体系治国理政和管党治党，实现党和国家

政治生活的法律化、制度化、规范化。依法执政的基本内容主要包括以下几点。

1）党领导立法，保证党的主张和意志通过法定程序上升为国家意志。
2）依照宪法和法律，党领导国家政权，运用国家政权，实现党的宗旨、目标和任务。
3）保证和支持行政机关依法严格执法、司法机关公正司法。
4）带头遵守宪法法律，自觉维护宪法法律权威。
5）通过依法执政的体制机制改革，自觉提升运用法治思维和法治方式执政的意识和能力。
6）依法保障和规范党的机关和党员干部执掌和运用权力的行为，反对以言代法、以权废法、徇私枉法。

（三）依法行政

依法行政是指各级政府在党的领导下，依法行使行政管理权和依法执行法律。其基本要求是，以合法性原则为基本指导，坚持法定职责必须为、法无授权不可为、违法行为必追究。

总之，依法治国、依法执政和依法行政是相互联系、相辅相成的关系，具有价值取向的一致性、基本要求的统一性、运行机制的关联性。依法治国是全局、依法执政是核心、依法行政是关键，三者缺一不可、不可偏废，应当通盘谋划、共同推进。

二、坚持法治国家、法治政府、法治社会一体建设

（一）法治国家

法治国家是全面依法治国的根本目标。法治国家是指依法赋予、运行和制约国家权力、通过公正司法和严格执法来维护法律权威并实现人民权利的国家存在形式。

成熟的法治国家首先是依法治理的国家，具体包括以下几点。

1）法律之治是法治国家的第一要件。国家的政治、经济、社会、文化所涉及的一切国家权力形式之间及其与公民权利之间的关系，均被纳入法律调控的范围，接受法律的治理。

2）权力制约。依法制约公共权力。国家权力不是无限的，更不可主观任性地运行。相反，应当是有限的、分立的、受法律监督制约的。

3）注重程序。无论是司法过程、执法行为，还是政治决策与民主政治活动，都应该有一整套程序规范引导，并固化为法律程序，获得全体组织和所有人的一体遵循。程序是法治国家不同于人治国家的重要分水岭。

4）法律权威。法律与人尤其是领导者个人的权威比较是否具有至上性是人治与法治的最根本区别。当法律权威高于领导者个人的权威时，便是法治，反之，便只会是人治国家。

5）人权保障。坚持人民主体地位，以人民的基本权利和利益为最高价值追求，是法治国家的生命力之所在。

6）良法善治。不仅要有完备的法律体系，更需要抛弃恶法、弘扬良法，用文明进步的良善价值来主导和统帅法律规范；不仅要依法治理，更要构建法治先行、透明公开、公平正义、以人为本、高效理性、权责统一的现代治理体系。依法进行良善治理的国家才是真正的法治国家。

（二）法治政府

法治政府是政府依据宪法法律设立、政府权力法定、政府决策和行为严格依据法律程序

进行并对其后果承担相应责任的政府。政府依法行政和严格执法，是法治的重心。法治政府的基本要求包括以下几点。

1）法治政府是有限政府，其权力受到法律的界分和限定，不能超越法律的界限运行。

2）法治政府是责任政府，有权必有责，有责必承担。

3）法治政府是人民政府，以人的基本自由和权利为依归。

4）法治政府是程序政府，一切重大决策和行为活动都必须通过公众参与、专家论证、风险评估、合法性审查和集体讨论决定。

5）法治政府是阳光政府，实行信息公开，赋予社会大众广泛的知情权和参与权，以民主决策和民主监督来实现公开公正、保障政府的法治本色。

6）法治政府是诚信政府，应当自觉维护法律权威、自觉履行职责、为政令畅通、政民和谐奠定基础。为此，《决定》指出："加快建设职能科学、权责法定、执法严明、公开公正、廉洁高效、守法诚信的法治政府。"

（三）法治社会

法治社会是社会依法治理、社会成员人人崇尚法治和信仰法治、社会组织依法自治、社会秩序在法治下和谐稳定的社会。法治社会建设具体包括以下几点。

1）全社会树立法治意识。法律的权威来自人民的内心拥护和真诚信仰。通过法治宣传教育，弘扬社会主义法治精神、建设社会主义法治文化，使全体人民自觉依法行使权利、履行义务、承担社会和家庭责任。

2）社会组织多层次多领域依法治理。坚持系统治理、依法治理、综合治理、源头治理，提高社会治理法治化水平，支持各类社会主体自我约束、自我管理。

3）党和国家依据宪法法律治理社会，建设完备的法律服务体系。推进覆盖城乡居民的公共法律服务体系建设，加强民生领域法律服务；完善法律援助制度；健全依法维权和化解纠纷机制。强化法律在维护群众权益、化解社会矛盾中的权威地位。

总之，法治国家、法治政府和法治社会三者内在统一、相互融合、相互促进，共同成长为社会主义法治国家。

> **命题提示**
>
> "基本途径"是2024年重要考点，考生要优先以论述题备考；尤其是法治社会的概念和要求，更是重中之重。

三、建设中国特色社会主义法治体系的主要内容

（一）形成完备的法律规范体系

健全宪法实施和监督制度；完善我国的立法体制；深入推进科学立法、民主立法；加强重点领域立法，进一步形成完善的、科学规范的中国特色社会主义法律规范体系。

（二）形成高效的法治实施体系

在行政执法领域，必须做到：依法全面履行政府职能；健全依法决策机制（包括公众参与、专家论证、风险评估、合法性审查、集体讨论决定）；深化行政执法体制改革；坚持严

格规范公正文明执法；全面推进政务公开（坚持以公开为常态、不公开为例外原则，推进决策公开、执行公开）。

公正是法治的生命线，实现公正司法必须做到：完善确保依法独立公正行使审判权和检察权的制度；优化司法职权配置（让公安机关、检察机关、审判机关、司法行政机关各司其职）；推进严格司法（坚持以事实为根据、以法律为准绳）；保障人民群众参与司法；加强人权司法保障；加强对司法活动的监督。

（三）形成严密的法治监督体系

特别是要强化对行政权力的制约和监督，通过加强党内监督、人大监督、民主监督、司法监督、监察监督、审计监督、社会监督、舆论监督制度的建设，努力形成科学有效的权力运行制约和监督体系，增强监督合力和实效。

同时，加强对政府内部权力的制约，是强化对行政权力制约的重点。要完善政府内部层级监督和专门监督，改进上级机关对下级机关的监督，建立常态化监督制度。完善纠错问责机制，健全责令公开道歉、停职检查、引咎辞职、责令辞职、罢免等问责方式和程序。

（四）形成有力的法治保障体系

一是加强法治工作队伍建设，二是加强和改进党对全面推进依法治国的领导。

在加强法治工作队伍建设方面，主要包括：建设高素质法治专门队伍；加强法律服务队伍建设，特别是加强律师队伍思想、政治与组织建设；创新法治人才培养机制。

在加强和改进党对全面推进依法治国的领导方面，主要应强调，党的领导是全面推进依法治国、加快建设社会主义法治国家最根本的保证。必须加强和改进党对法治工作的领导，把党的领导贯彻到全面推进依法治国全过程。强化依法执政的法治意识，让各级党组织和领导干部深刻认识到依法执政是依法治国的关键。将进一步完善党内法规、从严管党、从严治党上升到法治国家建设保障体系的高度。

（五）形成完善的党内法规体系

这是党中央针对全面从严治党的新战略提出的全新主张，也是依法治国与依法治党相结合的具体体现。党在新时期既要坚持全面依法治国与依法执政，又要坚持全面从严治党，在从严治党问题上必须从源头上抓起，不断完善党内法规。

> **命题提示**
>
> 本考点是2017年大纲增加的考点，考生需要按照主观题尤其是简答题备考，最低要求是背诵大体框架。

> **扫雷 大练习**
>
> 简述中国特色社会主义法治体系的主要内容。（2018年法学简答31、2018年简答51）

四、推进国家治理体系和治理能力现代化

（一）内　　涵

国家治理体系和治理能力现代化，是国家治理现代化的具体表现，其核心内含主要是实现国家治理的制度化、程序化、法治化。

（二）在法治轨道上推进

1）法治是国家治理体系和治理能力的重要依托，坚持在法治轨道上推进国家治理体系和治理能力现代化，是实现良法善治的必由之路。

2）我国宪法是国家的根本大法，是国家制度和法律法规的总依据。因此，必须在宪法范围内和法治轨道上推进国家治理体系和治理能力现代化。通过宪法法律确认和巩固国家根本制度、基本制度、重要制度，并运用国家强制力保证实施，保障了国家治理体系的系统性、规范性、协调性、稳定性，这有利于充分实现国家和社会治理的有法可依、有法必依、执法必严、违法必究，最终实现国家治理现代化。

> **命题提示**
>
> 这是2022年新增内容，考生要按照论述题备考。国家治理体系与治理能力现代化是热点问题，在主观题中考生要注意的问题是"如何在法治轨道上推进"。答题框架是：依宪治国与依宪执政、科学立法、严格执法、公正司法、全民守法。

第十四章 法与社会

第一节 法与社会的一般关系

一、法与社会的相互作用

(一) 社会是法律的基础

1. 法是社会的产物

社会性质决定法律性质,社会物质生活条件最终决定着法律的本质。不同的社会就产生不同的法律。即使是同一性质或历史形态的社会,在其不同的发展阶段上,法律的内容、特点和表现形式也往往不尽相同。

2. 社会是法的基础

1) 新的法律不可能产生于旧的社会基础之上,旧的法律也不可能长期在新的社会基础上生存和延续。如果说法是社会的基础,那么实质上就可能强迫社会接受那些已经被这一社会生活条件及物质生产本身宣判无效的法律,把法律看成了永恒不变的东西。

马克思说,社会不是以法律为基础的,那是法学家的幻想。相反,法律应该以社会为基础。法律应该是社会共同的、由一定的物质生产方式所产生的利益和需要的表现,而不是单个人的恣意横行。

2) 社会是法的基础,就是制定、认可法律的国家以社会为基础,国家权力以社会力量为基础;同时还可以说,国家法以社会法为基础,"纸上的法"以"活法"为基础。

总之,法以社会为基础,不仅指法律的性质与功能决定于社会,而且还指法律变迁与社会发展的进程基本一致。

(二) 法律是社会关系的调整器

1. 通过调和社会各种冲突的利益,进而保证社会秩序得以确立和维护

在历史发展过程中,对社会的调整手段主要有三种,即法律、道德和宗教。近代以来,法律已成为对社会进行调整的首要工具。所有其他的社会调整手段必须从属于法律调整手段或者与之相配合,并在法律确定的范围内行使。

2. 通过法律对社会机体的疾病进行疗治

具体而言,就是运用法律解决经济、政治、文化、科技、道德、宗教等方面的各种社会问题,由此实现法的价值,发挥法的功能。

> **命题提示1**
>
> "法与社会的一般关系"是非常重要的考点，选择题考查较多；2024年考生还要将其作为主观题（尤其是分析题）来准备。例如，用"法与社会的一般关系"来分析"法治社会建设的必要性""社会管理体制改革"等问题。

> **命题提示2**
>
> 考生需要注意以下几个判断标准：①社会是法律的前提和基础，而非相反；②法与社会发展具有一致性，但也有可能超前或滞后；③为了能与社会发展保持一致性，立法者需要有一定的预见性（也就是说，允许适度的超前立法）；④法律可以解决社会发展中出现的问题，但是法律不是万能的，需要协调好法律与道德、政策等的关系。

二、当代中国社会主义法在构建社会主义和谐社会中的作用

1) 法对于社会主义民主的实现具有重要作用。
2) 法通过确认并保障正义标准的实现，协调主体之间的利益关系。
3) 法可以为诚信友爱的实现提供良好的制度环境。
4) 法为激发主体的活力创造制度条件。
5) 法为维护社会的安定和秩序提供有力保障。
6) 法协调人与自然的关系，为经济发展与自然环境的和谐提供制度支持。

> **命题提示**
>
> 关于法对于和谐社会的作用，属于时事性题目，考生了解大概框架即可。

三、通过法律体现和保障社会和谐发展的全新理念：创新、协调、绿色、开放、共享

1) 依法实施创新驱动发展战略。将创新摆在第一位，是因为创新是引领发展的第一动力，并且具有可持续性等特征。
2) 依法增强发展的整体协调性。社会再生产包括生产资料生产和消费资料生产，这两大部类必须保持一定的比例关系，才能保证社会再生产顺利实现。
3) 依法推进人与自然和谐共生的绿色发展观。人类发展活动必须尊重自然、顺应自然、保护自然，否则就会遭到大自然的报复。
4) 依法形成对外开放的发展新体制。我国几十年来的发展成就得益于对外开放，这是历史经验的证明。
5) 依法践行以人民为中心的共享发展思想。这是党的十八届五中全会首次提出来的，体现了党全心全意为人民服务的根本宗旨，体现了人民是推动发展的根本力量的唯物史观。这也符合人民主体地位的法律原则。

> 📶 命题提示
>
> 这是重要考点，考生要按照简答题备考。考生除了掌握该知识点的基本框架，还需要了解相关细节：①创新是首位，但是创新、协调、绿色、开放、共享这五项并不是孤立的，而是相互促进、相辅相成；②人民主体地位这个原则直接要求的是"共享"。

四、法与社会治理

党的十八届四中全会提出，要"坚持系统治理、依法治理、综合治理、源头治理，提高社会治理法治化水平"。党的十九大提出，"打造共建共治共享的社会治理格局。加强社会治理制度建设，完善党委领导、政府负责、社会协同、公众参与、法治保障的社会治理体制，提高社会治理社会化、法治化、智能化、专业化水平"。

（一）社会治理的概念和特征

1. 社会治理的概念

社会治理是指政府、社会组织、企事业单位、社区以及个人等多种主体通过平等的合作、对话、协商、沟通等方式，依法对社会事务、社会组织和社会生活进行引导和规范，最终实现社会公共利益最大化的过程。

2. 特征

习近平总书记指出，"治理和管理一字之差，体现的是系统治理、依法治理、源头治理、综合施策"。

1) 社会治理是在党的领导下，由政府主导，吸纳社会组织等多方面治理主体参与对社会公共事务依法治理的活动。

2) 社会治理是以实现和维护人民利益为核心，发挥多元治理主体的作用，针对国家治理中的社会问题，完善社会福利、保障改善民生，运用法治思维与法治方式化解社会矛盾，促进社会公平，推动社会有序发展的过程。

3) 总之，社会治理是新时代确立的以人民为中心的科学的法治化多元治理方式。

> 📶 命题提示
>
> 这是2021年大纲新增，是重要考点，考生要按照简答题备考。

（二）当代中国社会主义法在社会治理中的作用

1. 从经济与社会发展的角度看，社会主义法是解决社会复杂矛盾、维护社会稳定的利器

唯有用法治的方式来实现公正、维护正义，使社会矛盾化解，才能从根本上防止严重的社会问题出现，实现长治久安。

2. 从政治运行角度看，社会主义法是政治权力认可并制定的行为规则。没有法律制度，庞大而复杂的国家机器就无法准确高效地运转

1) 构建社会主义法治社会，最根本的是坚持党的领导、人民当家作主和依法治国的有机统一。

2）坚持党的领导，才能保证国家沿着社会主义法治方向前进，使各项方针政策符合广大人民群众的根本利益。

3）社会主义法治是党通过领导国家的立法、司法、行政机关，制定、贯彻、落实良法，将人民的意志集合为国家意志，并运用国家的强制力加以实施，推动国家机器高效运转。

3. 从社会治理和法治本质看，执法为民是社会主义法治的本质要求

这表明中国共产党的宗旨就是全心全意为人民服务，一切为了人民，依靠人民，是社会治理永远不变的宗旨和实质。

4. 从价值追求看，社会主义法坚定不移地追求社会公平正义。法律面前人人平等，是法治国家的一条基本准则

1）实现公平正义，首先要从程序正义来实现，也就是司法过程的公正，它是从立法公正通往现实公正的路径。

2）公平与效率，是司法制度追求的两种价值，诉讼公正与诉讼效率作为司法的价值追求，当二者难以兼得时，必须将实现公正作为优先选项。

5. 从公众参与看，社会主义法广泛引导社会参与

1）厘清社会权力边界，科学界定政府、社会组织、社区居民在社会治理中的权利和义务。

2）规范政府的社会管理权力，提升社会组织、社区居民参与社会治理的地位、权利，完善其法定程序，实现政府社会治理权责体系的明晰化、科学化和法治化。

3）加快培育社会组织，完善政社分开、权责明确、依法自治的现代社会组织制度，充分发挥社会组织在公共事务管理和公共服务领域的主体作用。

4）提升社会组织的治理效能，激发社会活力，形成政府与社会合作共治的新格局。

6. 从法治德治角度看，社会主义法与道德相互支撑

1）在立法中明确政府的社会治理责任，实现社会治理权责关系明晰化，提升治理效能，激发社会活力。

2）建设法治不能忽视中国的道德传统，要从中国的道德文化中发掘出与法治相适应的文化因素，进一步完善现有的法治模式。

总之，在社会治理过程中，通过推进国家与社会治理法治化，保障宪法和法律认真贯彻落实，让一切劳动、知识、技术、资本管理的活力竞相迸发，让一切创造社会财富的源泉充分涌流，让发展成果更多更公平地惠及全体人民，使法治现代化成为全面实现建设富强民主文明和谐美丽的社会主义现代化强国的根本保障。

> **命题提示**
>
> 这是 2021 年大纲新增内容，是重要考点，考生要按照论述题备考。

（三）依法治理网络空间

依法治理网络空间，是指社会治理依法向网络空间覆盖，建立健全网络综合治理体系，加强依法管网、依法办网、依法上网，全面推进网络空间法治化。具体要求包括以下几个方面。

1. 完善网络法律制度

1）通过立改废释并举等方式，推动现有法律法规延伸适用到网络空间。

2）完善网络信息服务方面的法律法规，修订互联网信息服务管理办法，研究制定互联网信息服务严重失信主体信用信息管理办法。

3）完善网络安全法配套规定和标准体系，建立健全关键信息基础设施安全保护、数据安全管理和网络安全审查等网络安全管理制度。

4）研究制定个人信息保护法。

5）健全互联网技术、商业模式、大数据等创新成果的知识产权保护方面的法律法规。

6）修订预防未成年人犯罪法，制定未成年人网络保护条例。

2. 培育良好的网络法治意识

1）坚持依法治网和以德润网相结合，弘扬时代主旋律和社会正能量。

2）加强和创新互联网内容建设，实施社会主义核心价值观、中华文化新媒体传播等工程。

3）提升网络媒介素养，推动互联网信息服务领域严重失信"黑名单"制度和惩戒机制，推动网络诚信制度化建设。

4）建立健全互联网违法和不良信息举报一体化受理处置体系。

5）加强全社会网络法治和网络素养教育，制定网络素养教育指南。

6）加强青少年网络安全教育，引导青少年理性上网。

7）深入实施中国好网民工程和网络公益工程，引导网民文明上网、理性表达。

3. 保障公民依法安全用网

1）牢固树立正确的网络安全观，依法防范网络安全风险。

2）落实网络安全责任制，明确管理部门和网信企业的网络安全责任。

3）建立完善统一高效的网络安全风险报告机制、研判处置机制，健全网络安全检查制度。

4）加强对网络空间通信秘密、商业秘密、个人隐私以及名誉权、财产权等合法权益的保护。

5）健全网络与信息突发安全事件应急机制，完善网络安全和信息化执法联动机制。

6）加强网络违法犯罪监控和查处能力建设，依法查处网络金融犯罪、网络诽谤、网络诈骗、网络色情、攻击窃密等违法犯罪行为。

7）建立健全信息共享机制，积极参与国际打击互联网违法犯罪活动。

> **命题提示**
>
> 这是2022年大纲新增内容，但并不是重要考点，考生按照选择题备考即可。

（四）通过法律实现"共建共治共享"的社会治理新理念：核心是推进社会治理法治化

1. 完善社会治理体制机制

1）完善党委领导、政府负责、民主协商、社会协同、公众参与、法治保障、科技支撑的社会治理体系，打造共建共治共享的社会治理格局。

2）健全地方党委在本地区发挥总揽全局、协调各方领导作用的机制，完善政府社会治理考核问责机制。

3）引领和推动社会力量参与社会治理，建设人人有责、人人尽责、人人享有的社会治理共同体，确保社会治理过程人民参与、成效人民评判、成果人民共享。加强社会治理制度建设，推进社会治理制度化、规范化、程序化。

2. 推进多层次多领域依法治理

1）推进市域治理创新，依法加快市级层面实名登记、社会信用管理、产权保护等配套制度建设，开展市域社会治理现代化试点，使法治成为市域经济社会发展的核心竞争力。

2）深化城乡社区依法治理，在党组织领导下实现政府治理和社会调节、居民自治良性互动。

3）区县职能部门、乡镇政府（街道办事处）按照减负赋能原则，制定和落实在社区治理方面的权责清单。

4）加强基层群众性自治组织规范化建设，全面推进基层单位依法治理，企业、学校等基层单位普遍完善业务和管理活动各项规章制度，建立运用法治方式解决问题的平台和机制。

5）广泛开展行业依法治理，推进业务标准程序完善、合法合规审查到位、防范化解风险及时和法律监督有效的法治化治理方式。

6）依法妥善处置涉及民族、宗教等因素的社会问题，促进民族关系、宗教关系和谐。

3. 发挥人民团体和社会组织在法治社会建设中的作用

1）人民团体要在党的领导下，教育和组织团体成员和所联系群众依照宪法和法律的规定，通过各种途径和形式参与管理国家事务，管理经济文化事业，管理社会事务。

2）促进社会组织健康有序发展，推进社会组织明确权责、依法自治、发挥作用。

3）加大培育社会组织力度，重点培育、优先发展行业协会商会类、科技类、公益慈善类、城乡社区服务类社会组织。

4）推动和支持志愿服务组织发展，开展志愿服务标准化建设。

5）完善政府购买公共服务机制，促进社会组织在提供公共服务中发挥更大作用。

4. 增强社会安全感

1）加快对社会安全体系的整体设计和战略规划，贯彻落实加快推进社会治理现代化开创平安中国建设新局面的意见。

2）完善平安中国建设协调机制、责任分担机制，健全平安建设指标体系和考核标准。

5. 依法有效化解社会矛盾纠纷

1）坚持和发展新时代"枫桥经验"，畅通和规范群众诉求表达、利益协调、权益保障通道，加强矛盾排查和风险研判，完善社会矛盾纠纷多元预防调处化解综合机制，努力将矛盾纠纷化解在基层。

2）全面落实诉讼与信访分离制度，深入推进依法分类处理信访诉求。

3）充分发挥人民调解的第一道防线作用，完善人民调解、行政调解、司法调解联动工作体系。

4）充分发挥律师在调解中的作用，建立健全律师调解经费保障机制。

命题提示

这是2022年大纲新增内容，考生需要按照论述题备考。需要说明的是，无论是多元化纠纷解决方式，还是多元化纠纷解决组织、多层次多领域依法治理，其底层逻辑均在于法律具有局限性、法律价值具有多元性，因此，中国特色社会主义法治建设的理论起点在于：法治具有一定的优势，因此要以法律为主导；法律具有局限性，因此要综合发挥多元的规范、多元的组织、多元的方式等综合治理的合力。

扫雷 大练习

实现全面依法治国，必须通过法律实现"共建共治共享"的社会治理新理念，对此，下列理解不正确的有（　　）。①（模拟题）

A. 推进社会治理的法治化是核心工作
B. 社会治理体系建设应坚持"党委领导、人大及常委会负责"的基本原则
C. 完善政府购买公共服务机制，要把绝大多数政府职能委托给社会组织办理
D. 坚持"枫桥经验"，要发挥基层社会组织在办理刑事案件中的主导作用

第二节　法与经济

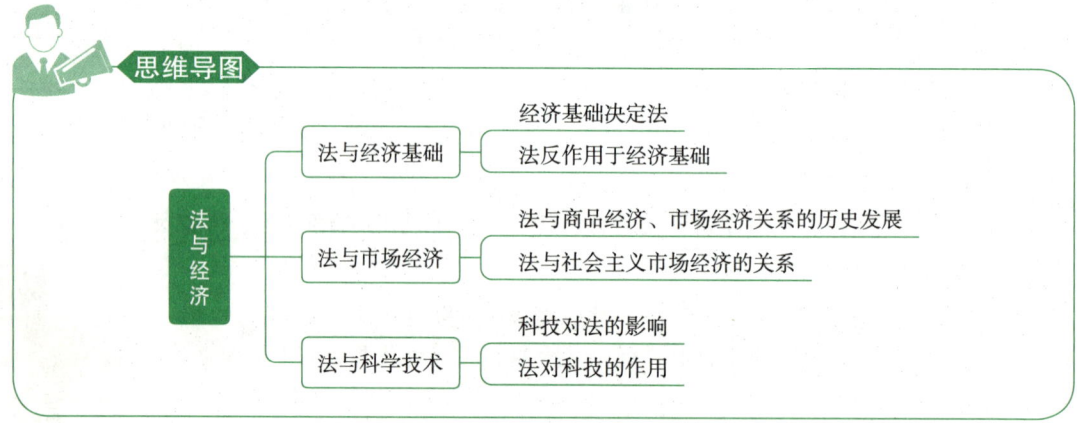

一、法与经济基础

法律是上层建筑的组成部分，它与经济基础是形式与内容的关系。

法律只能在经济基础所蕴含的可能性范围内选择，而不能任意地选择；法律的性质、内容和发展趋势等，都主要是由其赖以建立的经济基础的状况和要求所决定的。法律虽然根源于经济基础，但作为超经济的力量，对经济基础既具有依赖性，又有一定的反作用和相对独立性。

---

① 答案：BCD。

（一）经济基础决定法

法律与经济基础的关系，主要表现为经济基础对法律的决定作用。经济基础对法的决定作用主要体现为三个方面。

1）经济基础决定法律的性质。
2）经济基础决定法律的基本内容。
3）经济基础的发展变化决定法律的发展变化。

（二）法反作用于经济基础

在法律与经济基础的关系中，法律并不是消极地被决定的。法律是在归根结底决定于一定的经济基础的同时，又服务于该经济基础，对经济基础具有能动的反作用。

法律对经济基础的反作用包括下列四个方面。

1）法律对经济基础具有选择和确认作用。
2）法律对经济基础具有加速或延缓其发展的作用。
3）法律对经济基础具有保障和促进作用。
4）法律对生产关系的某些方面具有否定、阻碍或限制作用。

> **命题提示**
>
> 这不是重要考点，考生着重理解其中画波浪线的内容，按照选择题备考。

二、法与市场经济

（一）法与商品经济、市场经济关系的历史发展

法是伴随着商品经济的出现而产生的，是商品交换的必然产物，又是商品交换乃至整个商品经济不可或缺的调整机制。法是商品交换的产物，这是由商品交换的内在要求和法不同于其他社会规范的特殊品性所决定的。商品经济越发展，社会对法的要求就越多；法和法制越发展，又反过来给商品经济以更有效的影响。

1）西方古罗马时期，由于简单商品经济非常繁荣发达，推动了罗马法的发展和完善。自11世纪开始，随着海上商品贸易的发展，西欧商品经济开始步向高级形态，市场经济开始萌生。与之相适应，地中海沿岸产生了海商法，并且导致了罗马法的复兴。

2）进入19世纪，资本主义制度在实际范围内最终取代了封建制度，生产力空前解放，形成了近代市场经济，导致著名的《法国民法典》的产生，它对近代市场经济的一系列基本原则进行了详细的规定。

3）资本主义发展到垄断阶段后，近代市场经济被现代市场经济所取代，与此相适应，法的社会化成为西方法发展变化的最重要的标志之一。

（二）法与社会主义市场经济的关系

法的产生和发展与商品经济的发展密不可分。法的发展程度，法对商品经济的作用程度，直接受商品经济发展程度及其对法的需求程度所制约。商品经济越发展，法就越兴旺，法的权威性就越高，法的部门就越多，法的体系就越发达，法对商品经济和市场经济的作用就越大，反之亦然。

当市场经济与社会主义基本制度结合起来时，就在现代市场经济中形成了一种新的经济体制，即社会主义市场经济。社会主义市场经济与其他现代市场经济一样，也与法有着密切的联系，实质上就是法制或法治经济，并且是与法制联系更加紧密的经济。

法律对社会主义市场经济的作用主要表现在以下几方面。

第一，社会主义市场经济是主体独立的经济，市场主体的行为需要法律来规范，市场主体的地位需要法律来确认和保障。

第二，市场经济关系是契约关系，现代市场经济运行过程中的各种活动，几乎都是通过契约来实现的，契约关系是一种法的关系，具有法律约束力，也需要法律来确认和保障。

第三，市场经济是自由竞争、平等竞争的经济，法律就是竞争的规则。

第四，市场经济的运行需要有正常的秩序，需要有正常的市场进入、市场交易秩序，这些都离不开法律的作用。

第五，市场经济还是开放性经济，要求主权国家不仅要完善国内法律体系，而且要善于运用国际法律、规则和惯例等。

第六，法律在社会主义市场经济宏观调控方面还发挥着重要作用，主要表现在对市场经济运行的引导、促进、保障和必要的制约方面。

> **命题提示**
>
> 这是重要考点：①选择题中，常考查法与市场经济的关系史；②法与社会主义市场经济的关系，考生要按照主观题进行备考。

判断题

1. 在封建社会，法律对经济没有什么影响。（　）
2. 古罗马商品经济的繁荣促进了古罗马法的发展和完善。（　）
3. 法律可以为经济发展提供保障，但有时也会阻碍经济发展。（　）
4. 当代中国法律对经济的影响主要体现在对市场经济的引导、促进和保障等方面。（　）
5. 有完善的法律制度，就有发达的市场经济。（　）
6. 商品经济越发展，社会对法的要求就越高。（　）
7. 法律的数量越多，经济发展水平就会越高。（　）
8. 经济发展水平是衡量法治状况的重要标志。（　）

三、法与科学技术

（一）科技对法的影响

1) 科学技术影响法的内容，成为法律规定的重要依据。科学技术进步所形成的新的科学知识，不断被运用到法律领域，成为法律规定的重要的科学依据。

2) 科学技术的发展扩展了法律调整的领域。在科学技术的研究发明和推广应用中出现的大量新的社会关系需要法律规范的调整。

3) 科学技术的发展引起了有关的传统法律概念和原则的变化。①科学技术知识内容的立法所占的比重不断增加，这导致"委任立法"范围不断扩大。②随着通信、交通技术的进步，以及信息交换的加快，使法律时效和时限观念加强。

4) 科学技术的发展完善了法律调整机制，为立法和执法提供了新的技术和手段，对法的制定和实施产生重大影响。

5) 科学技术的发展也影响了法学教育、法制宣传和法学研究，促进其方式和内容的更新和发展。

（二）法对科技的作用

1) 法保证科学技术的顺利发展有良好的社会环境。

2) 法为组织科学技术活动提供必要的准则。①法确认和保证科学技术发展在国家社会生活中的优先地位，确定国家科技发展战略，确立科技管理体制和科技运行机制。②法在推动国际科学技术合作，促进科学技术成果的全球共享和高效能运用方面也有重要作用。

3) 法是鼓励科学技术发展的有效手段。法通过规定对公民的创造性劳动的保护和鼓励措施，如授予职称、荣誉称号和物质奖励等，激发人们为科技发展作出贡献的热情。

当然，科学技术本身具有两面性，法律也要防范其负面作用，如通过确立一些重要的科技伦理原则来规范科技行为。

> **命题提示**
>
> "法与科技"的关系是命题重点，主要在选择题和分析题中进行考查。考题的命题思路是：科技发展→对法律带来全方位影响→其中往往导致法律的滞后性→加强立法以及完善执法和司法、运用多种法律解释、法律推理等方法→减少科技对法律的挑战，实现二者协调发展。

扫雷大练习

1. 关于法律与科学技术的关系，正确的是（　　）。①（2020年单选12）

A. 法律决定科学技术的发展

B. 科学技术不仅影响法律的内容，也影响法律调整的领域

C. 科学技术的发展不会引起传统法律概念和原则的变化

D. 防范科学技术可能带来的危害，要靠技术手段而非法律机制

2. 随着科技的发展，手机移动支付逐渐普及，但由于相关法律尚不健全，导致实践中行业管理现象与支付纠纷频现。对此，下列说法正确的是（　　）。②（2018年单选1）

A. 法律完全可以提前对未来的新技术作出周密的规定

B. 在法无明文规定的情况下，应当禁止新技术的应用和推行

C. 新事物的出现，扩展了法律的调整范围，也对立法提出了挑战

D. 在相关法律尚不健全的情况下，执法机关可以依据政策对相关行为作出处罚

---

① 答案：B。
② 答案：C。

3. 2017年8月，杭州互联网法院成立。互联网法院将涉及网络的案件从现有审判体系中剥离，依托互联网技术，实现了"网上案件网上审"。对此，下列表述正确的是（　　）。① (2019年法学单选7)

A. 法院对网络新科技的运用并不影响司法效率
B. 法院对网络新科技的运用必然提升司法公正
C. 互联网法院是网络新科技在司法领域运用的产物
D. 法院运用网络新科技审理案件体现了司法的能动性

第三节　法与政治

一、法与国家的关系

（一）国家是法律存在的政治基础

国家权力是法的支持和保障，这主要表现在以下几方面。

1. 国家是法的产生和发展直接的推动力之一

1) 国家政权的建立是一个国家的法得以产生的政治前提。
2) 政权的稳固是法的发展的基本条件之一。
3) 政权职能和发展也推动了法的内容和作用的变化。

2. 国家权力是创制法的直接力量

国家权力是创制法的直接主体，借助于国家权力，立法能够最大限度地表达出社会关系所决定的利益和意志。

3. 国家权力以其强制力参与和保障法的实现

在现代社会，法的实施和实现除了依靠传统、习惯、舆论、利益引导等积极因素外，也必须依靠国家权力的支持。

（二）法律也对国家权力起到支持和制约的作用

法律具有独立性，并不完全依附于国家。它能够对国家权力的运行及其结果产生重大影响（但这并不是说法律可以脱离国家权力而存在）。具体而言，法对国家权力的支持和制约作用表现在如下几方面。

1. 法确认国家权力的合法性

国家权力需要借助合法性信念来巩固自身，而法律是确立现代国家权力合法性的最重要的方式之一。

2. 通过法来组织和完善国家权力机构体系

以法律来规定国家机构的权限和职责范围，保障各个机构各司其职。

3. 通过法律制约和监督国家权力的运行

法律作为一种有效的约束手段，可以把国家权力分散到不同部门、不同层次的机关，使得权力之间可以相互制约；同时又可以把国家权力的各部分整合为统一的等级体系，使得权

---

① 答案：C。

力之间通过相互配合而发挥更大的作用。

4. 法有助于提高国家权力运行的效率

法为国家权力的行使规定了方向、原则和界限等，以此促进国家权力行使的合理化。这种合理化就意味着其运行效率的提高。法还可以通过传播一定的价值观来发挥其思想教育作用，为提高国家权力的运行效率、完成其功能提供良好的社会氛围。

> **命题提示**
>
> 该考点在2017年大纲中进行过修改，考生要按照主观题准备，同时还要注意以下细节：①国家是基础，法律是保障（不能颠倒了）；②法律对国家权力既有强化作用（赋予合法性），也有弱化作用（监督和制约）；③法律既不完全依附于国家，也不能完全独立于国家；④国家虽然对法有直接的推动作用，但是，根本的决定作用则是物质生活条件。

判断题

1. 法律是国家存在和发展的政治基础。（ ）
2. 法律决定国家的性质。（ ）
3. 法律保障国家职能的实现。（ ）
4. 法律确认国家的政权组织形式。（ ）
5. 从存在形态看，国家先于法律产生。（ ）

二、法与政治

（一）法与政治的区别

法律与政治都属于上层建筑，都受制约和反作用于一定的经济关系，两者又相互作用。但二者仍有不同：

1）政治通过把利益关系集中，上升为政治关系来反映经济关系，法以规则、程序和技术形式使经济关系制度化。

2）政治突出体现社会生活的组织性，法突出体现社会生活的规则性和秩序性。

3）政治的控制和调整功能通过政治行为和过程实现，法通过对主体权利义务的确认和保障实现对社会的控制和调整。

（二）法与政治的相互作用

1. 政治对法的影响和制约作用

政治在上层建筑中居主导地位，总体上法的产生和实现往往与一定的政治活动相关，反映和服务于一定的政治，政治活动和政治关系的发展变化必然在一定程度上影响法律的内容或价值追求的发展变化。

2. 法对政治的确认和调整作用

法作为上层建筑相对独立的部分，对政治并非无所作为。特别是在近现代，可以说，法在多大程度上离不开政治，政治也便在多大程度上离不开法，法对政治具有确认、调整和影响作用。具体表现为以下几点。

1）法与政治体制。在集权型权力结构中，法律只是作为人治的点缀或辅助，而在分权型权力结构中，权力的配置和行使都须以法为依据。

2）法与政治功能。政治的基本功能是把不同的利益交融和冲突集中上升为政治关系，对社会资源进行权威性分配和整合。法不仅贯穿经济关系反映和凝聚为政治关系的过程，且将利益和各种社会资源的权威性分配以规范、程序和技术性形式固定下来，使之具有形式上共同认同的性质，并因此具有形式上的正统性。

3）法与政治角色的行为。法对于国家机构、政治组织、利益集团等政治角色行为和活动的程序性和规范性控制，以及20世纪初期开始的政党法治化趋势，都表明了法对重要政治角色行为控制、调整的必然性和必要性。

4）法与政治运行和发展。政治运行的规范化，政治发展中政治生活的民主化（如政治过程的透明、公民政治参与的途径等）和政治体系的完善化，离不开法的运作。

> **命题提示**
> 该考点在2017年大纲中进行过修改。2024年考生要按照重点论述题加以备考。

三、法与政策

（一）执政党政策的概念

政策通常是指一定政党或其他政治组织为达到一定时期的政治目标，处理国家事务、社会公共事务而提出并贯彻的路线、方针、规范和措施的总称。执政党的政策最具影响力，与国家政权的联系最为密切。

（二）执政党政策与法律的一致性和区别

执政党政策与法作为社会调整的两种基本形式，它们之间有着内在的一致性，也有着明显的区别，又都有各自不可替代的作用。法与执政党政策的一致性主要表现在以下几方面。

1）都产生并服务于社会的经济基础。
2）都体现着一定阶级的意志和要求。
3）基本指导思想和价值取向是一致的。
4）它们所追求的社会目的从根本上说也是一致的。

法与执政党政策的区别主要表现在：意志属性不同、表现形式不同、实施的途径和保障方式不同、稳定性程度和程序化程度不同。

（三）中国社会主义法与中国共产党政策的关系

中国共产党政策与社会主义法在本质上的一致性以及在外部形式和调整方式上的不同特点决定了二者的相互关系。

1）党的政策是社会主义法的核心内容。
2）社会主义法是贯彻党的政策，完善和加强党的领导的不可或缺的基本手段。
3）党的政策充分发挥作用，能够保障、促进社会主义法的实现。
4）正确认识社会主义法与党的政策的关系，要求既不把二者割裂、对立起来，也不把二者简单等同。

（四）中国社会主义法体现为以宪法为核心的中国特色社会主义法律体系，是在中国共产党领导之下制定和不断完善的，是通过将党的政策上升为法律的方式形成和发展起来的庞大体系

1）坚持依宪治国、依宪执政，是全面推进依法治国的工作重点。宪法作为国家的根本大法，是治国安邦的总章程，是党和人民意志的集中体现，具有最高的法律地位、法律权威、法律效力。坚持依法治国首先要坚持依宪治国，坚持依法执政首先要坚持依宪执政。党领导人民制定宪法法律，也领导人民实施宪法法律，党自身必须在宪法法律范围内活动。

2）宪法和法律的实施，也是保障党的基本路线方针政策得以贯彻落实的重要途径。要坚持宪法确定的中国共产党领导地位不动摇，坚持宪法确定的人民民主专政的国体和人民代表大会制度的政体不动摇，加强宪法实施和监督，推进合宪性审查工作，维护宪法权威。

> **命题提示**
>
> 这是2022年大纲调整过的部分，2022年已经作为分析题备考，2024年考生主要按照选择题备考。

判断题

1. 法促进政策的实施，决定着政策的效力。（　）
2. 政策指导法律的制定和实施。（　）
3. 政策决定法律，法律对政策具有积极或消极的作用。（　）
4. 政策与法律在指导思想和制定机关方面相同，两者不可分离。（　）
5. 政策是法律的评价标准，法律是政策实施的有效手段。（　）
6. 在相关法律尚不健全的情况下，执法机关可以依据政策对相关行为作出处罚。（　）

第四节　法与文化

思维导图

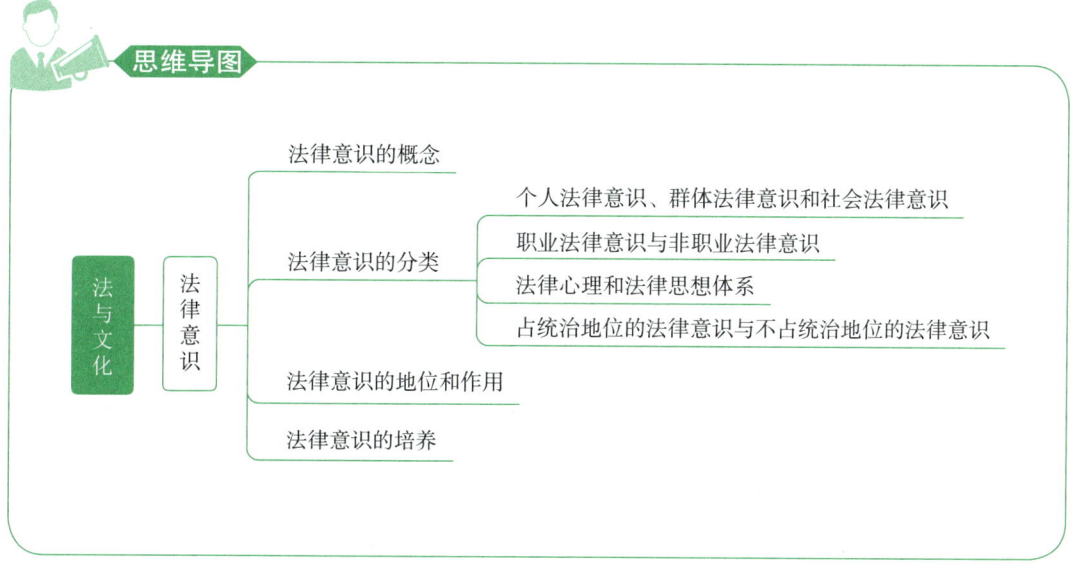

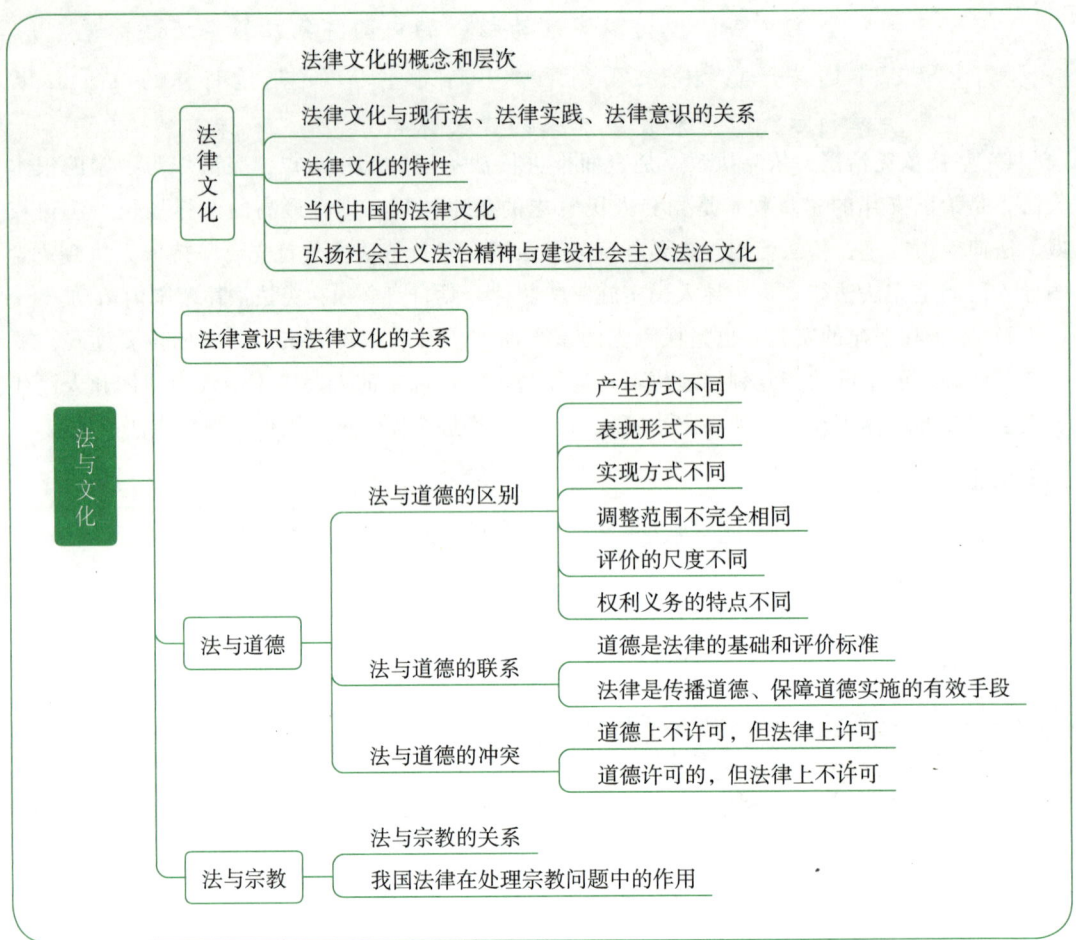

一、法律意识

(一) 法律意识的概念

法律意识是社会意识的一种特殊形式,泛指人们对法律,特别是对本国现行法律的思想、观点、心理或态度等的总称。

(二) 法律意识的分类

法律意识是一个复合体,可以按照不同的标准进行分类。

1. 个人法律意识、群体法律意识和社会法律意识

依据法律意识主体的不同,可以将法律意识分为个人法律意识、群体法律意识和社会法律意识。

1) 个人法律意识是具体的个人对法律现象的思想、看法、意见和情趣,它是个人独特的社会地位和社会经历的反映。

2) 群体法律意识是指家庭、集体、团体、阶级、阶层、民族、政党等不同的社会集合体对法律现象的意识。这种法律意识最为复杂。

3) 社会法律意识是指社会作为一个整体对法律现象的意识,是一个社会中个人法律意识、各种群体法律意识相互交融的产物,因此这种法律意识往往是一个国家法制状况的总的

反映。

2. 职业法律意识与非职业法律意识

依据法律意识的专门化、职业化的不同程度，可以将法律意识分为职业法律意识与非职业法律意识。

职业法律意识是指法官、检察官、律师、法学研究与教学人员等专门法律工作者的法律意识。非职业法律意识是广大人民群众对法律现象的最一般的理解。

3. 法律心理和法律思想体系

从认知阶段来看，法律意识可以分为低级阶段的法律心理和高级阶段的法律思想体系。

1）法律心理是人们在日常生活中形成的关于法律的零星的感觉、情绪、习性等。由于法律心理来源于日常生活，是自发产生的，所以对法律的认识和评价是表面的、直观的，缺乏理论概括的高度。

2）法律思想体系是对法律思想观点的理论概括，是思想化、理论化、系统化的法律意识，是法律意识的高级阶段。

法律心理和法律思想体系是法律意识两个不可分割的组成部分，两者是相互影响和相互转化的。法律心理是构筑法律思想体系的基础，人们只有从法律心理中积累丰富的感性知识才能升华为法律思想体系，法律思想体系所营造的法律文化氛围无疑对法律心理的内容有举足轻重的影响。

4. 占统治地位的法律意识与不占统治地位的法律意识

从法律意识的社会政治属性角度，可以将法律意识分为占统治地位的法律意识与不占统治地位的法律意识。

占统治地位的法律意识与不占统治地位的法律意识对于社会经济制度和法律制度有不同的作用，一般来说，前者的作用是正面的、积极的，后者的作用是负面的、消极的和破坏性的。

占统治地位的法律意识又存在着两种不同的作用形式。

1）间接作用形式，即法律意识首先渗透到法律制度与法律调整之中，再由法律制度对社会进行法律调整，最终达到通过法律制度和法律调整来间接影响社会的效果。

2）直接作用形式，即法律意识不是通过法律制度与法律调整来间接影响社会，而是直接发挥意识形态所固有的作用，向全社会传播和灌输统治阶级的世界观、价值观与法律观，推广和普及法律意识与法制教育，为实施和贯彻统治阶级的阶级意志创造一个良好的外部环境，从而达到维护现行政治制度的目的。

> 命题提示
>
> 这是了解型考点。

(三) 法律意识的地位和作用

1）在法律的创制过程中，立法者的法律意识直接影响着法律创制活动的效果。

如果立法者能正确认识和反映一定社会关系的客观要求，进而有效地进行创制法律的活动，那么这样的法律就会促进经济的发展和社会的进步。

2）在法律的实施过程中，执法及司法人员法律意识的水准对于法律实施以及案件的处理影响很大。

法律意识直接关系执法和司法人员能否准确理解法律规范的精神实质，能否合法、公正地处理案件，能否有效地维护国家利益和公民权利。

3）法律意识可以为法治创造良好的思想和心理条件，推动实现全民守法。

法律意识可独立于法律调整，发挥社会意识形态所固有的思想教育作用，通过灌输统治阶级的法律意识形态、价值观，普及法律知识、文化，为实现法律调整、实行法治创造良好的思想、心理条件。

4）在一定条件下，特别是法律制度不完备、缺乏明确法律规定时，统治阶级的法律意识往往直接起到法的作用。当然，这并不是法律意识本身固有的属性，这只是国家在特定条件下赋予某些法律意识的属性。

5）在社会转型期，可以成为社会变革的推动力量。

法律实践是生动现实的过程，在急剧变化的社会，随着从传统社会向现代社会的转型，法律也必然要发生变化，在这种情况下，对待法的新的法律意识往往会成为社会变革的推动力量。

> **命题提示**
>
> 法律意识的作用是重要考点，虽然以前考查得较少，但2024年考生宜重点准备，尤其是将其作为主观题。需要特别说明的是，为了将顺语句，书中对这个考点的内容做了较大幅度调整，考生无须担心，按照书中提供的内容背诵即可（其他有些考点，笔者结合阅卷经验以及备考规律，也做了或大或小的调整，考生同样无须担心，按照书中提供的内容背诵即可）。在我国社会主义条件下，大力培养公民的社会主义法律意识，对于坚持和实行依法治国，建设社会主义法治国家，具有十分重要的意义。

（四）法律意识的培养

社会主义法律意识的培养包括两方面的内容：①宣传和灌输马克思主义法律观、世界观；②普法教育。前者是培养社会主义法律意识在质的方面的要求，后者是培养社会主义法律意识在量的方面的要求，二者相辅相成，缺一不可。

> **命题提示**
>
> 本考点在2015年已考过论述题，考生今年按照选择题备考即可。

二、法律文化

（一）法律文化的概念和层次

法律文化是一种特殊的文化现象。法律文化一般是指在一定社会物质生活条件的作用下，掌握国家政权的统治阶级所创制的法律规范、法律制度或者人们关于法律现象的态度、价值、信念、心理、感情、习惯以及学说理论的复合有机体。

法律文化由两个层面组成，其一是物质性的法律文化，诸如法律制度、法律规范等，即制度形态的法律文化；其二是精神性的法律文化，诸如法律学说、法律心理、法律习惯等，即观念形态的法律文化。

> **命题提示**
> 这不是重要考点，考生一般了解即可。

（二）法律文化与现行法、法律实践、法律意识的关系

法律文化与现行法、法律实践、法律意识等法律现实有着密切的联系。法律文化的载体是法律现实，法律文化蕴涵其中。但是法律文化并不等于现行法、法律实践以及法律意识，也并非简单地等同于这些法律现象的总和。法律文化是这些法律现象中所包含的知识、智慧和经验，是其中一切有价值的、流传久远的行为方式或思想方式，是一种文化传统。它是一个国家、地区和民族从事法律活动的过程中长期起作用的"定式"，是一种习惯。法律文化不包括现行法、法律实践、法律意识中一切因偶然因素、个别事件而变化的成分。

> **命题提示**
> 这不是重要考点，考生一般了解即可。

（三）法律文化的特性

法律文化是人们从事法律活动的行为模式和思维模式。这里的行为模式并不是指法律规则，或者法律所规定的行为模式。法律文化并不体现在脱离现实的法律规则中，而是体现在实际生活中起着作用、指导人们的法律活动的实际规则中。一个国家的法律文化由一系列相关联的因素组成，如人们对法及法律现象的看法，法在社会生活中的地位，法的表现形式，法的结构，解决争端的主要方式，国家机构之间的关系，法律技术水平，法律意识的特点，等等。

1）法律文化具有多样性。在不同的国家和不同的历史发展阶段，法律文化会有很大的差异。

2）法律文化具有阶级性。作为一个整体，法律文化受到经济基础的制约，反映社会发展的客观需要和统治阶级的意志，具有阶级性。

3）法律文化具有相对独立性，它是一个民族长期积累起来的通过法律调整社会关系、进行社会管理的智慧、知识和经验的结晶，反映了历史上形成的有价值的法律思想和法律技术。

4）反映了一个民族法律调整所达到的水平，具有民族性。

法律文化的多样性使法律文化的交流与传播成为可能。随着社会的历史演进，法律文化的交流与融合日益增进。在这一过程中，不同类型的法律文化之间不可避免地要发生矛盾和冲突。因此，冲突与融合是法律文化变迁与发展的一条基本规律。

> **命题提示**
> 这不是重要考点，但考生最好能按照简答题备考。

(四) 当代中国的法律文化

当代中国的法律文化受到多种法律文化的影响，主要包括：中国传统的法律文化、西方法律文化、苏联的法律文化以及我国社会主义建设过程中所形成的法律文化。这些法律文化在不同的历史时期、不同的条件下对不同的社会阶层发挥着不同的影响。但总的来讲，在我国自己的社会主义法治实践基础上形成的法律文化对整个社会的影响更大，而中国传统法律文化则在其中发挥着潜在的作用。

> **命题提示**
>
> 这不是重要考点，考生一般了解即可。

(五) 弘扬社会主义法治精神与建设社会主义法治文化

党的十八届四中全会《决定》指出，"法律的权威源自人民的内心拥护和真诚信仰"，同时强调，"必须弘扬社会主义法治精神，建设社会主义法治文化，增强全社会厉行法治的积极性和主动性，形成守法光荣、违法可耻的社会氛围，使全体人民都成为社会主义法治的忠实崇尚者、自觉遵守者、坚定捍卫者"。

历史发展表明，只有法律成为人们自觉遵守的规则，内化于心、外化于行，法的意义、法的精神才能真正展现出来，法治的理想才能最终落地。因此，在全面推进依法治国的过程中，"全民守法"对于弘扬法治精神和法治文化具有特殊、重要的意义。

要达到"全民守法"的目标，必须以法治政府的建立促进法治社会的发育，以司法的严谨、执法的严格来培育公民守法的自觉性。具体要求：①加快建设职能科学、权责法定、执法严明、公开公正、廉洁高效、守法诚信的法治政府；②充分发挥司法公正对于社会公正的引领作用；③推进覆盖城乡居民的公共法律服务体系建设，健全依法维权和化解纠纷机制、利益表达机制、协商沟通机制、救济救助机制，畅通群众利益协调、权益保障法律渠道。总之，只有让人民群众在每一件具体的司法案件中建立对法治的信心、在日常工作生活中感受到法律的权威，他们对法律的态度才能由认识到遵守，由信任到信仰。

> **命题提示**
>
> "法律文化"这个考点这些年考查得较少，考生主要掌握：①法律文化的范围；②法律文化的层次；③重点掌握"中国传统法律文化对当代中国法治建设的意义"以及"建设中国特色社会主义法治文化"的途径及意义，按照主观题备考。

扫雷大练习

1. "和为贵"是中国传统法律文化的重要内容之一。关于该观念的当代意义及价值，下列说法正确的是（　　）。① （2018年法学单选4、2018年单选9）

A. "和为贵"与自由、平等的法律观念无法兼容

B. "和为贵"对调解制度的实施可以起到积极作用

C. "和为贵"观念不利于维护社会公平和秩序

---

① 答案：B。

D. 信访制度是"和为贵"在当代法律制度中的重要体现

2. 近年来，有些人民法院在推进和谐司法过程中，推出了裁判文书中的"法官后语"，试图体现传统法律文化和现代司法理念的结合。下文是一起案件的案情、判决和法官后语：黄某因意外死亡，黄某单位分别给予其父母和其妻周某 2 万元和 9 万元，黄父、黄母拿到 2 万元补偿款后，诉诸法院，要求儿媳周某另行返还部分补偿费用于养老。法院最终判决周某给付原告 1 万元，并在法官后语中写道："法律虽然可以公正地处理当事人之间的财产纠纷，但金钱毕竟无法替代感情。真诚以待、敬老爱幼、相互帮助、重修亲情，是本案当事人今后应深思的问题和共同努力的目标。"判决后周某主动将 1 万元给付黄父和黄母。

请根据以上材料回答下列问题：(2013 年分析 67)

(1) 什么是法律文化？该法官后语反映了哪一个层面的法律文化？

(2) 该法官后语是否体现出中国传统法律文化与当代社会主义法律文化的结合？为什么？

三、法律意识与法律文化的关系

1. 法律意识是法律文化的重要组成部分

法律意识包括对法律本质、作用的看法，对现行法律的态度和评价，以及对人们行为的法律评价等，不依赖于个人意志的社会物质生活条件是法律意识得以产生、存在和发展的现实基础。

2. 法律意识是一种特殊的社会意识，它涉及的对象是法律现象，这是法律意识与其他社会意识相区别的主要特点

法律意识与其他社会意识相比，具有较强的强制性，对人们的行为具有明确的指令性，它对社会生活的法律要求或法律调整的反映比较及时、敏感；而其他社会意识对人们的行为和社会的影响，常常是通过思想指导、情感熏陶、心理感召、习俗的维护等方式潜移默化地起作用，对社会生活的法律要求作用缓慢而持久。

3. 在法律文化观念中，法律意识居于核心地位

一定的法律意识体现了社会主体对于一定的法律现象的价值评价。社会主体在法律实践过程中，不仅创造了法律现象的价值，而且也认识到了这种价值，并且给予评价。法律意识是社会主体在法律实践活动中所形成的主观体验和认识在意识中的反映，是对法律现象本身的价值所作出的主观价值判断。

> **命题提示**
>
> 考生要按照简答题备考本考点。

扫雷 大练习

下列选项中，属于法律意识范畴的有（　　）。① (2012 年多选)

A. 大学生贾某认为偷几本书不构成犯罪

---

① 答案：ABC。

B. 农民工史某年底仍未拿到劳动报酬，自认倒霉
C. 公务员王某认为法律是治理官员贪污腐败最行之有效的途径
D. 消费者薛某以产品质量为由，向法院起诉要求销售方进行损害赔偿

四、法与道德

（一）法与道德的区别

道德是人们在社会生活中形成的关于善与恶、好与坏、美与丑、正义与非正义、公正与偏私、诚实与虚伪等伦理观念、思想、原则、标准的总和。法律与道德之间具有密切联系，二者相互影响，相互渗透，相互作用。同时，作为社会上层建筑的不同部分，法律与道德又有显著的区别。

1. 产生方式不同

法律一般是通过特定的机构、程序、方式而形成，依赖团体公共权力而实现。法律是自觉的、有形的。

道德随人的自然生活而逐渐产生，依赖教育培养而积累长成。道德是自发的，有时是无形的，一般不通过专门的公共机关和人员来制定，也不一定要通过专门的组织和制度来实现。在时间上，道德具有先在性，它的产生早于法律，是法律的产生、形成、发展、运作和实现的基础。

2. 表现形式不同

法律作为一种规范形式，是由国家制定、认可和解释的，具有普遍性、规范性、确定性、一般性的特点，通常是以成文方式表现出来，它的存在形式主要为法典、单行法规、判例、条例、条约等规范性文件。法律的制定、修改、废止、认可、解释是拥有法律创制权的专门机关依照一定的法律权限，遵循一定的法定程序而进行的，其他个人、团体、组织无权进行法律的创制。

道德则不同，它主要体现在人们的意识、信念和心理之中，通过人们的言论、行为、内心信念、社会舆论、风俗习惯等形式而表现出来。道德规范出于人们社会生活的日积月累、约定俗成，无须经过某个专门的国家机关制定、认可和解释，它的运作、功能的发挥也不必通过一定的程序或某个行政命令而实现。

3. 实现方式不同

法律和道德作为人们的行为准则，都具有一定的约束性和强制性。然而两者在约束性、强制性的方式、程度上有极大的差别。法律具有较强的约束性，具有国家的强制性，它往往以国家的强制力为坚强后盾，依靠强制手段来加以推行和实施，法律主要是一种外在强制力。

道德对人的行为的界定十分模糊，一般只对人提出做或不做一定行为的倾向性要求，没有设定明确的行为模式，它本身所具有的约束性、强制性也没有法律那样严厉和显著。它的实施、实现也不是依靠国家的强制力，而主要是依靠社会舆论、社会评价的力量，依靠人们的内心信念、内在修养、传统、风俗习惯和社会教育的力量来维持，诉诸人的心理，通过人们的内在的自觉而进行的，道德是一种内在强制力。

4. 调整范围不完全相同

法律所调整的范围主要是人的行为，与建立和维护正常的社会秩序息息相关的人的行为和社会关系。

道德所调整的范围远比法律广泛得多，它几乎涉及人们在社会生产、生活、交往中的一切领域、一切活动、一切人际关系，涉及人的外在行为和内在思想、动机。法律所调整的绝大部分对象，同样也可以用道德来调整，而道德所调整的对象不一定可以通过法律来调整。

5. 评价的尺度不同

法律评价人的行为的标准和尺度是合法与不合法，有效与无效。只要人的行为符合法律、法律规范的规定，就是有效的和合法的。

道德评价人的行为的尺度和标准主要是一定社会的价值观念体系，是一定社会、一定人群集合体的善恶观、公正观、是非观、荣辱观、美丑观。人们的行为只要符合一定的道德观念、道德价值，就是正当的和合理的。因此，法律的标准与道德的标准具有一定的差别，法律标准远比道德标准明确和规范。

6. 权利义务的特点不同

道德和法律都是以权利和义务为内容的，都是通过权利和义务的配置而实现社会调控的。但法律主要是以权利为本位，道德主要是以义务为主体。

法律的权利和义务是法定的，是以法律为根据和基础的，是法律化、制度化、规范化的权利和义务，在社会中主要体现为一种实在形态，具有确定性、可预测性的特征。

道德的权利和义务具有应然性，是一种应有的权利和义务，在社会中主要体现为观念形态、理想形态。

总之，法律和道德正是因为具有各自不同的特性，才成为社会不可缺少的文明要素，成为社会生活、生产、交流的基本规范和调控方式。

> **命题提示**
>
> 这是绝对的重要考点，尤其是在分析题和论述题中，均有多次考查。命题的底层逻辑是：既然法律与道德是有区别的，那么实践中就不能混淆两者：一方面，不能用法律干预那些"纯粹属于道德"（例如好意施惠）的领域；另一方面，二者不能相互取代。另外，哪些道德领域的事项需要法律手段的干预，是要加以论证的，只有经过论证后得出法律实属必要的结论时，方可干预道德领域事项。

（二）法与道德的联系

1. 道德是法律的基础和评价标准

道德是法律的基础和评价标准，主要表现在以下几个方面。

1) 道德是法律的理论基础。道德理论、理念、观点、学说是法律理论、理念、观点、学说产生、形成和发展的前提，没有道德理念、思想的更新和发展，没有道德理念、原则、信条不断地转化为法律理念、原则、规定和规范，就没有法律理论、法律规定、法律制度的更新和发展，就不可能形成法律大厦的坚实地基。

2) 道德是法律的价值基础，是判断、评价法律的价值尺度。道德是衡量良法与恶法的标准，是引导人们进行法律制度、法律秩序建设和改革的指针。没有道德及价值观念体系作为基础，法律就缺乏内在支柱，它的合法性将最终失去。

3) 道德是法律运作的社会基础。法律权威、力量、合法性的发挥和实现是建立在道德这一基石之上的。法治的形成和实现都离不开道德信念的支持，人们的道德水平越高，守法的程度也越高，选择法律所认可的合法行为的程度也越高。在具体的法律运作过程中，人们的道德信念和道德水平的高低，特别是法官、律师、检察官、警察的道德信念、原则、水平的状态，直接影响法律的实施和实现。

4) 道德是法律的补充，它具有弥补法律漏洞的作用。任何一个社会的法律都存在某种程度的不足，通过道德这种社会控制方式，通过建立良好的道德秩序，协调、引导、调整和评价人们的行为，可以弥补法律的漏洞。

> **命题提示**
>
> 考生应掌握法律与道德的联系，尤其是：①道德是法律的基础（而非相反）；②道德可以弥补法律漏洞。

2. 法律是传播道德、保障道德实施的有效手段

法律是传播道德、保障道德实施的有效手段。主要表现在以下几个方面。

1) 法律通过立法，将社会中的道德理念、信念、基本原则和基本要求法律化、制度化、规范化，赋予社会的道德价值观念以法律的强制力，进一步强化、维护、实现道德规范。法律的强制性和强制力远比道德的强制性和强制力更为有力，它能够有效地促使人们自觉地遵守道德的信念、原则和要求，从而在更大、更广的范围内维护社会秩序，促进、保障和维护人们的正当生活。通过道德法律化的形式和方式，社会规范真正实现了自律与他律的结合。

2) 法律是道德的承载者，它弘扬、发展一定社会的道德理念、信条和原则，促进社会道德的更新和变革。在社会中，许多法律规定本身就是最低的基本的道德要求，比如"法律面前人人平等""诚实信用"等原则就是道德中的平等性、诚实性的表现和升华。法律通过把道德理念、原则、信条和要求具体化，把社会中的道德准则、义务和要求确定为法律的准则、义务和要求，促使人们更明确自己的道德义务，更为积极地认同和接受道德的制约。因此，在弘扬、发展和完善社会的道德价值体系方面，在提高社会的道德水平方面，法律发挥了其他社会规范不可替代的独特功能。

3) 法律是形成新的道德风貌、新的精神文明的强大力量。一个社会通过法律形式，把适合社会生活需要的道德法律化、制度化、规范化，使之成为法律规范，这实际上确立和形成了一个法定的基本道德体系和标准，促进和改善了社会的精神风貌。法律通过自身特殊的制度性机制，推动道德的更新与进步，促进精神文明的发展，从而改造人和人性，改造社会，是其积极的社会使命和功能。

总之，法律与道德是人类生存的两大支柱，人类社会和文明要求法律与道德并举并重，相互配合，相互协调。只有法律与道德互助共生，才能真正形成和保持和谐稳定的社会秩序。

> **命题提示**
>
> 这是绝对的重要考点，无论是在选择题还是分析题甚至论述题中，均多次考查过。需要说明的是，既然法律与道德是有联系的，那么就不要割裂二者的关系，以往笔者在阅卷时经常看到考生写的"法律的归法律、道德的归道德"之类的表述，此类表述就是在割裂二者的关系。既然二者的联系非常紧密，那么，无论是立法者还是执法者、司法者，都无法完全排除道德判断，无法完全排除道德的影响。另外需要提醒的是，虽然2020年、2022年、2023年均考查过相关内容，但2024年仍然需要考生按照主观题备考。

（三）法与道德的冲突

在多元化的社会规范体系中，在多样化的社会调控方式中，道德与法律最为重要，两者是社会关系调控的根本的规范，但是这两种基本的社会规范并不总是协调一致的，而是时常处于相互冲突之中。

法律与道德在日常法律适用中的冲突主要表现为情理与法理上的冲突。这种冲突主要是由于道德和法律两种社会规范本身的差异造成的。情理与法理的冲突主要表现为合法不合理与合理不合法两种情况。

第一种情况是道德上不许可，但法律上是许可的。例如，根据法律上关于民事权利诉讼时效的规定，债权超过法定诉讼时效后，债权人就丧失了诉讼上的胜诉权，法律不再支持和保护其债权。但在道德上，"欠债还钱"是天经地义的道德义务。这就出现了合法不合理的冲突。

第二种情况是道德上许可，但法律上不许可。比如，关于安乐死的问题。从安乐死本身来说，它是符合人道主义的。但因为安乐死操作难等原因，我国法律对它仍持禁止态度。此外，还有见义勇为却触犯法律问题、大义灭亲反而获罪等都存在着道德与法律的碰撞。

道德与法相冲突往往出现两种结果：①没有坚实社会基础的法律在道德面前修改或崩溃，适应道德的新法律产生；②在法律的影响下，一些旧道德退出历史舞台，形成与法律相适应的新道德。

解决法律与道德在日常法律适用领域中的冲突的措施主要有：提高立法质量，尽量避免出现法律的漏洞，要最大限度地减少法律与道德进行不必要碰撞的几率；同时在宣传法律过程中，对旧道德进行批判，使道德与法律尽量吻合。

扫雷 大练习

1. 下列关于道德与法律的关系的表述，能够成立的有（　　）。① （2010年多选51）

A. 道德与法律的内容互相渗透

B. 道德因素影响执法与司法

C. 道德水平高低影响法的遵守

D. 法律是道德的价值基础

---

① 答案：ABC。

2. 法律与道德比较而言，下列表述能够成立的是（　　）。① (2009年单选12)
   A. 法律的要求更高　　　　　　　　　B. 法律规范的产生更早
   C. 法律调整的社会关系范围更广　　　D. 法律规范的内容更加具体和明确

3. 2008年7月，某省会城市人大常委会第S次会议审议了该市《城市公共交通条例（草案）》（以下简称"草案"），该草案第N条规定，公交车乘客不主动给"老弱病残孕"让座的，驾驶员、售票员有权劝导其让座；对于拒不让座者，可以拒绝其乘坐，市政主管部门还可处以50元罚款。在草案讨论过程中，甲认为该规定具有合理性，其根据可以从法律与道德的联系中找到；乙认为该规定不具有合理性，其根据可以从法与道德的区别中找到。

   请结合上述材料，从甲、乙观点中选择您较为认同的观点（只能选择其中一种观点），并依据法与道德关系的理论进行分析。(2012年分析67)

4. 陈某夫妇靠捡拾垃圾为生，几年中"捡回"5名残疾弃婴，并筹钱为孩子们治病。当地民政部门认为，陈某夫妇不具备法定收养条件，且未依法办理收养手续，属非法收养。该事件经媒体报道后，在社会上引起强烈反响。很多人对相关法律规定表示无法理解，认为陈某夫妇的行为体现了中华民族的传统美德，法律应予充分肯定。

   结合上述材料，回答下列问题：(2010年法学分析34)
   (1) 请根据法与道德关系的原理，对陈某夫妇收养弃婴的行为进行分析。
   (2) 针对人们的态度和观点，阐述道德是法律的评价标准。

五、法与宗教

在历史上，宗教和法律是两种有着密切联系的社会现象。当代世界各国，特别是发达国家，大多实行政教分离的制度，反对宗教干预国家事务，并把这一点作为文明社会的标志之一。

宗教也是一种社会规范，与法律规范的区别在于：①产生方式不同。宗教规范是宗教创始人和领袖借助神的名义、由宗教团体规定的；法律是由特定立法机关制定的。②实施方式不同。宗教规范主要通过信仰机制，依靠自愿行为；法律由国家强制力保障实施。③适用原则不同。宗教规范以属人主义原则为标准，只对教徒具有约束力；法律规范是由国家颁布的，对所有人（无论是否是教徒，无论信奉何种宗教）都有约束力，并且实行属地主义和属人主义相结合原则。

（一）法与宗教的关系

1. 政教合一体制

在政教合一的国家中，宗教与法在精神、规则和组织结构三个层面都是融为一体的。

1) 在精神层面，宗教的精神就是法的精神，法贯穿着宗教精神，法的正当性、行为的正当性均从宗教教义的基本精神来解释。
2) 在规则层面，宗教规范即是法律规范，不仅调整和管理宗教事务，也同时调整和管理世俗事务。

---

① 答案：D。

3）在组织结构层面，有时宗教领袖亦即国家的领袖，不过，更多的情况是世俗国家的领袖从属于宗教，其世俗统治权来源于宗教（国王即位由宗教领袖加冕或授予权杖，是国王被授予世俗统治权的形式）。同时，宗教的神职人员也是法律的实施者。

2. 政教分离体制

在现代国家，普遍实行政教分离的制度。其特征在于：

1）国家不得确立或禁止某个宗教，国家行为与宗教分离。

2）宗教不得干预国家活动，不得干预国家设立的各项制度。

3）公民有宗教信仰自由，宗教组织管理宗教事务，宗教活动在社会公共领域须遵守国家的法律。

4）当然，即便实行政教分离，宗教的精神和活动方式对法仍有较大影响。

（二）我国法律在处理宗教问题中的作用

我国贯彻"宗教信仰自由"的原则。这是由于：①宗教信仰属于思想领域的问题；②宗教具有群众基础和民族性；③实践证明，奉行宗教信仰自由的政策，不会削弱社会主义制度和共产党领导，而且有利于社会安定团结；④宗教信仰不仅是宗教问题，而且是文化问题。

宗教信仰自由的内容包括：每个公民既有信仰宗教的自由，也有不信仰宗教的自由；有信仰这种宗教的自由，也有信仰那种宗教的自由；有过去不信教现在信的自由，也有过去信教现在不信教的自由；在同一宗教内，有信仰这个教派的自由，也有信仰那个教派的自由。总之，不论信教或者不信教，也不论信什么教，公民自己完全有自由。任何国家机关、社会团体和个人，都不得强制公民信仰宗教或者不信仰宗教，不得歧视信仰宗教的公民和不信仰宗教的公民。

国家保护正常的宗教活动。任何人不得利用宗教进行破坏社会秩序、损害公民身体健康、妨碍国家教育制度的活动。我国宗教团体和宗教事务不受外国势力的支配。